상상 가득, 창의력 폭발

아이와 함께 만드는 엄마표 책

박선미 글 · 그림

문학세계사

지은이 · 박선미
1974년에 태어남. 교사를 꿈꾸며 사범대학에 입학하였으나 졸업 전 진로를 변경,
LG텔레콤에 입사하여 2004년까지 웹 컨텐츠 기획자로 근무하였다.
2005년 아들쌍둥이를 낳으며 전업주부의 길로 들어섰고,
2007년부터 시작한 엄마표 동화책과 육아일기, 웹툰 등을 네이버 블로그에 연재하면서
2010년 네이버후드어워드 블로그 부문 파이널리스트로 입상하고 일상 부문 파워블로거로 선정되있다.
웹 기획자로 활동하던 시절에 전국 홈페이지 경연대회 대상,
한국인터넷대상 Best 50에 선정되기도 했으며,
엄마표 동화책을 만들기 시작하면서 여성지《퀸》, MBC 뉴스매거진,
중앙일보 교육섹션 등 다수의 매체에 소개되었다.
현재는 동화책 작가로서의 새로운 인생에 발걸음을 내딛는 중이다.
블로그: http://2hees.blog.me
트위터: @2hees

상상 가득, 창의력 폭발
아이와 함께 만드는 엄마표 책

•

초판 1쇄 발행일 2011년 11월 14일

•

지은이 · 박선미
펴낸이 · 김종해
펴낸곳 · 문학세계사

•

주소 · 서울시 마포구 신수로 59-1(121-110)
대표전화 · 702-1800 | 팩시밀리 · 702-0084
mail@msp21.co.kr | www.msp21.co.kr
트위터 : @munse_books
페이스북 : facebook.com/munsebooks
출판등록 · 제21-108호(1979.5.16)
값 15,000원

ISBN 978-89-7075-522-9 03370

상상 가득, 창의력 폭발

아이와 함께 만드는 엄마표 책

박선미 글 · 그림

3부 세상에 하나뿐인 엄마표 책

4부 꼬마 작가, 상상에 날개를 달다

프롤로그

따뜻한 가슴을 가진 아이들을 위하여

이 책의 내용들은 출판사를 통해 책으로 내기 위해 시작한 것이 아니었다. 엄마표 책들을 만든 것도 아이들을 똑똑하게 키우고 싶어서 한 일이 아니었다. 쌍둥이 육아로 지치는 나날들 속에서도 반짝이던 순간순간의 행복과 보람들이 한 줄의 글이 되고, 아이들에게 들려주고 싶은 내 마음속 수많은 이야기들이 엄마표 책이 되어 차곡차곡 쌓였다. 그리고 엄마표 책을 보며 자란 아이들이 이제 스스로 글을 쓰고 그림을 그려 책을 만들어내고 있다. 우리는 함께 책을 만들며 큰 즐거움을 느꼈고, 서로 위로하고 이해하고 사랑하게 되었다. 떨어지는 가을 낙엽을 보며 잠시 멈추어서 노래를 지어 부를 줄 아는 아이, 화가 난 엄마에게 화해의 글을 책으로 엮어 선물할 줄 아는 아이. 아이들은 오늘도 그렇게 따뜻한 가슴으로 세상을 품으며 자라고 있다.

이 책 속에는 아이들이 태어나서 일곱 살이 된 지금까지의 육아 경험담을 바탕으로, 아이들이 글을 쓰고 그림을 그리게 된 계기, 그리고 아이들에게 직접 책을 만들어주게 된 배경이 수록되어 있다. 또한 좀더 구체적으로 아이들과 스토리텔링을 이끌어내는 노하우를 소개하고, 직접 스토리보드를 따라 해볼 수 있도록 안내했다. 나아가 내가 했던 방식 그대로 포토샵 등의 그래픽 프로그램을 이용해 책을 편집하고 제작할 수 있는 방법을 정리해 보았다. 그리고 집에서 쉽게 손으로 제본하여 실제 책과 똑같은 형태로 만드는 방식까지 설명하였다.

그러나 단순히 책 만들기 방법만 나열한다면 이 책은 비슷한 종류의 다른 워크북 중 하나

에 지나지 않을 것이다. 그렇기에 엄마와 아이가 책을 통해 이루는 교감과, 특히 글과 그림을 통해 성장해 나가는 아이들의 실제 모습을 빠짐없이 담기 위해 노력했다. 아이들의 상상력과 창의력의 근원이 유별난 학습과 지도에서가 아닌, 있는 그대로의 감정을 최대한 살려주는 엄마표 육아에 기인한다는 것을 경험으로 보여주고자 많은 노력을 들였다.

다른 아이가 보고 있는 전집을 우리 아이만 보지 못하면 뒤처지는 게 아닐까 고민하는 엄마들과, 이름난 학원에 아이를 보내주지 못해 미안한 마음으로 작은 한숨을 내쉬는 이 땅의 모든 엄마들을 따스하게 보듬으며 함께 서로의 등을 토닥이고 싶다. 그리고 이렇게 말하고 싶다. "우리도 한때 아이였잖아요. 그 때 우리의 마음을 떠올려봐요. 무얼 하고 싶었는지 어떤 세상을 살고 싶었는지 우리 함께 기억해봐요."

이 책 속에 다 담지 못한 엄마표 책들은 블로그(http://2hees.blog.me)에 공유하고 있으며, 출간 이후 독자들의 질문사항 등에 답하는 코너도 블로그에 마련할 예정이다.

이 외에도 웹툰을 비롯하여 많은 읽을거리가 또 다른 즐거움을 선사할 것이므로 이웃에 사는 아줌마의 집을 방문하듯 편안한 마음으로 블로그에 놀러 와 자유롭게 소통할 수 있었으면 하는 바람이다.

세상에서 가장 행복한 엄마 박 선 미

1부

상상하는 아이, 창의적인 엄마

1. 좀비 엄마, 인간의 꿈을 품다

그 날이 오면
포대기에 애 업고 논문 쓰는 남편
얘네가 유치원에 가게 되는 날이 우리에게도 오면...
난 아침에 수영을 배우러 다닐 거야... 집에 오다가 스타벅스 커피도 한잔 마실거구.
오후엔 서점에 들러 책도 읽을 수 있겠지? 아무에게도 방해받지 않고 말이야...
문화센터 강좌도 듣고, 아! 영어학원에도 다녀야지.. 수영도 좋지만 헬쓰나 요가도 해볼까?
여보, 상상만 해도 멋지지 않아? 빨리 그 날이 왔으면 좋겠다...

5년 뒤...

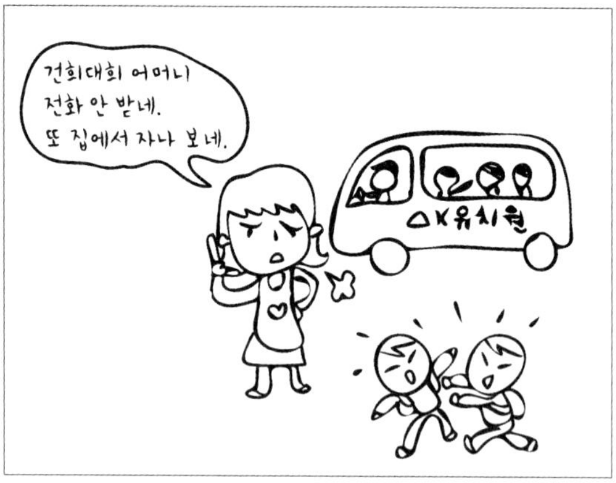
건희대희 어머니
전화 안 받네.
또 집에서 자나 보네.
△K유치원

(◉_◉)bigeye™

결혼 후 1년쯤 되던 어느 날이었다. 시부모님을 뵈러 시댁 대문을 열고 들어섰는데 마당에 커다란 화분이 하나 눈에 띄었다. 그리고 거기엔 분명히 사람 키만 한 옥수수가 하나 열려 있었다. 내 눈을 의심하는 것도 잠시, 나는 그 실한 옥수수가 너무나 먹고 싶었다.마침 나를 보고 마당에 나오신 어머님께 "저 옥수수 제가 먹어도 돼요?" 라고 여쭈었더니 어머님께서는 나에게 이렇게 말씀하셨다. "아이고, 나는 너무 많이 먹었다. 이제 네가 먹어라." 나는 어머님의 승낙이 떨어지자마자 아무 망설임 없이 화분에서 옥수수를 쑥 빼내었다. 그리고 커다란 옥수수를 힘껏 반으로 뚝! 쪼개었다.

이 꿈이 내 인생을 송두리째 바꾸어 놓은 쌍둥이 아들 태몽이라는 것을 임신 14주가 되어서야 뒤늦게 깨달았다. 이후 나는 몸무게가 30kg이 넘게 불었고 쌍둥이 만삭이라는 38주까지 건강하게 견디다가 건희와 대희 두 녀석을 각각 3kg 가까이 낳는 기염(?)을 토했다. 그 때까지만 해도 나는 자신감으로 불타올라 세 쌍둥이, 네 쌍둥이라도 낳아 키울 수 있을 것만 같았다.

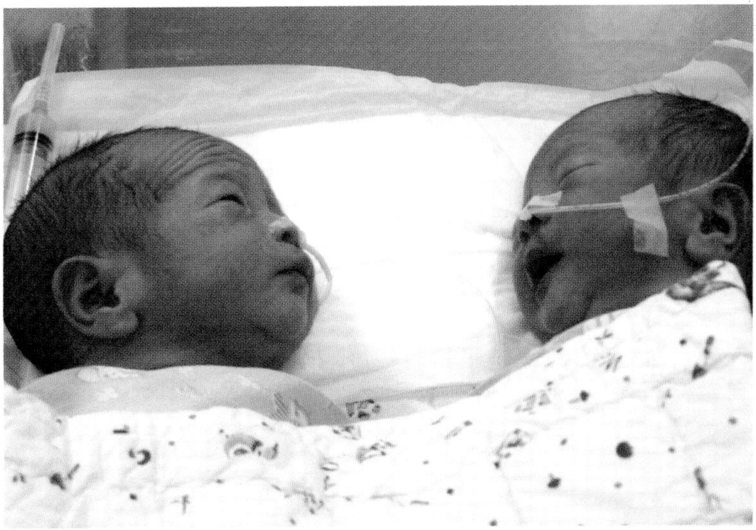

쌍둥이 형제
건희와 대희

하지만 그 무모한 자신감은 양팔에 쌍둥이를 안고 산후조리원의 문을 나오던 그 날, 곱게 접어 하늘 위로 날려버려야 했다. 일명 '좀비' 생활로 입문하는 역사적인 순간이었던 것이다. 집으로 돌아온 뒤, 하루 종일 쌍둥이를 업고 안은 채 우유병을 소독하고 기저귀를 갈아주는 일을 무한 반복하며 나는 점차 사회 구성원으로서의 자존감을 상실한 채 세상으로부터 한없이 멀어지고 있었다.

아이들을 낳고 산후조리원에 있을 때, 난 모유가 충분히 돌지 않아 쌍둥이에게 분유를 먹여야만 했다. 제각기 어떻게 살아왔는지 배경을 알 수 없는 수많은 엄마들과 수유실에 뒤섞여 앉아서는 그런 생각이 들었다.

'여기 이 수유실이라는 우주에서 난 정말 쓸모 없는 멍텅구리 행성 같구나!'

서울에서 대기업에 다니며 전문적인 일을 하던 열혈직장인이었다는 본질은 이 작은 지방도시의 한 산후조리원 수유실에서는 전혀 중요한 사실도 아니었고 도움되는 사항도 아니었다. 난 '엄마'가 되었고 지금 이 순간부터 아이를 낳고 키우는 일보다 세상에서 더 중요한 일은 없었다. 수유실이라는 작은 공간 속에서 일어나는 모든 일들은 세상 전체를 품고 있는 하나의 우주였다.

활발하게 사회활동을 하며 삶을 이끌어가던 나는 죽었고, 어느 날 갑자기 엄마의 자궁 속에서 쌍둥이를 낳아 키우는 또 다른 내가 다시 태어난 것만 같았다. 이전의 나를 기억해내려고 해도 잘 떠오르지가 않았고 그런 감상에 오래 빠져 있을 시간도 없이 양쪽에서 아기들은 우유를 달라고 울어댔다. 한 녀석을 등에 업고 한 녀석은 팔에 안은 채 베란다 아래를 바라보면 내가 사는 세계와 전혀 다른 차원의 시공 속에 사람들이 살아가는 것처럼 느껴졌다.

나날이 잎을 피우고 무성해지는 내 아이들의 성장 속도와는 반비례하여 나는 자꾸만 땅 속으로 파고들고 있었다. 땅 속 깊이 파고들어간 내 몸은 기름진 양분이 되고 내 아이들은 그걸 먹고 자라나는 것 같았다. 기쁘면서도 서글펐다. 미소를 지으면서도 눈물이 흘렀다. 희망적이면서도 절망적이었다.

부모가 되어 아이를 키운다는 것. 그것은 하나의 언덕을 넘고 나면 평지가 나타나는 것이 아니라 더 높은 산이 나타나고, 그 산을 넘으면 정상에 오를 수 있을까 생각하며 힘들게 넘고 나면 또 다른 산이 기다리고 있는 것이다. 산을 넘고 또 넘고 넘고 넘고 또 넘고……

아기를 낳기 전까진 산을 넘고 나면 잠시라도 쉴 수 있는 평지가 있거나 누군가 나를 위한 평지를 만들어주었던 것 같은데, 아기를 낳고 나니 산을 넘는 것도 평지를 만들어 쉬는 것도 다 내 몫이었다. 하나가 쉬워지니 하나가 어려워지고 또 하나 수월해지니 또 하나 힘겨워지는 것. 육아란 그런 것인가 보다.

하루에도 몇번씩 엄마 아빠를 웃기고 또 울리는 아가들. 우리가 너희를 낳았다고 부모가

되는 것이 아니라 너희가 자라남으로써 서서히 우리를 부모로 만들어주는구나. 그게 그런 것이었구나.

나는 뭘까? 아니, 나는 뭐였지? 끝이 보이지 않는 육아의 우울해(海) 속에 빠져 허우적거리며 내 자신을 어디선가 분실해 버렸다고 느끼던 그 시절의 어느 날 밤, 아이들을 재운 뒤 나는 조용히 컴퓨터 앞에 앉아 한 컷의 그림을 그렸다.

결코 잊을 수 없는 밤, 잊을 수 없는 그림.

하고 싶은 일이
생겼어..

내가 내 일기에서조차 솔직하게 털어놓지 못했던 하고 싶은 일……
그건 바로 내 아이들만을 위한 세상에 하나밖에 없는 동화책을 만들어주는 일이었다.

이 즈음 나는 아이들의 얼굴이 들어간 낱말카드와, TV 속 영웅의 몸에 아이들 얼굴을 합성한 어설픈 그림책을 만들어주곤 했는데, 너무나 좋아하는 아이들의 모습을 바라보며 어느 순간부터인가 제대로 된 동화책을 만들어보고 싶다는 꿈을 품기 시작했다. 우리 아이들이 주인공이 되고 우리 가족이 살아가는 이야기가 스토리가 되는 진짜 책 말이다.
물론 나는 그림을 전공하지도 않았고, 전문적으로 글을 쓰는 이도 아니었으며, 책을 어떻게 만드는지도 몰랐을 뿐 아니라, 그것이 가능한지도 몰랐다. 그러나 막연히 하고 싶다는 생각, 할 수 있을 것 같다는 생각에 이미 내 가슴은 심하게 요동치고 있었다.
이렇게 한 컷의 그림으로 남긴 나의 다짐과 바람은 이후 내 삶에 있어 커다란 하나의 전환점이 되었다. 시작이 반이라고 한다면 꿈꾸는 건 그 시작의 전부일 것이다. 나는 꿈꾸었기에 시작할 수 있었고 그래서 이미 반 이상은 이루지 않았을까.

지금도 저 그림을 들여다보면 가슴이 찡하다. 그림 속의 나를 그저 말없이 꼭 안아주고만 싶다. 힘겹고 막막하고 움츠러들기만 했던 시절, 그래도 내 속에 꿈틀거렸던 작은 희망을 놓치기 싫어 수줍게 꿈을 꾸었던 나. 슬픔이 없었다면 기쁨이라는 감정을 느낄 수 있었을까? 상실감이 없었다면 자신감을 가질 수 있었을까? 인생의 모든 양면은 하나도 빠짐없이 이후 삶

의 거름이 된다는 사실을 새삼 느끼며 어쩌면 당시의 저 힘든 순간이 있었기에 나는 새로운 도전을 할 수 있는 기회를 얻은 것이리라.

육아에 전념하는 동안 천천히 기다리고 인내하며 살아가는 방법을 터득해가고 있던 나는 나의 꿈 또한 조급하지 않게 서서히 이루어 나가자고 다짐했다.

그리고, 아이들이 나와 '커뮤니케이션' 이라는 행위가 가능해지던 3살 무렵, 드디어 나는 내 꿈의 배에 닻을 올렸다.

출항이다!

좀비의 추억

겨우 첫돌이 지난 대희가 장염에 걸린 이후 물똥만 주구장창 싸고 있다. 병원에서 처방해준 대로 차분하게 회복을 기다리고 있지만 애 몰골도 말이 아니고 나와 남편의 속도 까맣게 타들어갔다.

그러던 바로 오늘! 드디어 대희가 그렇게 기다리던 된똥을 쌌다. 기저귀를 치우며 혼자 화장실에서 "심 봤다!"를 외쳤다. 똥을 들여다보고 이렇게 기쁜 적이 없었다. 너무 기쁜 나머지 먼저 시어머니, 친정 엄마에게 전화를 걸어 이 소식을 알렸다. 그리고 살이 쏙 빠진 대희를 안쓰럽게 바라보고 출근을 했던 남편에게도 얼른 이 기쁜 소식을 알려야겠다 싶어 전화를 걸었다. 하지만 남편은 오늘따라 많이 바쁜지 전화를 받지 않는다. 할 수 없이 나는 급히 문자를 보냈다. 몇 초라도 더 빨리 이 기쁜 소식을 알려주고 싶었다.

그런데 문자를 보내고 정확하게 1분 뒤, 어떤 낯선 이로부터 한 통의 전화가 걸려왔다. 상당히 격앙된 목소리로 누구신데 나에게 이런 메시지를 보내느냐고 버럭 고함을 지르고 있었다. 이유를 알고 보니 된똥 보고 흥분한 내가 핸드폰 번호를 잘못 찍는 바람에 엉뚱한(생전 모르는) 사람에게 문자가 간 것이다. 그런데 그 사람이 그렇게 화를 내며 나에게 전화를 한 이유는 바로 내가 보낸 문자 메시지에 있었다. 내가 보낸 문자는 이랬다.

"자기야, 드디어 된똥 쌌어! 정말 보여주고 싶다! 똥 그대로 놔둘까?"

죄송합니다. 이건 장난도 아니고 그렇다고 내가 미친 것도 아니고 그저 뜨거운 모성애일 뿐입니다. 내가 생판 모르는 당신에게 왜 내 똥을 보여주겠습니까? 진짜라니까요. 흑흑흑ㅜㅜ

2. 일상은 그림이 되다

4살 때 처음 그린 가족.

5살 때 그린 가족.

7살 때 그린 가족.

⇦ 6살 때 그린 가족.

아이들이 말을 하고 내 말을 알아듣기 시작했다. 누구에게나 찾아오는 자연스러운 성장의 단계이지만 이는 특히 나에게 커다란 선물이었다. 내가 아이들을 위해 무언가를 해 주었을 때 거기에 대한 구체적인 피드백을 얻을 수 있는 시대가 도래했다는 뜻이기 때문이다.

그러나 다가온 현실은 내 상상과는 거리가 멀었다. 나의 쌍둥이들은 남아(男兒)였다. 같은 연령의 다른 아이들에 비해 덩치가 큰 편이었다. 늘 에너지가 유전(油田) 솟구치듯 흘러 넘쳤다. 더군다나 하나도 아니고 똑같은 녀석이 둘이었다. 하지만 내 몸은 하나였다. 한마디로 시간이 갈수록 엄마인 나도 감당 불가능이었다.

아이들에게 어떠한 계기와 방법으로 그림을 그리도록 가르쳤느냐는 질문을 자주 받는데, 사실 그 질문에 대한 답은 허무하기 짝이 없다. 아니 어쩌면 다소 당황스러울 수도 있다.

"몸으로 놀아주기가 너무 힘들어서요……"

정말 그랬다. 가만히 놓아두면 지구 세 바퀴라도 쉬지 않고 달릴 듯 에너지가 넘치는 쌍둥이 녀석들은 그야말로 속수무책이었다. 이사를 간 첫날 아랫집에서 참지 못해 달려 올라와 벨을 누를 정도였고, 한번씩 우리 집에 다녀가신 시부모님들은 집으로 돌아가서서 몸져 드러누우시기 일쑤였다. 필시 남자아이의 경우 달리기 위해 세상에 태어난 것이 분명했고, 몸 속에는 절대 꺼지지 않는 무한작동 모터가 장착되어 있는 듯했다. 번번이 기절하듯 쓰러지던 내가 하루는 아이들을 책상 앞으로 불러 모았다. 그리고 종이와 연필을 내밀며 말했다.

"엄마가 여기에 숫자를 써 볼게, 숫자에다 그림을 그려봐."

숫자나 영어를 써서 아이에게 준 뒤
다른 색깔로 그림을 그리게 한다.

내가 네댓 살 무렵 아빠가 내게 해주신 것과 똑같은 방법이었다. 과연? 걱정 반 기대 반의 심정으로 가만히 바라보았다. 다행히 녀석들은 엄마가 내준 생애 첫 숙제를 아주 즐겁게 하고 있었다.

다음엔 한 손으로 종이를 잡고 내 얼굴 앞에 댄 뒤 다른 한 손으로는 연필로 눈 코 입을 그렸다. 앞이 보이지 않는 상태에서 그리는 그림이라 비뚤비뚤 엉뚱한 자리에 그려진 눈 코 입이 아이들을 자지러지게 만들었다.

너희들도 직접 얼굴에 대고 그려보라 했더니 수십 장의 종이를 낙서로 휘갈기며 깔깔대고 있었다. 이것이 바로 아이들이 처음 시작한 그림이었다.

엄마
얼굴이지롱~
슥슥
나도할래!
와하하

아이들은 내가 기대했던 것보다 훨씬 더 그림 그리기를 즐겨 했고 이후 성격이 몰라보게 침착해졌다. 우리는 종종 일상의 모든 것을 그림으로 표현했다. 책을 읽고 나서도 인상 깊은 장면을 그림으로 그려보았고, TV를 보고 난 뒤면 어김없이 영웅과 괴물의 전투 장면을 그려냈고, 즐거운 일이 있었던 날은 그림과 짤막한 글로 일기를 썼고, 할아버지 할머니가 오시는

아이들이 그림을 그리고 있을 때는 절대로
평가나 간섭을 하지 않는다.

날은 편지에 그림을 그려 선물했다. 잘 그리는 것은 중요한 게 아니었다. 그저 그리는 것 자체가 아이들에게는 즐거운 일이었기 때문이다.

아이들이 그림을 그리고 있을 때는 절대로 어떠한 코칭도 하지 않았다. 해 줄 깜냥도 없었지만 어른인 내가 떠올리지 못할 상상력과 아이들의 어설픈 그림체가 너무나 사랑스러웠기 때문이다. 이 때 나의 고정관념 하나가 바뀌었는데, 그건 바로 잘 그린 그림에 대한 기준이었다. 이전까지만 해도 정교하고 섬세하게 표현된 일러스트를 가장 멋진 그림이라고 생각했다. 그런데 아이들의 그림을 지속적으로 관찰하고 난 뒤에는 정교함과 섬세함과 노련함은 없지만 대신 기발함과 함축과 기대감이 듬뿍 담긴 그 어설픈 그림이야말로 어른은 절대로 그려낼 수 없는 가장 훌륭한 그림이라는 생각이 든 것이다.

부천님
스님

앞의 그림들은 아이들이 3살 때부터 그리기 시작한 그림들을 7살이 된 지금까지 박스에 차곡차곡 보관해 오고 있던 것 중에서 고른 것이다.

어느 날인가 책상 위에 애들이 그림 그려놓은 이면지들을 정리하는 중이었다. 무언가 그리다가 잘못 그렸다고 던져놓는 종이들이 있는데 그런 종이는 모아두지 않고 재활용 박스에 넣는다. 그 중 큰아이가 그린 그림 한 장도 버릴 그림으로 분류했다. 그리다가 마음에 안 들었는지 심하게 구겨놓은 것이었다.

"건희야, 재활용 박스에 넣기 힘들다고 엄마가 종이 구겨서 버리지 말라고 했잖아."

"……."

들은 척 만 척 딴청을 피우는 큰아이.

그런데 내 옆을 쓱 지나가던 작은아이가 구겨진 종이를 보더니 이렇게 말하는 것이다.

"우와! 형아 대단한데?"

"……?"

나는 무슨 말인지 몰라서 작은아이를 쳐다보았고 그때 아무 말 않고 있던 큰아이가 작은아이의 말에 고개를 들더니 다가왔다. 그리고는 구겨진 종이를 들여다다보고선 '아, 이거 말이지?' 라는 표정으로 동생에게 말했다.

"인어 아저씨야."

"이거 바닷속이구나, 멋지다!"

"응. 헤엄치고 있어."

이런! 바닷속 물살을 표현하기 위해 잘게 구겨놓은 종이를 엄마는 망친 그림이라고 버리려고 했던 거구나. 그런데 더 놀라운 건, 그 사실을 아이들끼리는 이해가 가능하다는 점이었다.

미안하면서도 무언가 여섯 살 아들들에게 다가갈 수 없는 벽 같은 걸 느꼈다. 내 눈은 이미 바다를 읽을 수 없는 껍질이 하나 씌워진 걸까?

아이가 손바닥이 까매질 정도로 종이 위에 검정색으로 칠하고 있었다.

도대체 왜 그러는지 궁금하고 걱정스런 마음으로 바라봤는데, 나중에 알고 보니 검정색 종이는 깜깜한 밤을 표현한 것이었다. 그리고 별도의 종이에 그려서 가위로 오려낸 노란색 달과 초록지붕 집을 검정색 위에 풀로 붙였다.

조급하게 아이를 나무랐다면 아이의 순수한 의도가 담긴 이런 작품이 나오지 못했겠지?

단 한 컷이라도 아이들의 그림 속에는 무한한 이야기가 담겨 있다. 우주처럼 넓은 상상력으로 그림을 그리는데, 어른인 우리는 오히려 편협한 잣대를 기준으로 아이들의 그림을 평가하고 가르치려 드는 건 아닐까 싶다.

그 즈음 나는 어지럽게 얽혀 있던 내 마음 속 가지들을 정리할 수 있었다. 내가 하고 싶었던 것, 아이들이 좋아하는 것, 함께 하면 행복할 수 있는 것이 무엇인지를 어렴풋이 알게 되었다. 실행으로 옮기는 건 그리 힘든 일이 아니었다. 이미 우리의 일상이 되었고 충분히 즐거운 일이 되었기 때문이다. 이번엔 아이들에게 좀더 자신만만하게 말했다.

"얘들아, 엄마랑 그림책 한번 만들어볼까?"

아이들은 반짝이는 눈으로 나를 바라보며 고개를 끄덕였다.

나는 가슴이 마구 뛰었다.

엄마 얼굴

"엄마 언제 이렇게 나이가 들었지? 엄마 못생겼다……"

세수를 하고 거울을 보며 혼잣말로 중얼거렸다. 누가 들으라고 한 말도 아니었고 그렇다고 나에게 한 말도 아니었다. 밥을 먹으며 아무리 소리를 내지 않으려 해도 무심코 쩝쩝거리듯 내 마음이 무심코 내뱉은 한숨 같은 것이었다. 그런 나의 의성어 같은 말들의 조합을 우연히 귀담아 들어버린 작은놈이 어느 샌가 그림을 그려 와서는 설거지를 하고 있는 내 뒤에서 머뭇거리더니 쑥스럽게 종이를 내밀었다.

〈앞면〉 우리 엄마가 보기엔 못생겼는데
우리 엄마는 꽃보다도 더 예쁜 어른이에요.
대희가 보기엔 엄마가 제일 예뻐요.

〈뒷면〉 꼬마 엄마와
닮은 대희, 꼬마 화가
사랑해요.

그림 속에서 녀석이 웃고 있다.

녀석이 그린 엄마는 꽃이지만 엄마에게 녀석은 세상에서 가장 따사로운 향기다. 그래서 내가 녀석이고 녀석이 바로 나다. 녀석이 엄마라고 그려놓은 꽃 그림은 참으로 우스꽝스러운데 이상하게 웃음이 나지 않고 눈물이 핑 돈다.

3. 책이 된 마음 속 이야기

아이들에게 책을 본격적으로 읽어주기 시작할 무렵, 여느 엄마들과 마찬가지로 책과 관련된 수많은 카페(동호회)에 가입하여 정보를 얻었다. 그리고 카페 활동이 한창일 그 때, 어느 순간 나는 세월이 흘러 내 아들들이 컴퓨터 게임에 미쳐 폐인 생활을 한다 해도 선도는 하되 절대 타박은 하지 말아야겠다는 웃기지 않은 다짐을 하기에 이르렀다.

책에 관련된 카페는 정말이지 중독 그 자체였다. 누군가가 "이 책 정말 대박이오"라는 글을 올리면 내 장기를 매매해서라도(?) 그 책을 사고 싶었다. 생각해 보니 나는 아이들에게 좋은 책을 읽어주고 싶다는 열정이 있었던 것이 아니라 남들이 하는 것은 꼭 해야겠다는 욕심과 조바심으로 가득했던 것이다.

전집 3질이었다. 딱 거기까지만 하고 나는 엄마들의 대박 행렬에서 이탈했다. (다행히 장기 매매까지 이어지는 불상사는 없었다.) 이후 온라인 서점과 오프라인 서점에서 한 권 한 권 직접 단행본을 읽어보고 구매를 했다. 나의 관점에서는 일단 내가 읽어서 재미있는 책을 골라야 아이들도 재미있을 거라고 여겼다. 당시 아이들은 글자를 몰라 책을 직접 읽지 못했고 엄마가 일일이 다 읽어줘야 하는데, 그렇다면 엄마인 내가 재미있어야 좀더 즐겁고 신나게 읽어줄 수 있지 않을까 라는 생각에서였다.

아이들은 책 읽는 것을 아주 즐겨 하지는 않았다. 어느 집에서는 거실에 TV를 치운 뒤 책장으로 서재를 꾸몄다 하고, 아이들에게 절대로 TV나 컴퓨터를 보여주지 않고 책만 읽게 하여 독서 영재로 키운다고 했다. 하지만 우리 아이들은 책을 읽는 시간보다 둘이서 몸으로 노는 시간이 더 많았고 TV도 자주 보았고 컴퓨터도 다룰 줄 알았다. 책을 위해서 다른 무언가

를 차단시키는 건 전혀 없었다. 그냥 아이들이 하고 싶은 대로 두었다. 뭐든 과하다 싶을 때만 조절해주는 정도였다.

대신 우리가 매일 빼놓지 않고 하는 일이 있었다. 일상 속에서 일어나는 일들과 그에 따라 머릿속에서만 맴도는 여러 생각들을 그림과 글로 표현해 보는 것이었다. 처음에는 짧은 글과 단순한 이미지 컷으로 이루어진 형태에서 어느 순간 일기와 편지 형식으로 변하나 싶더니 시간이 흐르자 그림과 글들은 서서히 스토리를 갖게 되었고, 이후 자연스레 책의 형태를 갖추게 되었다. 이건 어느 순간이 계기가 되었다기보다 정말 시나브로 일어난 현상이었다.

책을 '읽는 것'으로만 여겼던 아이들은 이제 책을 '만들 수' 있다고 여기기 시작했다. 읽는 것이 재미있어야 만드는 것도 재미있다는 것을 알게 되었고, 만드는 것이 재미있으니 읽는 것은 더더욱 재미있어지는 시너지 효과를 얻게 되었다.

매일 그림을 그리고 만들기를 즐겨 하는 아이들 때문에, 쌀통의 쌀은 떨어지더라도
박스 속의 이면지와 가위, 풀 등은 항시 대기 중이다.

내가 아이들을 위해서 제대로 스토리와 그림을 갖춘 책을 만들어주기 시작했던 시기가 아이들이 다섯 살이 되던 무렵이고, 아이들이 스스로 스토리를 구상하기 시작한 시기는 여섯 살 무렵이었다.

책을 만들어주자 아이들은 엄마가 그랬듯이 자신들 역시 주변에서 일어나는 일상을 호기심 있게 관찰한 후 기록하고 그것을 스토리로 엮는 걸 즐기기 시작했다. 아주 사소한 일에도 이야기를 담아 의미를 부여했으며 작은 현상들에 있어서도 주인공과 등장인물을 지정하고 사건을 전개해 갈등을 해소하는 등 제법 스토리텔링을 해내는 것이었다.

다음에 보여줄 책은 엄마에게 야단을 맞은 날 아이가 만든 책이다. 이야기가 담긴 그림을 통해 엄마를 향해 진심 어린 마음을 전달했고, 나는 그런 아이의 마음을 읽은 뒤 차분하게 마음의 치유를 할 수 있었다. 여섯 살이던 작은아이가 어설프게 풀로 붙여 만든 이 책은 네이버 메인의 오픈캐스트 '요즘 뜨는 이야기'에 소개되었다.

엄마를 부탁해

대희(6살)가 만든 책이다.

제목: 엄마를 때릴 때

대한민국 이대희 옮김

(전체 오른쪽 페이지 먼저)

이대희라고 해.
우리 형이 엄마한테 혼났어.
어머나.
(대희 건희: 엄마 때리는 아이)

어느 날 나는 자고 일어났지.
형아는 텔레비전을 봤지.

엄마가 텔레비전을
보지 마라 해서
"엄마 밖에 나가."
(화가 나서 엄마에게 밖에
나가라고 고함치며 엄마를 때렸다는 뜻)

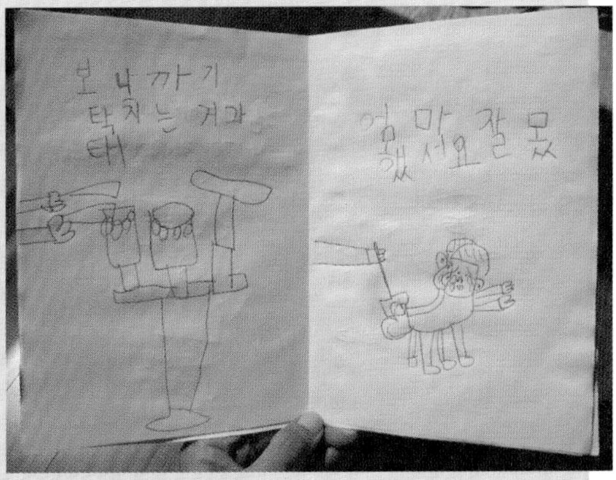

"엄마 잘못했어요."
(엄마한테 궁둥이를 파리채로
맞고 있음)
보니까 기타(드럼) 치는 거
같아.

"엄마 밖에 나가."
이럴 때는
노래 부르는 거 같아.

엄마가 기타 치고
노래 불러주는데
엄마를 왜 때려.
그러니깐 엄마 때리지 마.

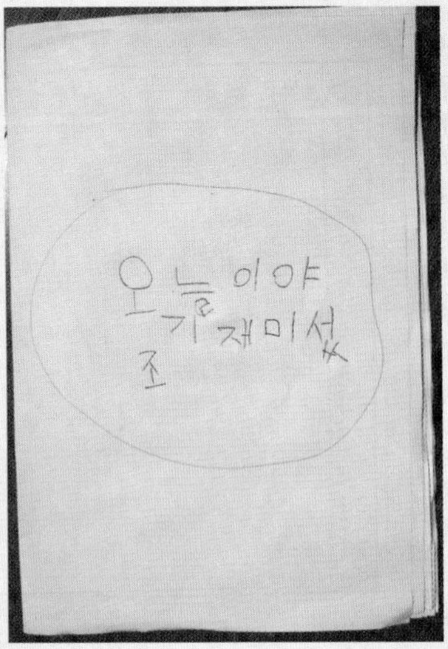
오늘 이야
기 재미섰
조

오늘 이야기
재미있었죠.

남들이 보면 그냥 별거 아닌 낙서 같겠지만 나는 마음이 너무도 뭉클해졌다.

엄마가 흥분해서 자기들 궁둥이를 때리는 건 즐겁게 드럼을 치는 것으로, 엄마와 자신들이 화가 나서 고함을 지르는 것은 예쁘게 노래를 부르는 것으로 표현했다. 아이들에게 매를 들고 난 뒤 엄마는 아이들이 자는 모습을 바라보며 깊은 한숨만 쉬는데, 녀석은 화가 났던 형뿐만 아니라 엄마의 아픈 속내까지 달래려 글을 쓰고 그림을 그린 것이다.

대희야, 엄마를 부탁한 거니? 엄마 마음 아프지 말라고? 아무리 기타 치는 게 즐겁고 노래 부르는 게 예쁘다고 해도 이제 엄마 기타 안 치고 노래도 안 부를래……

네 마음을 읽고 나니, 엄마는 미안하고 기특하고 참 고맙다.

이렇듯 아이들과 나에게 있어서 책 만들기는 독서 활동도 아니었고 미술 활동도 아니었다. 우리 가족만의 독특한 대화와 육아의 한 방식이었다. 아이들은 글과 그림을 통해 자신의 내면을 표현하는 동안 스스로를 성찰하는 시간을 자연스레 갖게 되었고 엄마인 나는 아이들과의 커뮤니케이션에 있어 또 하나의 방법을 찾게 된 것이다.

이러한 일련의 활동을 통해 상상력과 창의력이 개발된다는 것은 당연한 일이다. 하지만

아이들의 상상력과 창의력은 수학공식처럼 정형화된 숫자나 단어가 아니다. 아이들이 책 만들기를 통해 스스로 즐거움과 성취감을 느끼고 난 이후에는 모든 것이 자연스레 따라온다. 책 만들기를 통해서 상상력과 창의력을 구체적으로 키워보겠다는 생각은 어쩌면 지나친 욕심일지도 모른다. 하지만 아이를 믿으면 된다. 조바심을 가지지 않으면 된다. 즐거워할 수 있도록 도와주면 된다. 함께 즐거워하면 된다.

창의적인 아이로 키우고 싶어하는 엄마들은 많지만 스스로 창의적인 어른이 되려고 하는 이는 많지 않다. 아이에게는 끊임없이 상상하라 요구하지만 부모인 나는, 어른인 나는, 이미 상상 따위 할 나이가 아니라고 되뇐다. 내 아이가 행복했으면 좋겠는데 정작 자신은 지금 행복한지 잘 모르겠다는 생각이 들기도 한다.

아이와 함께 책을 만드는 그 순간만은 나도 아이도 함께 상상하고 같이 웃고 즐기는 동일한 인격체가 되어 얼렁뚱땅 말도 안 되는 이야기를 나누기도 하고 우리만 알아볼 수 있는 어색한 삽화를 그리기도 했다. 그 순간 아이는 엄마가 되었고 엄마는 아이가 되기도 했다.

모든 아이는 상상의 날개를 달고 있다. 그 날개를 한껏 펼쳐 날아오르도록 도와주려면 바로 엄마의 창의성이 발판이 되어야 한다. 창의적이 되려면 엄마 또한 상상할 줄 알아야 하고 상상하기 위해선 엄마의 마음이 우선 행복해야 한다. 그리고 행복하기 위해선……

그래, 거기까지만……

"엄마는 왜 우리에게 공부하라는 이야기를 안 해?"

"응, 엄마의 엄마도 그랬거든."

"그럼 나도 이 다음에 그렇게 될까?"

"아마도…… 네가 지금 엄마 마음처럼 행복하다고 느낀다면 그렇게 되겠지?"

엄마표 책─『우리는 왜 쌍둥이예요?』

신기하고 특별한 존재라고 여겨지며 늘 관심과 호기심을 받아야 하는 쌍둥이. 특히 아이들이 어릴 때 쌍둥이 유모차만 끌고 나가면 우리는 온 동네 사람들의 시선을 한 몸에 받아야

했다. 따뜻한 관심이 물론 고마웠지만 때로는 부담스러운 게 사실이었다. 그리고 엄마인 내가 느끼는 마음과 똑같이 어느 날부터인가 우리 아이들은 쌍둥이라는 것에 대해 사람들이 가지는 호기심을 힘들어하기 시작했다.

"엄마, 친구들이 우리를 쌍둥이라고 놀려."

"엄마, 선생님이 자꾸 나(건희)더러 대희라고 불러."

"엄마, 우리는 왜 둘이 똑같이 생겼어?"

무언가 묵직한 것이 내 가슴을 꾹 누르는 것 같았다. 결국 모든 것을 극복해야 하는 것이 쌍둥이로 태어난 내 아이들의 운명이겠지만 다른 아이들은 안 해도 될 고민거리를 안겨준 것만 같은 기분에 나는 가슴이 먹먹해졌다. 그러던 어느 날 밤, 아이들을 양팔에 눕힌 채 나는 그 옛날 나의 엄마가 그랬듯 아이들에게 조근조근 이야기를 들려주었다.

"하늘에는 삼신할머니가 살고 있는데 아기를 이 세상에 보내주시는 분이야. 아기들은 모두 다 자기 차례를 가슴 설레며 기다리지. 세상의 엄마 아빠가 모두 잠들어 있을 때 아기들은 몰래 날아다니며 사랑하는 엄마 아빠를 고른단다. 그리고 자신의 날개 깃털을 뽑아서 엄마와 이어줄 끈을 땋아. 끈이 완성된 아기 천사는 이제 날개가 없어서 날지를 못해. 그런 아기 천사를 바라보며 삼신할머니가 눈물을 흘리는데 그 눈물 방울이 모여 구름이 된단다. 아기 천사는 그 구름을 타고 엄마 뱃속으로 날아가는 거야. 그런데 건희 천사와 대희 천사는 둘이 사이가 너무 좋아서 헤어지는 게 싫었어. 그래서 할머니께 부탁을 했지, 우리 같이 보내주세요 라고 말이야……"

이야기가 끝을 맺을 즈음 아이들의 얼굴에는 환한 웃음이 번졌다. 나는 그 행복한 마음을

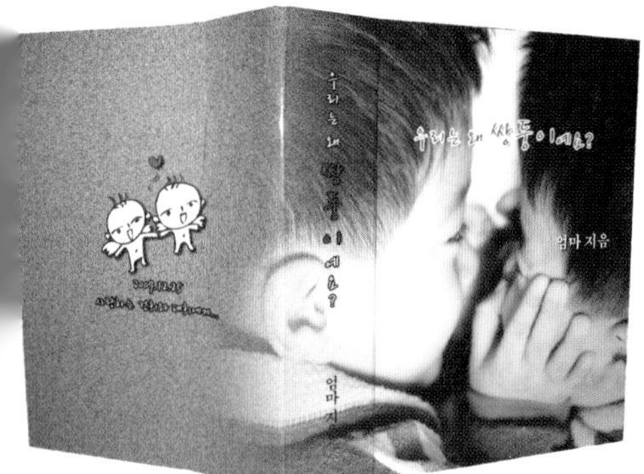

우리는 왜 쌍둥이예요?
엄마 지음

이제 아기 천사는 엄마 아빠에게로 갈 준비가 다 되었습니다.
하늘 할머니는 아기 천사가 정성껏 땋은 끈을 배에 단단히 묶고는 이렇게 소리칩니다.
"사랑스런 아기 천사야, 이제 널 기다리고 있는 엄마와 아빠에게로 가거라!"
하늘 할머니는 아기 천사와 헤어지는 것이 너무 슬퍼 눈물을 펑펑 흘리고, 할머니의 눈물은 방울방울 모여 큰 구름이 됩니다.
날개가 없어 날지 못하는 아기천사는 할머니의 눈물방울로 만들어진 구름을 타고 안전하게 엄마에게로 날아갑니다.

"이 녀석들! 이제 그만 밖으로 나가야
"응애응애~"
엄마의 뱃속에 도착한 건희와 대희는 너무 기뻐 가슴이 마구마구 뛰었습니다.
그곳에는 건희와 대희가 편히 쉴 멋진 2층 침대가 있었는데 먼저 들어온 건희가 1층에, 나중에 들어온 대희가 2층에 누웠습니다.
건희와 대희가 쑥쑥 커갈수록 엄마의 배는 터질 듯 부풀어 올랐고, 엄마의 다리는 코끼리 다리처럼 변했습니다.

영원히 간직해주고 싶어 이야기를 책으로 만들어야겠다고 생각했다. 그리고 이렇게 만들어진 『우리는 왜 쌍둥이예요?』라는 책을 아이들은 어린이집에 가지고 가서 선생님과 친구들에게 보여주었고 선생님은 모든 아이들을 앉혀놓고 책을 읽어주셨다고 했다. 책을 읽은 친구들은 더 이상 우리 아이들을 놀리지 않았고 이렇게 멋진(?) 책을 만들어주는 엄마를 한껏 부러워했다고 한다. 아이들에게 책을 만들어주며 이보다 더 기쁘고 보람찬 일이 있을까.

나는 자주 아이들에게 틀려도 괜찮다는 말을 하곤 한다.

"건희야 대희야, 틀려도 괜찮아. 걱정 마."

"엄마, 틀리면 안 되잖아, 틀리는 게 왜 괜찮아?"

"엄마도 너희만 할 때 자주 틀렸어. 그럴 때마다 선생님께 혹은 할머니와 할아버지께 혼도 났었지. 하지만 시간이 지나면 차차 틀리는 게 줄어들게 되어 있어. 중요한 건 맞고 틀린 게 아니라 내가 좋아하는 일을 찾아 열심히 하고 포기하지 않는 거야."

"엄마도 포기하지 않았어?"

"그럼, 엄마도 너희를 낳고 키우느라 너무 힘들었지만 작가가 되고 싶은 마음을 포기하지 않았더니 정말 작가가 되었잖아."

"와, 엄마 정말 멋지다!"

큰아이가 다가와 내 볼을 감싸며 환희에 찬 표정을 짓자 옆에서 듣고 있던 작은아이가 말했다. "엄마가 작가가 된 것처럼 나도 멋진 화가가 되는 걸 포기하지 않을 거야."

"그래, 엄마 역시 대희처럼 앞으로도 되고 싶은 게 너무 많아. 그러니 엄마가 열심히 일하는 걸 너희가 응원해줘야 해, 알았지?"

엄마표 책–『우리 엄마는 회사에 다녀요』

꿈을 향해 힘차게 달리고 있는 나와 마찬가지로, 육아와 일을 병행하며 씩씩하게 살아가는 모든 직장맘들을 떠올리며 만든 책이 있다.

"빅아이님, 안녕하세요. ……(생략)…… 저는 직장맘인데요. 저희 아이 유치원 반에 직장맘이 거의 없는지라 요즘 왜 나만 아침에 셔틀 타고, 저녁에 내릴 때 엄마가 안 나오냐고, 끝

나고 발레학원 갈 때 다른 아이들은 다 엄마가 와서 옷 갈아 입혀주고 간식 주는데 왜 나만 선생님이 갈아 입혀주냐고 부쩍 불만을 많이 토로합니다. ……(생략)…… 혹시라도 바쁘신 중에 가능하다면 이런 직장맘들을 위한 동화를 만들어주실 수 있으신지…… 그런 내용의 동화를 아무리 찾아봐도 찾기가 힘들더라고요."

블로그 독자로부터 한 통의 쪽지를 받고 만들게 된, 즉 타의에 의해 만든 책이었지만 이상하게도 이 책의 이야기는 금세 머릿속에 떠올랐다. 『우리 엄마는 회사에 다녀요』 이 책은 마치 예전부터 미리 모든 스토리를 다 짜놓은 듯 술술 써지더니 두 시간 만에 모든 스토리보드가 완성되었다. 생각해보니 이건 쪽지를 보내신 직장맘뿐 아니라 사실 온전히 내 마음이었던 것이다. 집에서 글을 쓰고 그림을 그리는 나는, 직장에 나가 있는 동안 아이들을 보지 못하는 엄마들과는 달리 아이가 집에 있는 시간에는 늘 함께 했지만 그럼에도 불구하고 아이들을 옆에 둔 채 일을 해야 할 때가 자주 있었고 바로 옆에 있는 엄마가 자신들에게 관심을 가져주지 않는 것에 대해 오히려 더 깊은 서운함을 가졌을지도 모를 일이다.

엄마가 회사에 다녀 자신과 함께 있어주지 못하는 것이 늘 서운한 주인공 별이는 어느 날 자신과 친구를 하자는 곰인형을 만나게 된다. 곰인형은 별이를 유치원에 데려다 주고 마중을 나왔으며 항상 함께 놀아주고 가끔은 별이를 못살게 구는 친구를 혼내주는 등 마치 엄마와 같이 다정한 존재다. 하루는 자장가를 불러주는 인형에게서 엄마의 목소리를 느낀 별이가 이를 신기하게 생각하자, 인형은 별이에게 자신은 사실 엄마의 애틋함이 모여 생겨난 엄마의 마음이라는 것을 고백한다. 그리고는 갑자기 울기 시작하는 인형. 별이는 인형을 안고서 울지 말라고 달래지만 인형은 눈물을 멈추지 않고, 별이는 이제 인형이 아닌 엄마의 마음

내 이름은 별이에요.
우리 엄마는 회사에 다녀요.
친구들이 집에 다 돌아간 후에도
나는 유치원에 남아있어요.
하지만 괜찮아요.
선생님이 돌봐주시거든요.

참 이상했어요.
인형의 자장가는 엄마가 불러주는 노래
소리와 너무 똑같았거든요.
"넌 어쩌면 그렇게 엄마 목소리와 똑같이
노래할 수 있는 거니?"
나의 물음에 인형은 노래를 멈추었어요.
그리고 다정하게 나를 바라보며 말했지요.
"별아, 사실 나는 엄마의 마음이야."
"엄마의 마음?"
"응, 엄마의 애틋함이 모여 내가 생겨난
거란다. 너와 함께 있어주지는 못하지만
엄마의 마음은 항상 네 곁에 있거든."

나는 옷소매를 당겨 눈물을 닦아줬어
"울지 마, 인형아."
한번 더 말했어요.
"울지 마, 인형아."
그리고 다시 한번 말했어요.
"울지 마, 엄마……"
"미안해, 별아, 미안해, 내 아
엄마가 나를 품에 꼬옥 안아요.
그리고 그제서야 따스하게 웃으셨어

을 향해 울지 말라고 말한다. 엄마의 애틋함을 진심으로 이해하고 엄마가 없어도 씩씩하게 이겨나가겠다며 오히려 엄마를 위로해 준다.

나의 마음 속 깊숙이 자리잡고 있던 애틋함을 이렇게 글과 그림으로 엮어내어 블로그에 소개하자 정말 많은 '별이의 엄마' 들이 진심으로 공감하며 눈물을 흘려주었다. 그리고 실제로 이 동화책은 삽화를 아이들이 다시 그리고 내용을 보강하여 정식으로 어린이 책 전문 출판사를 통해 출간될 예정이다. 현란한 글솜씨도, 화려한 그림 실력도 없었지만 오직 진심이 가득 담긴 엄마의 마음이 만들어낸 글과 그림이 꿈을 이루게 해 준 가장 큰 힘이 아니었나 싶다.

난 행복하다구

자녀열공의 특별한 이유라도?

내가 공부를 못했는데 내 애는 잘해야 겠더라구.

자녀열공의 특별한 이유라도?

내가 공부를 잘했는데 1등 아니면 안되겠더라구.

자녀 방목의 특별한 이유라도?

내가 그랬는데 그래도
지금 행복하더라구.
잘난 것도 없구만
행복은 개뿔.
내 말이…
(⊙_⊙)bigeye™

엄마의 약속

좋아하는 게 뭔지 발견해주기
그 좋아하는 걸 계속 할 수 있도록 도와주기
혹시라도 이 다음에 “엄마, 왜 나를 위해 좀더 노력하지 못하셨어요?”라는 원망을 듣는다면
“네가 뭘 할 때 가장 행복해하는지 미처 알아채지 못해서 미안해.”라고 대답하기
이 생각 끝까지 가져가기.

개뿔도 없지만
행복합니다.

2부

엉뚱한 장난꾸러기가 되라

4. 웃음과 감동이 묻어나는 엄마표 교구

세상에 하나뿐인 냉장고 박스 집

이 장에서 소개할 여러 가지 교구들은 엄마표 책과 별개의 내용이 아니다. 놀이집, 낱말카드, 포스터, 스티커 등은 돈을 주고 구입할 수도 있으며 어느 집을 방문해도 쉽게 찾을 수 있는 것들이다. 하지만 이처럼 지극히 보편적인 교구들에 '내 아이만을 위한' 이라는 특별함을 부여하고 엄마가 직접 만들었다는 데 있어 그 의미가 남다르다. 어디에서나 쉽게 접할 수 있는 것이기도 하면서 세상에서 하나밖에 없다는 희소성을 동시에 지닌 것이다. 이러한 것들은 이후 엄마표 책 구상의 시발점이 된 뜻깊은 창작품들이었다.

아이들이 아직 크게 책에 관심을 갖지 않았던 시절이었기에 장난감과 비슷한 여러 가지 교구를 직접 만들어주며 아이와 소통하기를 시도했다. 이것은 아이들뿐 아니라 엄마인 나에게도 아주 커다란 성취감으로 다가오는 작업이었다. 내 손으로 무언가 아이들에게 도움이 되는 창작품을 생산해낸다는 뿌듯함은, 힘든 육아 속에서 생겨나는 모든 노고들을 말끔히 잊어버리게 할 정도로 묘한 매력이 있었다.

아이들은 작고 좁은 공간에 대한 애착이 있는 듯하다. 특히 그것이 자신만을 위한 공간이라면 더할 것이다. 지금부터 보여줄 냉장고 박스 놀이집은 내 어린 시절의 기억에 덧붙여 유난히 좁은 공간을 좋아하는 아이들의 습성을 떠올려 만든 것인데, 이에 생각나는 재미있는 에피

소드가 있다.

지금은 중고등학생 아들들을 키우는 중년의 큰언니가 아기였을 때 일이라고 한다. 어느 날, 아직 걷지도 못하고 기어다니던 큰언니가 사라지는 일이 벌어져 집이 발칵 뒤집혔다. 집뿐만 아니라 온 동네를 다 찾아 헤매도 아기를 찾지 못해 엄마와 아빠는 패닉 상태에 빠지셨고 결국 다시 집으로 들어와 마당에 털썩 하고 힘없이 주저앉은 그 때, 이상한 점을 발견했단다. 당시 우리 집은 마당에서 개 한 마리를 키우고 있었는데 그 개가 아까부터 개 집을 향해 심상치 않게 짖어대더라는 것이다. 뭔 일인가 싶어서 다가가 봤더니 큰언니가 개 집에 들어가 주인도 쫓아낸 채 너무나 태평스럽게 자고 있었다고 한다. 실종신고까지 갈 뻔했던 큰언니 실종사건은 집 뺏기고 억울해서 끙끙거리던 개 덕분에 그렇게 어이없이 마무리되었다.

생각해보면 어린 아기가 아니더라도 사람은 항상 자신만의 작은 공간을 선망한다. 사춘기 시절에 혼자만의 방을 가지고 싶어하는 것은 누구나 가지는 꿈이지만, 형제자매가 많은 집에선 불가능한 일이기에 코딱지만 한 다락을 방으로 꾸며 혼자 키득대며 행복해했던 그때를 잊을 수 없다.

다락방

이가 맞지 않아 힘주어 열어야만 했던 나무 문짝
니스 칠이 되어 있어 양말을 신고 올라가면 미끄러지던 계단
이따금 정수리에 혹을 만들어주던 낮은 천장
바깥세상에 들킬세라 절대로 열지 않았던 작은 창문
너무 어두워 책도 읽기 힘들었던 백열전구
아무리 안테나를 세워도 지직거리기만 하던 라디오
아빠의 젊은 시절 사진이 담긴 낡은 앨범
마른 은행잎이 끼워져 있던 언니의 일기장
쿰쿰했지만 싫지 않았던 책 냄새
벽에 몰래 했던 낙서
가슴 두근거리며 그렸던 그 아이 얼굴
얼른 내려와 밥 먹으라는 엄마의 목소리
……

그땐 그 작은 공간에서 얼마나 행복해했다구…

인터넷 어디에선가 못쓰게 된 박스로 아이들 놀이집을 만든 사진을 보고 감명을 받은 나는 내 아이들에게도 꼭 한번 만들어주리라 굳은 결심을 했었다. 어느날 아이들을 보러 집에 놀러 오신 시어머니께 쌍둥이들을 맡겨놓은 채 남편을 잡아 끌고 무작정 전자제품 대리점으로 향했다. 우여곡절 끝에 박스를 얻긴 했으나 박스가 생각보다 너무 크고 무거웠으며 하필 그날 비까지 오는 바람에 집까지 박스를 나르는 동안 정말 고생을 했던 기억이 난다.

지금은 국민 놀이집이 되어 대한민국 모든 유아들의 사랑을 독차지하고 있는 냉장고 박스집이지만 처음 소개되었던 2006년도에는 정말 폭발적인 관심을 받았다. 당시 한 인테리어 카페에 글을 올리자 곧바로 네이버 메인에 소개되기도 했다.

우리 부부는 가까운 전자대리점에 박스를 얻으러 갔다가 실패하고 다시 발길을 돌려 이번에는 LG전자 총판대리점으로 향했다. 여기서는 반드시 성공하리라 다짐을 하면서 말이다. 당신이 먼저 들어가라, 싫다, 당신이 들어가라…… 남편과 나는 서로 옆구리를 찌르다가 마침 담배 피우러 나온 점원이 있길래 소심하게 다가가서 "저기…… 혹시 냉장고 박스 하나 얻을 수 있어요?" 라고 조심스레 물었다.

뭐 하는 사람들인지 신기하다는 듯 우리를 유심히 쳐다보던 그 점원은 "어디에 쓰실 건데요?" 라고 물었다.

나는 얼른 "아, 애기들한테 집을 좀 만들어 주려고요" 라고 대답했더니 뭐가 그리 웃긴지 점원이 킥킥거리며 웃더니 자기를 따라오라고 했다.

따라간 곳은 대리점 지하 주차장. 수많은 냉장고 박스들이 줄을 지어 서 있었고, 그 중에서 점원은 제일 뒤에 있는 박스 하나를 꺼내주며 이걸 운반할 차는 있냐고 물었다. 우린 집이 가까워서 둘이 들고 가면 된다고 자신 있게 대답하고선 박스를 받아 들고 고맙다는 인사를 몇 번이고 했다.

아, 감격…… 드디어 얻었구나!

그런데 이놈의 박스가 어찌나 크고 무거운지 정말 둘이서 양쪽에서 들고 가는데도 장난이 아니었다. 대리점에서 집까지 걸어서 10분

거리인데, 나중에 보니 40분 정도 걸렸다.

그리고 박스를 들고 오는 동안 정확하게 다섯 명이 우리에게 도대체 그 박스를 어디다 쓰려고 들고 가느냐 물었다. 내심 "닥치시오!" 라고 말하고 싶었으나……"뭐 좀 만들려고요" 라고 대답하고선 열심히 끙끙대며 박스를 날랐다.(우린 소심하니까요.-_-)

게다가 반쯤 오는데 비까지 추적추적 내리는 게 아닌가. 뒤에서 박스를 들던 나는 앞이 안 보여 걷다가 스텝 꼬여서 박스 잡고 쓰러지고 난리도 아니었다. 그렇게 산전수전 다 겪고 집에 도착하니 어머님이 '너희들 왜 그렇게 사느냐?' 라는 표정으로 우리를 쳐다봤다. 하하하! 그래도 난 뿌듯했다. 그 구하기 힘들다는 냉장고 박스가 아니던가…… 흑흑!

애들 재운 뒤 밤마다 2시간씩 작업하여 5일만에 완성했다. 맨 마지막으로 문에 손잡이까지 달고 나자 진짜 코에서 코피가 줄줄 흘러내렸다. 비록 쌍코피는 터질지언정 얼마나 뿌듯하던지, 한밤중 박스 집에 들어가 킬킬대며 혼자 감동의 도가니에 빠져 있었다. 필시 다른 엄마들도 엄마표 교구를 만들어주는 것이 100% 아이만을 위해 만드는 건 아닐 것이라는 사실을 비밀스럽게 알게 되었다.

당시 쓰인 재료는 아래와 같다.

〈재료〉

냉장고 박스—프리미엄급 냉장고 박스. 골판지가 일반 냉장고 박스 골판지보다 더 두꺼워서 아기들이 들락거리며 놀아도 쉽게 쓰러지거나 찢어지지 않는다.

적 벽돌 시트지—외부 상단 마감

패널 시트지—외부 하단 마감

아동용 시트지—내부 마감

빨간 골판지—지붕

폼 보드지—창문 창살

이외에 큰 제도용 칼, 본드, 청테이프

기타 학습용 포스터, 띠 벽지 등등……(내부 장식)

다 합해서 총 25,000원 정도가 들었는데, 시중에 판매하는 놀이집이 20만 원대가 훌쩍 넘어간다는 것을 감안하면 비용면에서 1/10 수준밖에 되지 않는다. 뿐만 아니라 엄마 아빠가 직접 만들어준 작품이라는 데에 비용보다 더 큰 의미가 있을 것이다. 아마도 값으로 따지자

박스집 내부에는 여러 가지 포스터를
붙여 주었고, 출입문 위에는
아이들의 사진을 이용해
문패를 만들어 붙였다.

면 세상에서 가장 비싼 집이 아닐까?

요즘은 놀이집 이외에도 박스를 이용해 부모가 직접 만들어준 독서대, 자동차, 싱크대 등 정말 다양하고 멋진 교구들을 인터넷에서 쉽게 찾을 수 있다. 박스로 교구를 만들 때는 힘이 좋은 아빠의 도움을 받는 것이 좋다. 그러면 혼자서만 쌍코피 흘리는 일은 없겠으나 너무 잘 만들어주겠다는 의지가 활화산처럼 폭발하여 부부가 함께 쌍코피 흘리는 수도 있겠다. 더 예쁘게 더 멋지게 만들겠다는 의지는 그저 부부의 바람일 뿐, 아이들은 아무런 장식 없이 그저 박스에 문만 뚫어주어도 감동하니 너무 무리하지 말도록 하자.

자투리 장판으로 만든 낱말 카드

나는 유치원을 다니지 않았다. 아니 다니지 못했다는 것이 더 정확한 표현이겠지? 엄마 아빠에게 무얼 그렇게 잘 보였는지 둘째언니는 홀로 유치원에 다니는 은혜(?)를 입었는데 그래서 요즘도 나는 마흔이 넘은 둘째언니에게 고학력 최고학벌을 운운하며 질투심을 표출하고 있다. 유치원에 보내는 대신 나의 엄마는 딸들에게 한글을 직접 가르치겠다며 작은 종이에 한글단어를 적어서는 방에 빨랫줄을 만들어 종이들을 주렁주렁 매달아 놓으셨다. 지금으로 치자면 그것이 바로 한글 낱말카드인 셈이다. 그렇게 빨래와 뒤섞여 널려 있는 카드를 보고 글자를 익히고 있으면, 엄마는 이제 아빠가 보신 후 던져놓은 신문지 한 장을 쭉 찢어서 건네주시며 아는 글자를 동그라미치고 읽어보라고 하셨다. 아주 어린 시절 기억인데도 생생한 것을 보면 나름 그런 엄마의 가르침이 너무 좋았던 모양이다.

바로 그 기억을 떠올려 나 역시 아이들에게 직접 낱말 카드를 만들어주리라 결심했다. 문방구에서 마분지를 사서는 카드 크기로 작게 잘라 예쁘게 글자를 쓰고 그림을 그렸다. 뿌듯해하는 것도 잠시, 이렇게 정성 들여 만든 마분지 낱말 카드는 아이들 손에서 한두 번 보고서는 심하게 구겨지거나 찢어지기 일쑤였다. 허무한 마음에 무언가 좀더 튼튼한 재료가 있지 않을까 고민을 하다가, 이사 후 창고에 넣어둔 자투리 장판이 떠올랐다. 튼튼하면서도 유연하게 구부려지고 절대 찢어지지 않을 것이기 때문이다.

그리고 여기서 한 가지 더 아이디어를 냈다. 사진 찍는 걸 좋아하는 나는 거의 매일 아이들

의 사진을 찍어 남겨두었는데 낱말 카드를 만들 때 그림이 아닌 실사를 이용하면 아이들이 훨씬 더 재미있어 하지 않을까 하는 생각이었다. '엄마'라는 단어에는 그림도 좋겠지만 실제 엄마의 사진을 집어넣고, '웃어요'라는 단어에는 아이들의 웃는 모습을 집어넣는 것이다. 이 실사 낱말 카드는 후에 아이들 사진이 들어간 엄마표 책을 만드는 모태가 되었다. 카드에 쓰일 사진과 낱말은 일상생활 중의 습관이나 감정 등의 단어 위주로 만들었다. 엄마, 아빠, 친구, 사랑해요, 웃어요, 이 닦아요, 책 읽어요…… 등등.

그림카드 위에 투명시트지를 붙이면 코팅한 효과를 볼 수 있다. 그래서 당시 인터넷에서 1미터에 1,000원 하는 투명시트지를 구입했다. 투명시트지는 아주 커다란 투명테이프라고 생각하면 된다.

유아용 사물인지책을 시중에서 많이 볼 수 있는데, 집에 디지털 카메라만 있다면 굳이 책을 사지 않아도 보다 효과적인 교구를 만들어낼 수 있다.

낱말카드 작업 과정 살펴보기

1. 포토샵에서 카드에 쓰일 이미지를 작업한다. 이미지 편집 작업이 어려우면 종이에 직접 사진을 붙여도 무방하다.

2.프린터로 출력한 후 카드 모양대로 잘라둔다.

3. 자투리 장판, 투명시트지, 가위, 칼, 풀을 준비한다.

4. 출력된 종이를 장판에 풀로 붙인 뒤 가위로 잘라낸다.

5.투명시트지를 카드 모양보다 넉넉한 크기로 잘라내어 위에 붙인다.넉넉하게 자르는 이유는 네 모서리를 덮기 위해서이다.

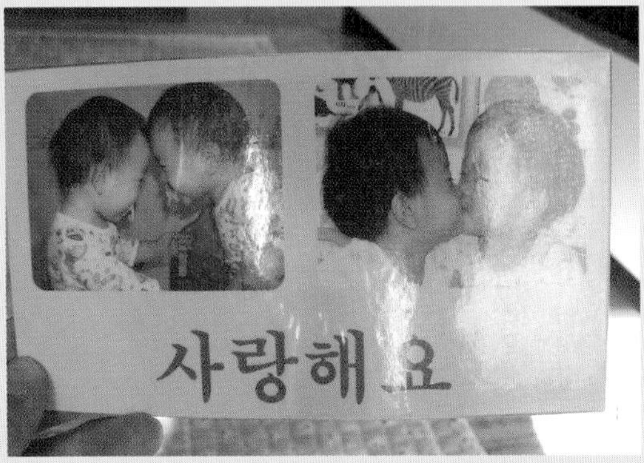

6. 완성된 카드다. 투명시트지를 붙여서 매끈한 느낌이 좋은 데다 그림이 훼손될 염려도 없고, 장판 재질이라 구기거나 찢어질 염려도 없다. 이 때 어린 아기가 있는 집이라면 모서리를 둥글게 잘라준다.

7. 뒷면은 올록볼록한 재질이다. 뒷면에도 그림을 붙이거나 매직으로 글자를 쓴다면 학습 효과가 더 높을 것이다. 그대로도 뒤집어보기 놀이 등을 할 수 있다.

우리 집 맞춤형 학습 포스터

아이들이 글자를 익힐 때쯤이면, 아니 꼭 그때가 아니더라도 어린이집이나 유치원에 다니는 유아가 있는 집에 가 보면 갖가지 종류의 학습 포스터가 벽에 빼곡히 붙여져 있는데, 문제는 엄마의 의욕과는 달리 집 안 곳곳에 포스터를 붙일 공간이 생각 외로 넉넉하지 못하다는 데에 있다. 더군다나 큰 포스터가 빈틈없이 붙은 벽은 답답해 보이기도 한다.

학습용 포스터를 직접 만들어야겠다고 다짐한 것도 바로 이 때문이었다. 시중에서 파는 포스터는 너무 커서 몇 개 붙이고 나면 온 벽이 가득 차 버렸다. 그래서 생각한 것이 기존 크기의 2/3 정도 되는 A3 사이즈의 포스터였는데 아이들이 보는 데에는 크게 지장이 없었다.

포스터 제작에 필요한 이미지는 인터넷 마이크로소프트 무료 클립아트 제공 사이트에서(http://office.microsoft.com/ko-kr/images/?CTT=97) 가져왔고, 출력은 아이들의 사진을 인화하는 온라인 사진 인화 사이트에서 A3 크기로 인화했다. 유광 인화를 했더니 실제 학습 포스터처럼 빤질빤질하여 코팅 효과가 있었다.

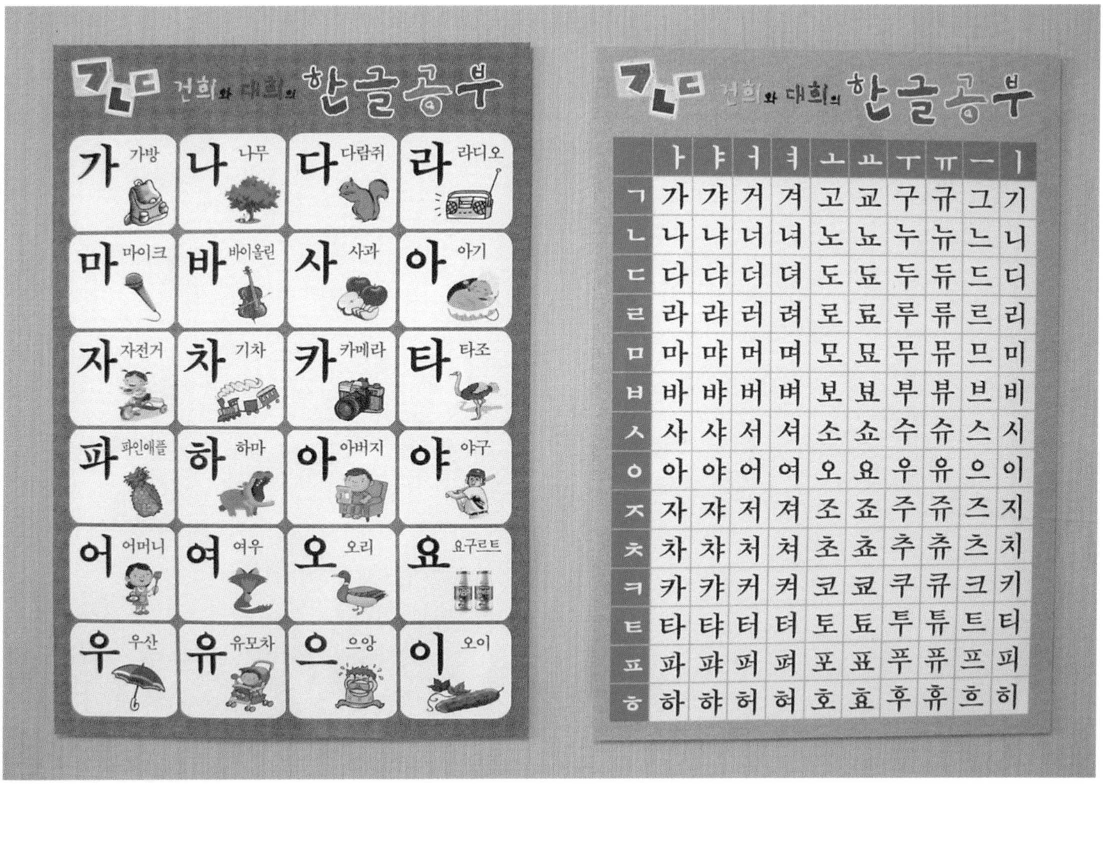

아이들 신체 포스터

이건 문득 아이디어가 떠올라서 큰아이를 벗겨놓고 사진을 찍은 뒤 신체 포스터를 만들어 본 것이데, 왜 형만 벗기느냐는 동생의 강한 항의(?)을 받았기에 할 수 없이 작은아이의 누드 사진도 찍을 수밖에 없었다. 그래서 생각해낸 것이 똑같은 신체 포스터지만 한 장은 영어 단어로 번역한 것이다. 자신만 안 하면 뭔가 꿀리는 기분에 같이 벗겠다고 난리를 피웠겠지만 세월이 흘러 집으로 놀러 온 여자친구에게 엄마가 이 포스터를 보여준다면 아마도 많이 부끄러워할 것 같다.

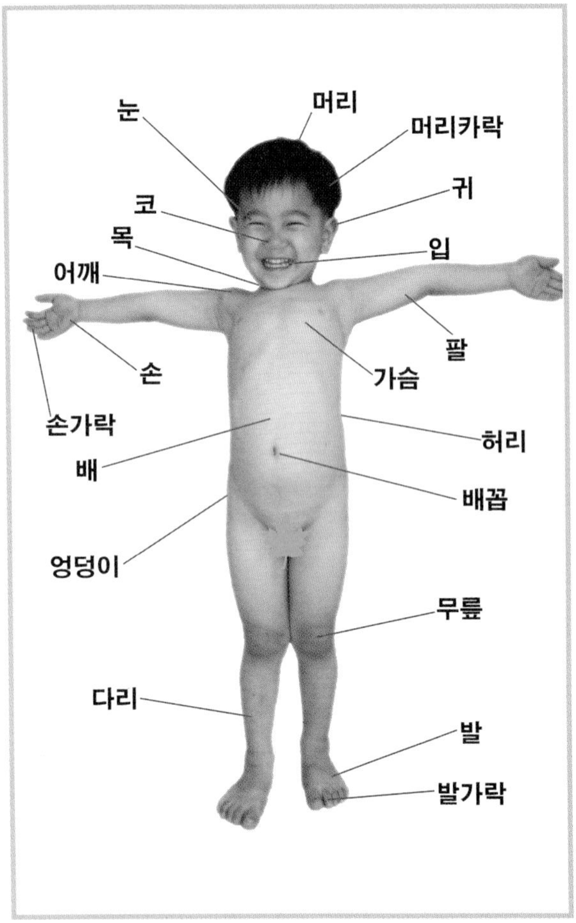

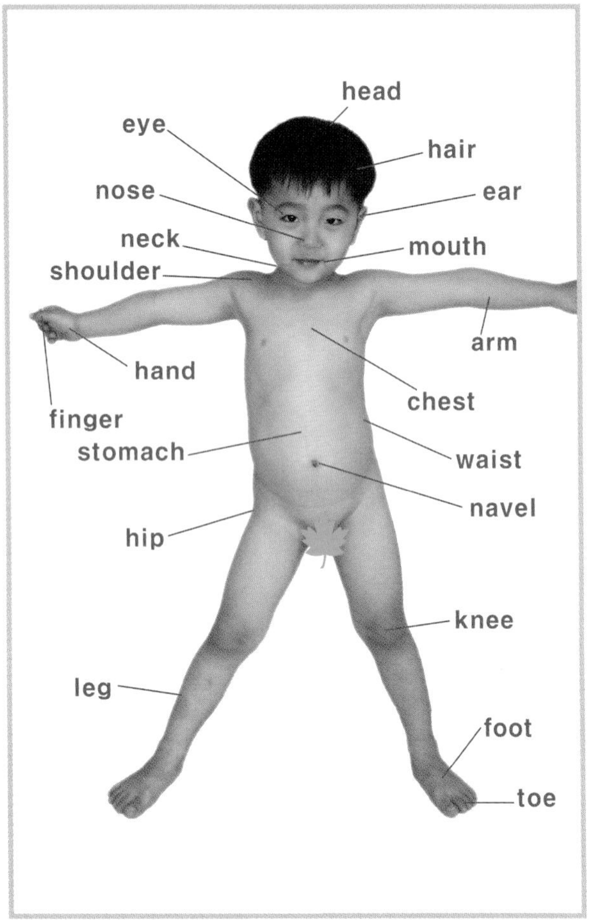

엄마표 신기한 스티커

어느 날 대형 마트에 장을 보러 갔다가 스티커 용지라는 것을 우연찮게 발견했다. 어린 친구들이 수제 스티커라고 하여 손으로 직접 그린 그림을 스티커로 뽑아 다이어리에 붙이며 즐거워한다는 게 문득 생각났다. 이럴 때 나의 잔머리 CPU는 빛의 속도로 회전한다. 이걸 이용하면 아이들을 위해서 직접 스티커를 만들 수 있다는 것 아니겠는가?

이전에 아이들의 얼굴이 들어간 낱말카드, 포스터 등을 만들어 아이들의 절대적인 호응을 얻었던 경험이 있었기에 주저 않고 스티커 용지를 카트에 넣었다. 아이들에게 자신의 얼굴이 들어간 스티커를 만들어주면 깜짝 놀라겠지? 그냥 사진만으로 스티커를 만들어줄 수도 있겠지만 좀더 재미있는 아이디어를 생각해냈다. 바로 문방구에서 파는 스티커를 흉내내 보기로 한 것이다. 다 만들고 났더니 제법 그럴싸한 엄마표 스티커가 완성되었고, 장난기가 발동한 나는 아이들을 위한 스티커뿐 아니라 남편을 위한(?) 스티커까지 만들었다.

1. A4 사이즈의 스티커 용지(라벨지)가 필요하다. 마트나 대형 문구점에 가면 구입할 수 있다.

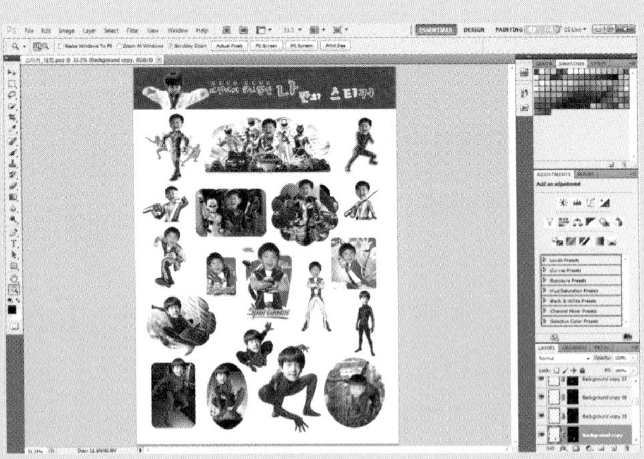

2. 아이들이 좋아하는 이미지를 찾아 스티커처럼 배열하고, 그 위에 얼굴을 합성했다. 스티커 용지가 A4이므로 이미지도 A4 사이즈로 작업했다. 이미지가 완성되면 스티커 용지에 컬러 출력한다.

3. 출력할 때 반드시 스티커 용지를 뒤집어 넣는다. 즉, 인쇄되는 면이 밑으로 가게 하고 나중에 벗겨버릴 투명 비닐이 위로 오게 해야 한다.

4. 프린트되어 나오는 모습이다. 스티커용지 특성상 색감이 정말 또렷하고 깨끗하다.

5. 아이들의 스티커가 각각 출력되어 나왔다. 이 상태로도 그냥 오려서 스티커로 쓰면 되지만 표면에 코팅 필름을 붙여주면 더욱더 실제 스티커 효과가 난다.

6. 코팅 필름은 인터넷에서 검색하여 구매했다. 통상 디지털 카메라로 찍고 인화한 사진의 색감이 변하지 않도록 하기 위해 많이들 사용한다.

7. 지문이 묻지 않도록 조심조심 벗겨서 스티커 종이 위에 코팅필름을 정성스럽게 붙여준다. 코팅필름을 벗기면서 동시에 롤러 밀듯이 손으로 쭉 밀어주면 깨끗하게 붙는다.

8. 마지막으로 종이 바깥으로 튀어나온 코팅 필름을 깨끗하게 잘라주면 완성.

9. 이제 스티커 모양대로 오려서 원하는 곳에 붙이기만 하면 된다.

완성된 스티커를 내밀자 아이들에겐 '환호성' 이,
남편에게선 기가 막힌다는 웃음이 터져나왔다.

스티커 응용 #1

미아 방지용 스티커

아이들과 함께 나들이를 할 때 유용하게 쓰일 미아 방지 스티커이다. 내용 전달이 중요하므로 굳이 예쁘게 만들 필요는 없을 듯하다.

미아 방지 이름표나 스티커는 눈에 띄는 곳에 붙이면
오히려 범죄의 위험에 노출될 염려가 있기 때문에
바깥에선 보이지 않는
옷의 안쪽에 붙이는 게 낫다고 한다.

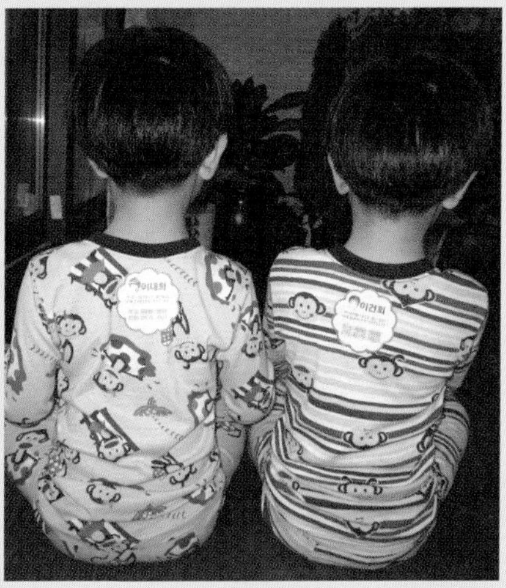

스티커 응용 #2

남편이 가장 무서워하는 스티커– '마누라가 보고 있다'

남편을 너무나 사랑(?)한 나머지 항상 옆에서 지켜보고 싶은 마누라들을 위한 스티커.

신용카드에 붙여두면 두 눈 부릅뜨고 다정하게(?) 바라보는 마누라 때문에 결코 쉽게 카드를 긋지 못할 것이다. 아내의 사랑도 확인하고 집안 경제에도 도움을 주니 일석이조 아니겠는가?

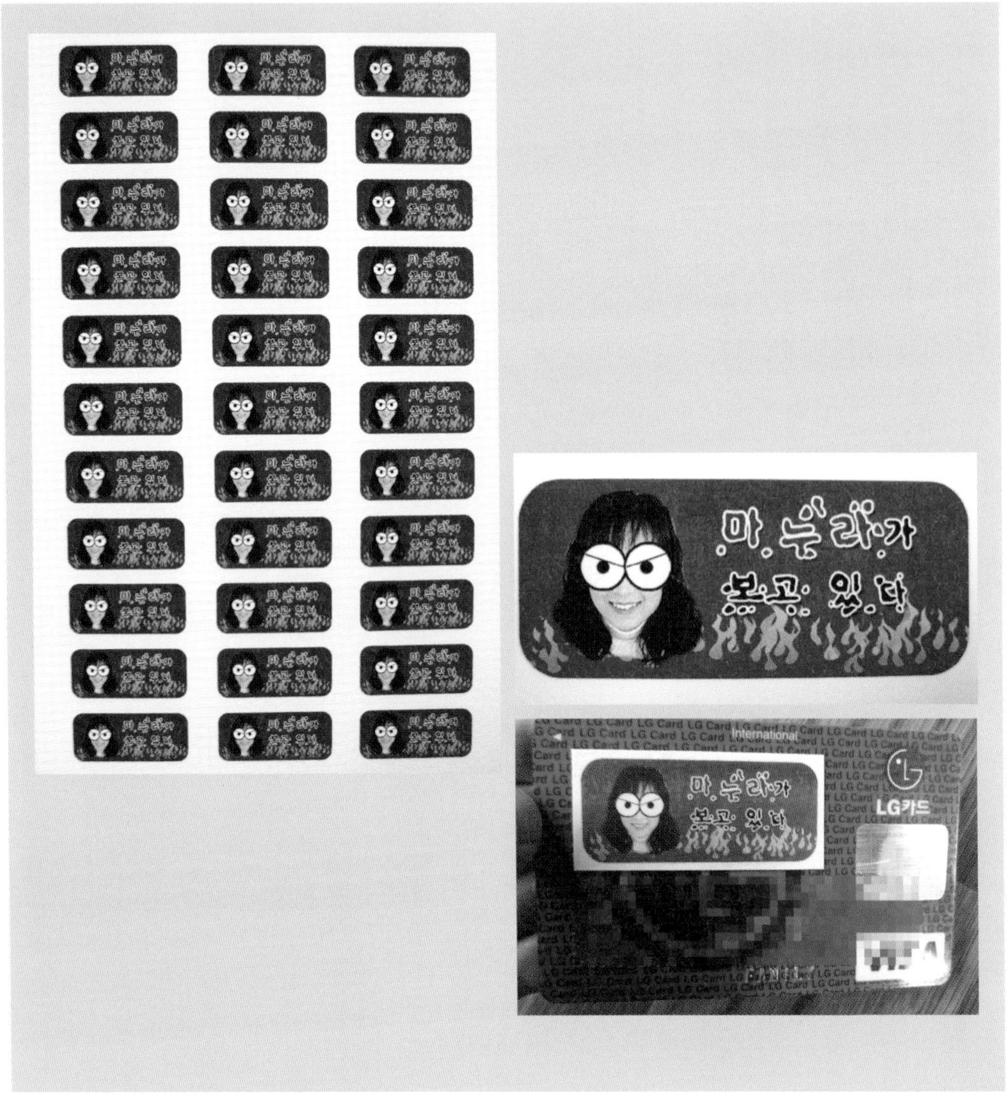

남용하지는 마세요, 행복한 가족 쿠폰

결혼을 하고 살면서 아이들을 키우면서 어찌 웃음짓는 날만 있을까.
외롭고 슬프고 후회되고 절망하고 포기하고 싶은 날이 있다.
그럴 땐 울면 된다.
울다가 울다가 울다가 울다가 내 모습을 바라보면
어쩐지 우습고 우습고 우습고 우습다.
그러다 결국 웃는다.
사랑하다 울기도 하고, 미워하다 웃기도 한다.
그래서 난 내가 참 바보 같다가도 이런 내가 참 좋다.

가끔은 울고도 싶고 모든 걸 제쳐두고 멀리 떠나고 싶은 엄마, 늘 사랑받지만 혹시나 채워주지 못했을 2%의 사랑에 목말라하는 아이들, 아내와의 화해 방법을 찾지 못해 속으로만 끙끙 앓는 남편을 위한 쿠폰이다. 이 쿠폰을 만들어서 아이와 남편에게 보여줬더니 쿠폰을 사용하기도 전에 이미 함박웃음을 지었다. 그리고 온 가족이 서로를 바라보며 장난스런 눈빛을 날렸다. "너 이제 딱 걸렸다!"라는 오묘한 표정과 함께.

엄마 자유 이용권

설거지 감이 아무리 쌓여 있다 하더라도, 해야 할 빨래가 지천에 널려 있다 하더라도, 청소를 안 해서 발 디딜 틈이 없다 하더라도, 이 쿠폰을 내밀면 모든 걸 제쳐두고 오로지 사랑하는 내 아이를 위해 시간을 보내리라. 온전히 내 아이만의 엄마가 되는 날.

http://2hees.blog.me
사랑하는 내 아이를 위한
엄마 자유이용권
유의사항
- 쿠폰의 유효기간은 엄마 허리가 20인치 되는 날, 즉 지구가 멸망하는 날까지입니다.
- 엄마가 해주는 맛없는 밥도 맛있게 먹어 주는 자녀에 한해서 타인 양도가 가능합니다.

80% 잔소리 할인권!

잘못하긴 했다. 분명히 마누라가 가만히 있을 리가 없다. 9옥타브 하이톤 잔소리 내지 분노의 복식고함이 이어질 것이다. 하지만 이 쿠폰을 내밀면 잔소리의 80%는 할인이 되고, 남은 20%의 잔소리마저 마누라를 품에 꼬옥 안아주면 면제받을 것이다.

http://2hees.blog.me
서방님을 위한 마누라의
80% 잔소리 할인권
유의사항
- 쿠폰의 유효기간은 마누라가 김태희 되는 날, 즉 지구가 멸망하는 날 까지입니다.
- 반드시 마누라의 복식고함이 시작되기 전에 제시해 주시기 바랍니다.
- 자신의 마누라에 한하여 유효하며, 직장 상사에게 중복 사용이 불가능합니다.

1일 무료 주부위임권!

친구들을 만나 꿈 많은 소녀로 되돌아가고 싶고, 영화관에서 팝콘을 씹으며 슬픈 영화 한 편에 옴팡 눈물 흘려 보고 싶다. 엄마이기 이전에, 아내이기 이전에, 가끔은 여자로 살아가고 싶은 그녀들…… 이 쿠폰을 내밀면 남편이 어느새 엄마로, 아내로 깜짝 변신한다. 하지만 이 순간 그는 이 세상 최고로 멋진 남자다.

http://2hees.blog.me
자유를 꿈꾸는 아내를 위한
1일 무료 주부위임권
유의사항
- 쿠폰의 유효기간은 빌게이츠가 남편에게 돈을 꾸는 날, 즉 지구가 멸망하는 날 까지입니다.
- 위임되는 업무에는 식사, 빨래, 청소, 육아 및 장수풍뎅이와 달팽이 똥 치우기가 포함됩니다.

＊ 주의사항

"쿠폰 좋다 남용 말고 쿠폰 모르고 오용 말자!"

함부로 쿠폰 남발했다가 지쳐 쓰러지는 사태가 올 수 있으니 적당히 사용하도록 합시다.

마누라의 미친 존재감 5종 세트

남편을 위해(?) 만들었던 마누라표 스티커. 사실 많은 분들이 그렇게 생각할 것이다. 설마 진짜 저런 해괴망측한 스티커를 붙이고 다니겠어? 라고. 그 때 만든 스티커를 남편이 가지고 있는 신용카드 2장에 붙였었는데, 나 역시 그 스티커를 아직도 붙이고 있을지 불현듯 궁금해져 남편에게 지갑 좀 달라고 해서 확인작업에 들어갔다.

하하하하하하하하!!!
역시 남편은 내 기대를 저버리지 않았다.
여전히 붙이고 다니고 있었다.
몇달 지났다고 스티커 속 내 사진은 때가
꼬질꼬질. 이 남자 의외로 강심장인걸?
아니면 정말 마누라의 미친 시선을 진정으로
즐기고 있는 것이란 말이던가!
이렇게 꿋꿋하게 낯 깎임을 감수하고 있다니
내 남편 정말 대단하다.

마누라의 미친 시선을 이토록 원하는(?) 남편을 위해 나는 또다시 머리를 굴렸다. 뭘 해주나…… 그러다 문득, 요즘 들어 일이 많아 부쩍 힘들어하는 남편이 떠올라 이번엔 정말 제대로 된 마누라의 사랑(?)을 보여주기로 했다.

이름하여 "마누라의 미친 존재감 5종 세트"
언제 어디서든 아무리 힘들어도 항상 마누라가 든든하게 함께하고 있다는 생각을 가지라는 파이팅의 뜻에서 만들었다.

출퇴근 버스 속에서 마누라의 미친 존재감

낑낑...
꾸벅꾸벅...
http://2hees.blog.me
마.누라의 미친존재감

커피 자판기에서 마누라의 미친 존재감

Coffee
쪼르륵...
꼭 마누라표 커피 같다!
http://2hees.blog.me
마.누라의 미친존재감

구내식당에서 마누라의 미친 존재감

왜이리 많아?
배식구
수북..
http://2hees.blog.me
마.누라의 미친존재감

회식 후의 마누라의 미친 존재감

...저런 서비스가 원래 있었나...?
"Call" 리어카서비스
@!@#%%^&^
http://2hees.blog.me
마.누라의 미친존재감

상사에게 혼날 때 마누라의 미친 존재감

...궁시렁..잔소리...
크에엑!!
실장
http://2hees.blog.me
마누라의 미친존재감

이미지들은 핸드폰 배경화면 사이즈에
맞게 작업했다.
남편이 기운 없어 보이는 날 오후에
한 편씩 휴대전화로 보내줬다.

07:55
...궁시렁..잔소리...
크에엑!!
실장

처음엔 "이기 모꼬?"
이러더니 핸드폰 너머로 보이는가?
남편의 저 참을 수 없는 미소.

어찌되었든 오늘도 나가서 열심히
돈 벌어오소!
남편, 힘내!! 마누라가 보고 있다!!! ^^

시시함의 종결자들

아침 식사 중
위 아래가 다른 건희의 실내복을 보더니
남편이 물었다.
너 바지가
왜 그래?
오줌 싸서
갈아입었어.
…

설마설마했지만
또 시작되었다.
케찹 통을 끼우고(?)
자면 오줌 싸도
걱정 없겠지?
와 멋져!
…
시시함의 종결자들...
…뭐?
아빠도 케찹병
있어서 바지에
오줌안 싸는거야?

심지어 내 남편,
일곱 살의 말에 진심 발끈하고 있었다.
아빠는 어른이라 이따위 케찹병으로는 부족하단다. 아들아!
...
“신이시여...
왜 정녕코 저에게 아들놈들만 주셨나이까!”
아빠, 소쿠리는 어때? 끈으로 묶고 자는 거야!
...
아니야, 소쿠리는 엎드려 잘 때 불편해!
난 비닐봉지 할 거야!
한편,
근데 네 엄마 앉았던 자리에 이거 뭐니?
돌멩이 아냐?
여기에 돌멩이가 왜 있지?
니들 눈에는 그것이 돌멩이로 보이더냐?
사리다
(⊙_⊙)bigeye™

5. 상상이 폭발하다

엉뚱한 상상은 창의성의 뿌리

〈맨 인 블랙〉이라는 영화 1편을 보면 유명한 할리우드 스타들이 사실은 사람으로 변장한 외계인이라고 하며 관객들에게 웃음을 준다. 연극이나 뮤지컬로 유명한 〈백설공주를 사랑한 난쟁이〉에서는 그간 백설공주 동화책에서 크게 조명받지 못한 일곱 번째 난쟁이의 시점에서 새롭게 조명한 스토리가 펼쳐져 또 다른 감동을 주기도 한다.

사실 삶이란 것은 올바르게, 원칙대로, 배운 대로 살아가려 애쓰지만 어떠한 변수가 우리에게 닥칠지 가늠할 수 없기 때문에 때로는 엉뚱한 계기로 더 행복해지기도 하고 또는 한없는 절망에 빠지기도 한다. 결코 예상할 수 없는 가능성의 곁가지가 무수히 뻗어 있어 우리는 늘 변화를 각오하며 인생을 살아간다. 내가 경험하고 있는 모든 현상을 있는 그대로 인지함과 동시에 여러 다양한 관점에서 바라볼 수 있는 힘을 기른다는 것은 세상을 좀더 넓은 마음으로 이해하고 포용하는 가장 좋은 방법이다.

나는 개인적으로 유독 이러한 것을 즐긴다. 엉뚱한 상상, 또 다른 관점, 삐딱한 시선, 유머러스한 접근을 통해 기존의 틀을 깨 보는 것이다. 우리는 교육과 경험을 통해 인지한 것들에 대해서 대체로 '믿고' 있다. 그러나 다양한 관점에서 해석을 시도하다 보면 그간 '믿었던' 것들은 사실 '알고' 있는 것이라는 걸 깨닫게 된다. 믿는 것과 아는 것은 분명 차이가 있다. 믿는 것은 변화의 가능성이 없지만 아는 것은 얼마든지 변화할 수 있기 때문이다.

나는 선생님이 되기 위해 임용고시를 준비하다 웹 기획 전문가가 되었고, 직장을 그만둔

뒤 모든 사회 활동을 접고 아이만을 키우다가 책을 만들게 되었다. 선생님과 기획자, 전업주부와 작가는 어쩌면 뜬금없는 조합과도 같겠지만 사실 아주 많은 연결고리가 있다. 그리고 그 연결고리를 잇게 해 준 것은 내가 '알고' 있는 것에 또 다른 상상을 부여하여 수많은 가능성을 발굴해내는 엉뚱함이었다.

우리는 태어날 때부터 본능적으로 엉뚱한 상상을 한다. 세상을 아직 완전히 익히지 못한 아기들은 자신에게 주어진 수많은 환경에 기발한 방법으로 대처하곤 하는데, 이미 세상에 너무 익숙해져 버린 어른들은 아이의 엉뚱함과 기발함이 불편하게 느껴지고 혹은 위험하다고 간주하여 묵살해버리는 경우가 많다. 아이가 마음껏 상상할 수 있도록 하기 위해선 부모의 열린 마음이 가장 필요한데, 앞서도 말했지만 부모가 먼저 상상을 즐긴다면 아이는 자연스레 상상하기를 즐길 것이고 부모의 엉뚱한 상상력은 아이의 불타오르는 창의력에 기름을 붓는 것과도 같다.

종교에서는 믿음이 필요할 수 있다. 그러나 무한한 상상을 위해서는 모든 현상에 '반드시 그렇다는 믿음'을 버리고 '어쩌면'이라는 기대감과 '그렇지만'이라는 삐딱함을 가져보는 것도 좋다. 그리고 아이에게 독려하기에 앞서 엄마와 아빠가 먼저 즐길 줄 알아야 한다.

공주들의 뇌 구조

1. 백설공주의 뇌 구조

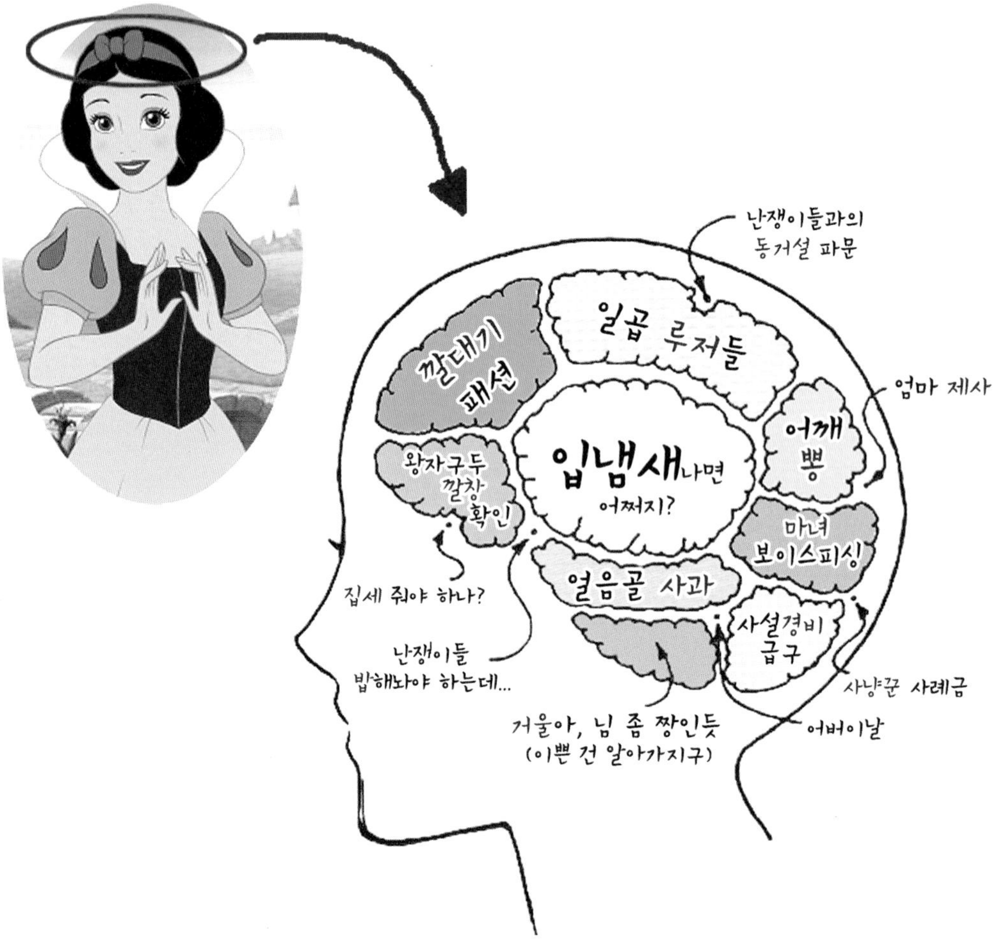

2. 신데렐라의 뇌 구조

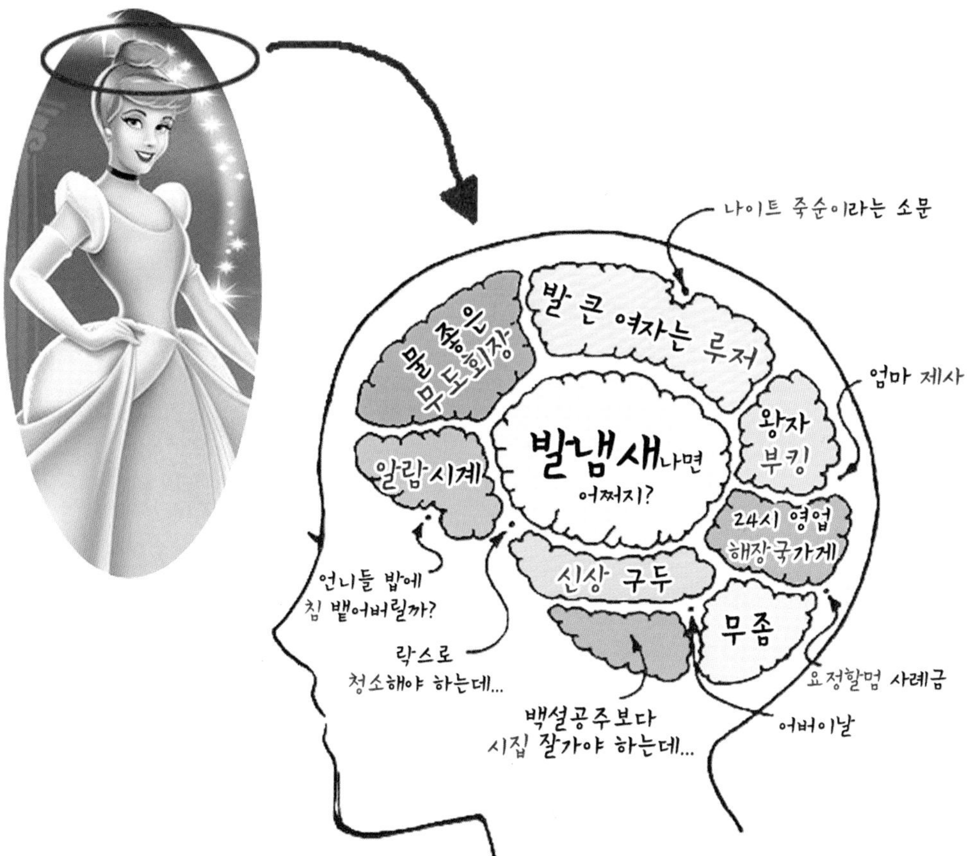

나이트 죽순이라는 소문
물 좋은 무도회장
발 큰 여자는 루저
엄마 제사
왕자 부킹
알람시계
빌냄새나면 어쩌지?
24시 영업 해장국가게
신상 구두
무좀
언니들 밥에 침 뱉어버릴까?
락스로 청소해야 하는데...
요정할멈 사례금
백설공주보다 시집 잘가야 하는데...
어버이날

3. 인어공주의 뇌 구조

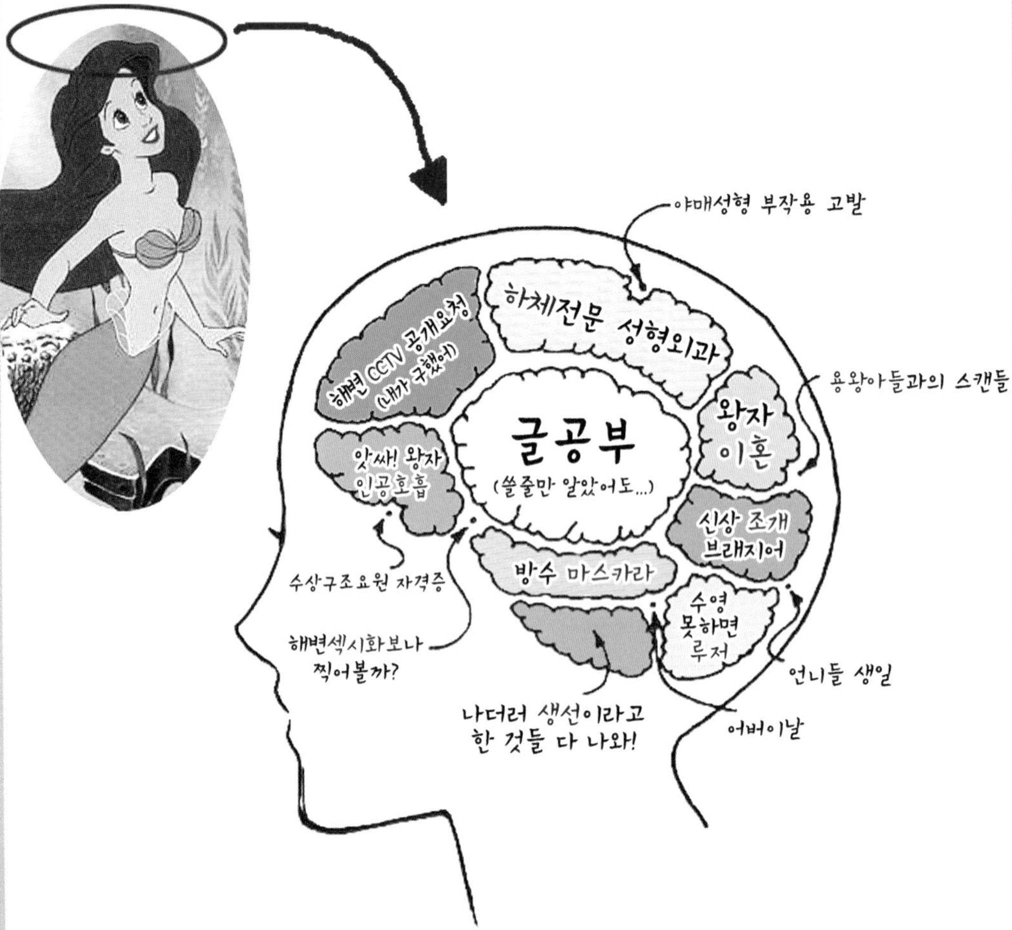
야매성형 부작용 고발
하체전문 성형외과
해변 CCTV 공개요청
(내가 구했어)
용왕아들과의 스캔들
왕자
이혼
글공부
(쓸줄만 알았어도...)
앗싸! 왕자
인공호흡
신상 조개
브래지어
방수 마스카라
수영
못하면
루저
수상구조요원 자격증
해변섹시화보나
찍어볼까?
나더러 생선이라고
한 것들 다 나와!
언니들 생일
어버이날

아이의 상상을 이끌어내는 엄마표 학습지

우리 아이들은 일곱 살이 된 지금까지 학습지를 해 본 경험이 없다. 지금부터 내가 할 얘기는 흔히 많은 엄마들이 관심을 가지고 있는 '학습지 따위' 하지 않고 '천재로 키울 수 있다'는 등의 엄청난 '홈 스쿨링의 노하우' 가 아니며 혹은 그런 의도를 가지고 시작한 것도 아니다. 우리 아이들은 천재도 아닐 뿐더러 너무나 평범하기 그지없으며 그저 우리는 평소대로 책을 읽고 그림과 글을 즐기다가 우연히 재미있는 방법을 발견한 것뿐이다.

아이들과 끊임없이 커뮤니케이션을 하다 보면 어느 순간 "아, 바로 이거다!"라고 외치며 감탄할 때가 있다. 내가 좋아하는 것과 아이들이 좋아하는 것이 일치하는 순간이다. 나는 해주고 싶은데 아이들은 영 관심을 가지지 않는다든지, 아이들은 너무 바라는데 엄마인 나는 크게 내키지 않는다면 그게 얼마나 대단한 것이든 간에 피차 피곤하다고 느낄 수밖에 없다.

비싼 돈을 주고 화려한 교구들을 장만해놓고서도 온전히 활용을 하지 못할 때 밀려오는 아쉬움과 후회는 이렇게 아이와 엄마의 궁극적 일치점을 찾지 못한 안타까운 결과일 것이다.

엄마표 학습지 역시 맨 처음 아이들에게 그림을 그려보라고 했을 때처럼 기존의 정형화된 것에서 살짝 벗어난 다양한 창의성과 상상력을 펼쳐보고자 하는 마음에서 만들어졌다.

어른인 나에게도 여전히 너무 재미있는 상상들, 그래서 문제를 내면서도 아이들이 어떤 답을 해올지 미리부터 궁금하고 기대가 되어 가슴이 두근거리곤 한다.

여기에 사용된 이미지는 앞에서와 마찬가지로 마이크로소프트 무료 클립아트 사이트에서 가져왔다. 대략 스물다섯 장 정도를 만들어 주었는데 당시 다섯 살이었던 아이들이 시간 가는 줄 모르고 빠져들었던 기억이 난다.

* 엄마표 학습지의 예

거울

우리집에는 절대로 들여다보면 안 되는 거울이 있어요.
하지만 궁금해진 나는 거울을 들여다보고 말았어요.
과연 어떤 일이 일어났는지 그려보세요.

참 잘했어요

http://blog.naver.com/2hees

비밀의 계단

할머니 집에는 비밀의 계단이 있어요.
할머니와 할아버지도 올라가본 적이 없대요.
계단을 올라가면 어떤 곳이 나올지 그려보세요.

참 잘했어요

http://blog.naver.com/2hees

신기한 카메라

신기한 사진이 찍히는 카메라가 있어요.
아빠가 이 카메라로 나를 찍어주셨어요.
과연 내 모습이 어떻게 나왔을지 그려보세요.

참 잘했어요

http://blog.naver.com/2hees

벽장 속 친구

벽장 속에 나만의 비밀친구가 숨어 있어요.
어떻게 생겼는지 비밀친구를 그려보세요.
그리고 왜 벽장 속에 숨어 있는지 이야기해보세요.

참 잘했어요

http://blog.naver.com/2hees

내가 진짜예요

어느 날 나와 똑같은 아이가 나타나 자기가 진짜라고 우겨요.
엄마에게 내가 진짜라는 걸 밝힐 수 있도록 엄마와 나만이
알고 있는 비밀이 있다면 그려보세요.

참 잘했어요

http://blog.naver.com/2hees

유쾌한 미용사

유쾌한 미용사가 있는 미용실에 갔어요.
나의 머리 모양이 어떻게 바뀌었을까요?
웃음이 절로 나올만큼 재미있는 머리 모양을 그려보세요.

참 잘했어요

http://blog.naver.com/2hees

요술 안경

다른 사람들 눈에는 보이지 않는 것을 볼 수 있는
요술 안경이에요.
과연 어떤 것이 보일지 그려보세요.

참 잘했어요

http://blog.naver.com/2hees

택배가 왔어요

택배 아저씨가 상자 하나를 들고 왔어요.
그런데 '어른은 절대로 열면 안 됨'이라고 써어있네요.
상자 속에는 과연 무엇이 들어 있을지 그려보세요.

참 잘했어요

http://blog.naver.com/2hees

왜 인어가 되었을까요?

인어공주는 원래 사람이었을까요, 물고기였을까요?
원래는 어떤 모습이었는지, 왜 인어가 되었는지
이야기한 후 그려보세요.

참 잘했어요

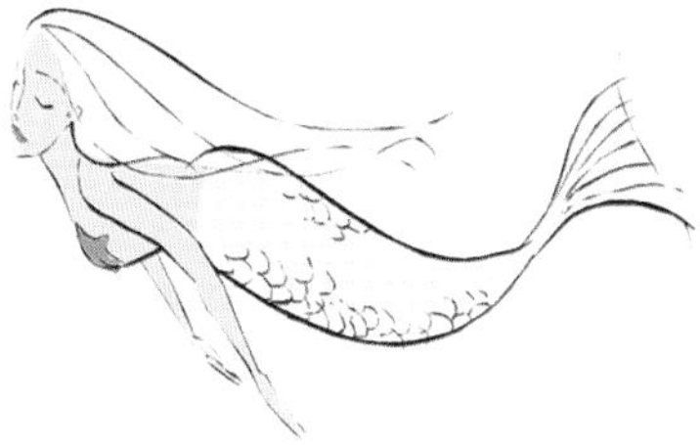

이상한 주전자

이 주전자의 물을 마시면 신기한 일이 일어난대요.
그런데 나는 목이 너무 말라 주전자의 물을 마셔 버렸어요.
과연 어떤 일이 일어났을까요? 그려보세요.

참 잘했어요

코끼리

코끼리는 원래 코가 아주 작았대요.
그런데 어쩌다 이렇게 코가 길어졌을까요?
함께 이야기한 후 그려보세요.

참 잘했어요

마법의 신발

원하는 곳은 어디든지 데려다주는 마법의 신발이에요.
이 신발을 신고 가고 싶은 곳을 그려보세요.

참 잘했어요

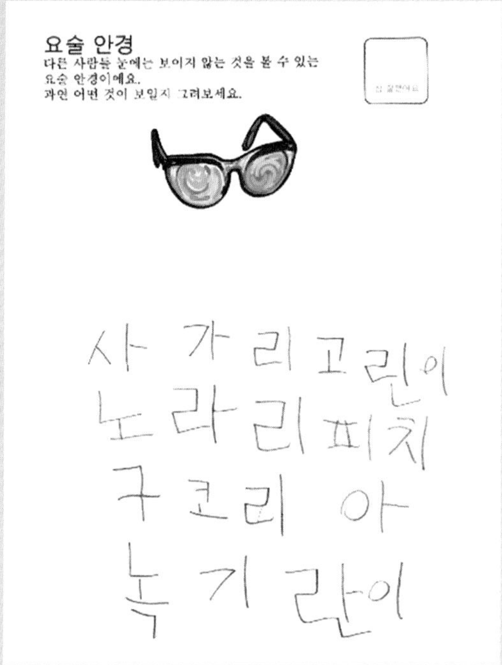
요술 안경
다른 사람들 눈에는 보이지 않는 것을 볼 수 있는
요술 안경이에요.
과연 어떤 것이 보일지 그려보세요.
사 가 리 고 린이
노 라 리 피 치
구 코 리 아
녹 기 란이

아직 글자를 시원스레 읽지 못하는 다섯 살 때, 대희의 답안지다. 요술 안경을 쓰면 심봉사가 눈을 뜨듯 글자가 훤히 다 보이게(읽을 수 있게) 된단다. 괴물이나 귀신 등을 그릴 줄 알았는데 한글이라니!

대희야. 사실 다른 사람 눈에도 글자는 보여. ^^ 하지만 너무 상심하지 마. 몇 년만 지나면 말이지. 네가 지금 왜 글자를 그토록 읽고 싶어 했는지에 대해 비통한 심정을 감추지 못할 시절이 오고 말 것이야. 읽어야 할 글자들이 너무너무너무너무너무너무너무 많아질 거거든.

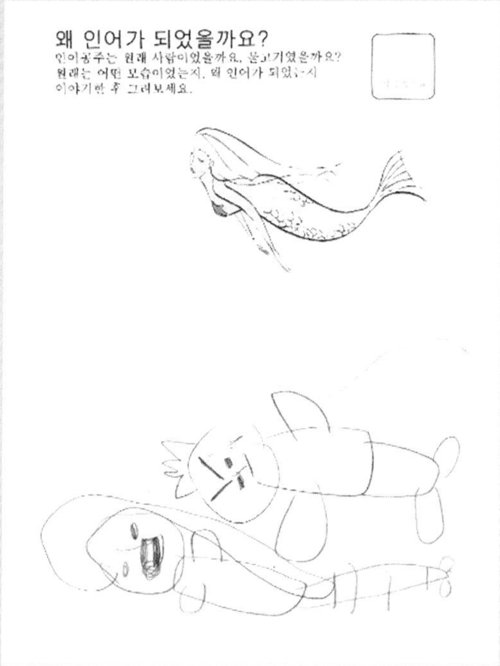
왜 인어가 되었을까요?
인어공주는 원래 사람이었을까요, 물고기였을까요?
원래는 어떤 모습이었는지, 왜 인어가 되었는지
이야기한 후 그려보세요.

심오한(!) 뜻이 담긴 건희의 그림이다. 건희 말에 의하면 인어공주는 원래 인간 공주였단다. 그런데 공주가 너무 못생긴 바람에 상심에 빠진 왕자가 마법지팡이로 공주를 내리쳐서 인어로 만들어버렸단다. 하지만 그림을 보면 왕자도 인어가 되어서 공주랑 함께 헤엄을 치고 있다. 그렇다면 왕자는 왜 인어가 되었냐고 물었더니 왕자가 까불다가 실수로 자기 머리를 지팡이로 내리치는 바람에 인어가 되었단다. 이 얼마나 눈물없이 들을 수 없는 슬픈(?) 이야기던가.

왕자야, 차라리 마법지팡이로 공주 얼굴 성형이나 시켜주지 그랬니?

같은 일곱 살이라도 어떤 친구들은 이미 두 자릿수 덧셈 뺄셈을 척척 해내고 있지만 우리 아이들은 아직 두 자릿수 숫자 읽는 것도 어설프고, 또 다른 친구들은 영어 단어를 줄줄 읊는다고 하는데 우리 아이들은 영어가 문제가 아니라 여전히 어색하기만 한 서울말로 주위 사람들의 손발을 오그라들게 하거나 지독한 사투리로 선생님과 친구들을 즐겁게 해주고 있다.

당장 아이에게 대단한 아웃풋을 기대하지 말고 아이와 함께 즐길 수 있는 방법부터 모색해 보길 권한다. "얘야, 엄마가 너를 위해 이토록 열심히 노력하고 있지만 사실 엄마는 네가 잘하고 못하고는 중요하게 생각하지 않아."라는 것을 아이에게 이해시키는 것 역시 엄마의 엉뚱한 상상력이라고 할 수 있다.

아이들은 지금 당장 셈도 못 하고 영어도 모르지만 그건 엄마인 나에게나 아이들에게나 전혀 문제될 사항도 아니고 그것 때문에 불편하지도 않다. 함께 즐거워할 수 있는 일치점을 찾은 것이다. 그리고 언젠가는 공부 역시 즐겁다고 느낄 수 있는 날이 오리라는 기대 속에 우리는 오늘도 끊임없이 엉뚱한 상상을 하고 있다.

아이와 놀아주기

밖에서 여러 가지 볼일을 보고 애들 올 시간에 겨우 맞추어 들어온 날이었다. 지쳐 쓰러져 있는데 아이들이 자꾸만 같이 놀자고 한다. 태권도까지 마치고 집에 오면 아이들 역시 지쳐서 푹 퍼지는 터라 PC 게임을 하거나 TV를 보려고 하는데, 그 시간을 잊게끔 하기 위해 엄마가 대신 놀아주겠노라고 선언을 했었다.

하지만 오늘은 진짜 손가락 까딱할 힘도 없다. 그래서 뭘 하고 놀아주면 내 몸도 편하면서, 무언가 엄마가 열심히 참여하는 듯 성의 있어 보이면서, 아이들도 한참을 집중하여 재미있어 할까 하고 생각하다가 10초만에 떠오른 얄팍한 생각—

일단 아이들을 세워놓고 사진을 찍었다. 포즈는 가슴에 손을 하나 올리고 다른 손은 옆으로 뻗친다. 표정은 자기가 짓고 싶은 대로.

도대체 엄마가 뭘 하나 싶어서 기대에 찬 아이들. 가슴에 손을 올리라고 했더니 오른손잡이 작은아이는 오른손을, 왼손잡이 큰아이는 왼손을 올렸다.

이렇게 찍은 사진을 프린트한다.

이제 숙제(?)를 내준다. 사실 진짜 별 거 없다. 자신의 모습을 크게 프린트한 종이와 별도의 흰 종이를 하나씩 주고 머릿속에 드는 생각, 가슴속에 담긴 마음, 손으로 하고 싶은 것, 발로 가고 싶은 곳, 눈으로 보고 싶은 것, 입으로 말하고 싶은 것에 대해 적은 후 오려서 자신의 사진에 붙이라고 했다. 아이들이 좋아라 하며 두 장의 종이를 들고 방으로 뛰어간다.

한참 뒤 아이들이 차례대로 엄마가 내준 숙제를 들고 왔다.

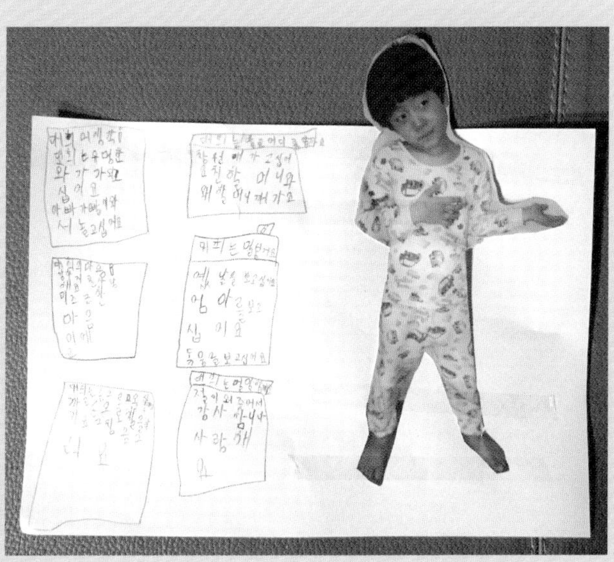

국민모범생(?) 대희가 먼저 뛰어왔다. 사진 속 자신을 잘라서 붙이고 그 옆에 칸을 만들어 나름 깔끔한 형태로 정리해 왔다.

대희의 마음은 미지근하단다.
미지근한 마음은 도대체
어떤 것일까?

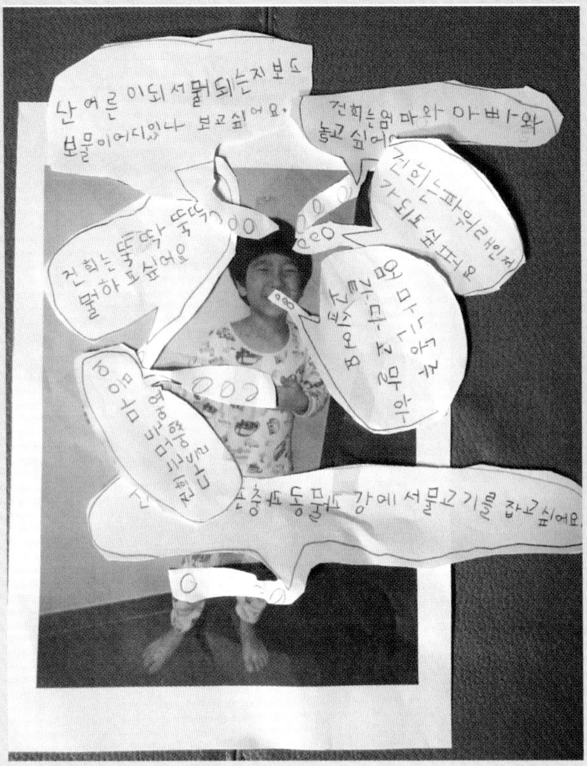
산 어른 이되서 뭘되는지 보고
보물이어디있나 보고싶어요.
건희는엄마와 아빠와
놀고 싶어
건희는 뚝딱 뚝딱
뭘하고싶어요
건희는파워레인저
가되고싶어요
곤충도 동물도 강에서물고기를 잡고싶어요.

장난꾸러기 건희는 말풍선을 달아서 자유분방하게 표현했다. 마음이 미지근하다는 동생과는 달리 건희의 가슴 속에는 모든 마음이 다 들어 있단다. 또한 두 눈으로 옛날을 보고 싶다는 대희와는 달리 건희는 미래를 보고 싶다고 한다.

단순히 몇 줄의 글이지만 아이들이 얼마나 각자 다른 성향을 지니고 있는지, 그 아이들의 마음 속에는 어떠한 생각들이 담겨 있는지를 알 수 있다.

엄마가 내준 숙제가 재미있었는지 내일은 2단계(?)를 하자는데, 도대체 2단계는 또 어떤 숙제를 내줘야 하나, 오늘밤 심각하게 고민해야 할 것 같다. ^^

대희의 머릿속엔...

유명한 화가가
되고 싶어요.
아빠가 빨리 왔으면
좋겠어요.

대희의 눈은...

옛날을 보고 싶어요.
(옛날의) 엄마와
동물도 보고 싶어요.

대희의 마음은...

강아지를 사랑해요.
미지근한 마음이에요.

대희의 입은...

절 키워주셔서
감사합니다.
사랑해요.

대희의 손은...

손으로 칠해서
그림을 그려요.

대희의 발은...

친할머니와
외할머니가 계시는
창원에 가고 싶어요.

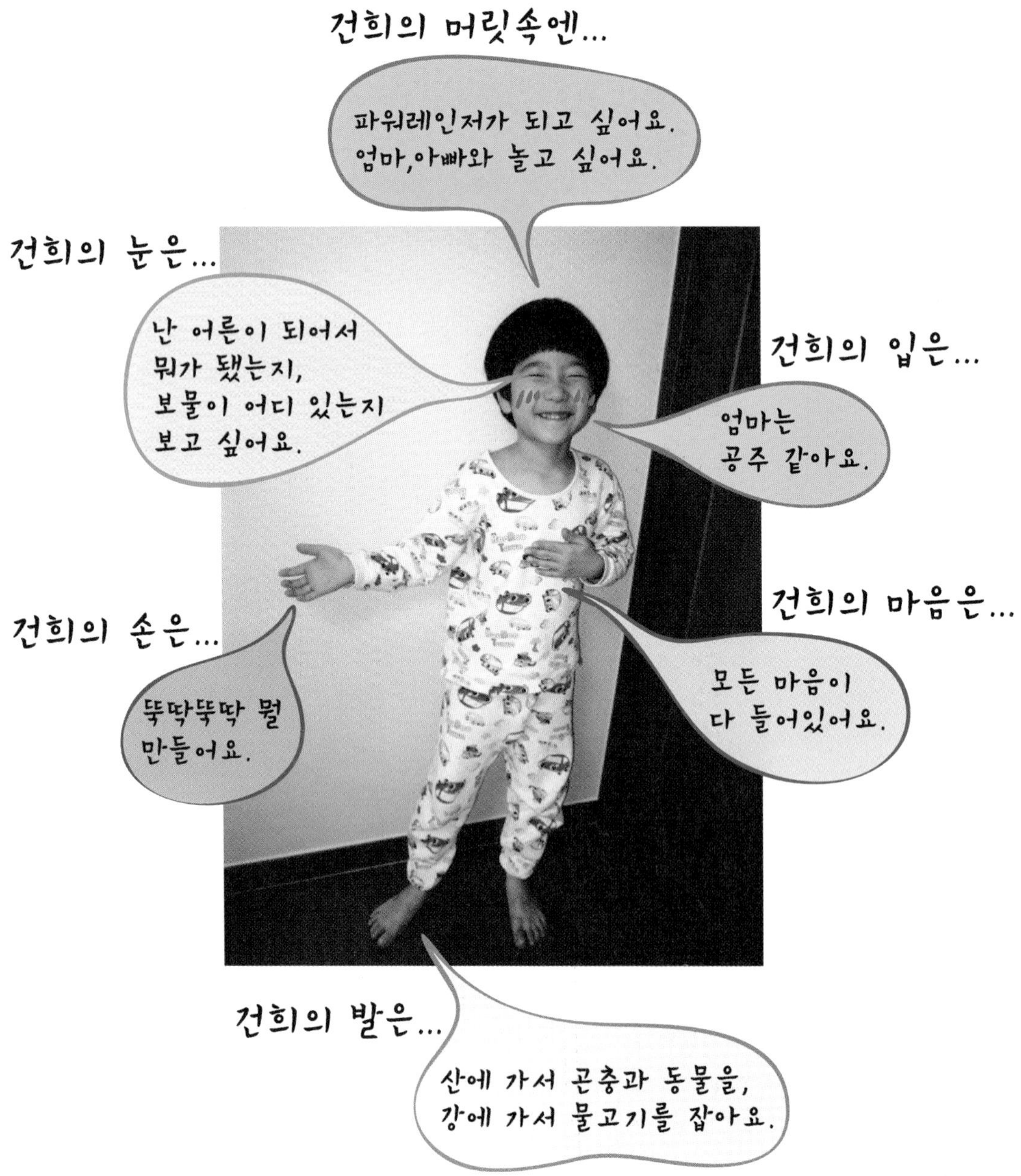
건희의 머릿속엔...
파워레인저가 되고 싶어요.
엄마,아빠와 놀고 싶어요.
건희의 눈은...
난 어른이 되어서 뭐가 됐는지, 보물이 어디 있는지 보고 싶어요.
건희의 입은...
엄마는 공주 같아요.
건희의 손은...
뚝딱뚝딱 뭘 만들어요.
건희의 마음은...
모든 마음이 다 들어있어요.
건희의 발은...
산에 가서 곤충과 동물을, 강에 가서 물고기를 잡아요.

아이들이 그린 동화 패러디

저녁밥 먹고 난 뒤 남편이 회사에서 빌려다 놓은 DVD 중에 〈엘라의 모험〉이라는 것이 있길래 설거지를 하는 동안 애들 보라고 틀어주었다.

난 처음부터 끝까지 자세히 보진 못했으나 신데렐라 동화를 패러디하여 재미있고 엉뚱한 스토리로 엮어나가는 애니메이션인 것 같았다. 중간 중간 아이들이 킬킬거리기에 다 보고 난 뒤 "우리도 말이야, 우리가 아는 동화를 다른 이야기로 한번 생각해 볼까?" 라고 말했더니 녀석들이 시작도 하기 전에 이미 깔깔깔 넘어가며 그림을 그렸다. 열 장 정도 그린 것 같은데 그 중 몇 장이다.

왕자가백설공주의마법의문이안열어서
망치로깨고있다

"왕자가 백설공주의 마법의 문이 안 열려서 망치로 깨고 있다."
(by 건희)
난쟁이들의 응원 속에 백설공주에게 키스를 해야 하는
왕자의 얼굴은 정말 다급해 보이는 듯.
그 옆에 부동자세로 서 있는 말의 모습도 재미있다.

심청이 배에서 뛰어내려서 수영을 할려고 한다

"심청이 배에서 뛰어내려서 수영을 하려고 한다." (by 건희)

물안경을 쓰고 남자 수영복을 입은 심청이 다이빙을 할 자세로 뱃전에 서 있다.

"의좋은 형제가 싸워요" (by 대희)

형님 먼저, 아우 먼저를 외치던 형제가 크지도 않은 쌀가마니를 서로 가져가겠다고 싸우고 있단다.

"차라리 내가 나간다, 꿀꿀꿀." (by 대희)

『집 나가자 꿀꿀꿀』이라는 동화책을 보고 그린 그림이다. 잔소리하는 엄마에게 반항하여 가출을 했다가 다시 집으로 돌아온다는 이야기를 담은 동화책인데, 이 그림에선 엄마가 짐보따리 들고 가출을 시도하고 있다. 자세히 보면 그림에선 반전이 또 있다. 우측 상단에 그려져 있는 건 해님인데 뜨거운 해님이 아이스 아이스 아이스로 둘러싸여 차가워졌단다. 근데 애들 표정 보아하니 껌 좀 씹고 침 꽤나 뱉게 생겼다. 이 녀석들 가출하는 엄마에게 잘 가라고 인사까지 하네.

그러고 싶은 날이 있다

'남들이 생각하는 나' 에서 벗어나고 싶은 날.
'남들이 바라는 나' 에서 도망치고 싶은 날.
한번쯤은 용감하게 혹은 무모하게 내 틀을 깨 보고 싶은 날.
그러다 웃음 한번 짓고 다시 나로 돌아오는 날.
그러고 싶은 날.
나에게도 있다.

사자의
"그러고 날..."
그래, 나 베이비펌 했다. 왜.
2hees.blog.me

악어의
"그러고 날..."
그래, 나 돌출입 교정했다. 왜.
2hees.blog.me

얼룩말의
“그러고 싶은 날…”
그래, 나
꽃무늬 문신했다.
왜.
2hees.blog.me

코끼리의
“그러고 싶은 날…”
그래, 나
코 세웠다.
왜.
2hees.blog.me

거북이의
“그러고 싶은 날…”
그래, 나
등에 명품 맸다.
왜.
CHANEL
2hees.blog.me

캥거루의
“그러고 싶은 날…”
그래, 나
포대기로 바꿨다.
왜.
2hees.blog.me

두루미의
“그러고 날…”
그래, 나 헬쓰했다. 왜.
2hees.blog.me

낙타의
“그러고 날…”
그래, 나 혹 떼서 가슴으로 이식했다. 왜.
2hees.blog.me

http://2hees.blog.me
그러고 싶은 날이 있다, 왜!
CHANEL

3부

세상에 하나뿐인 엄마표 책

6. 엄마가 만들어주는 첫 책

친근한 소재로 패러디하기

나의 어린 시절을 회상해보면, 아침에 학교 가기 전 〈뽀뽀뽀〉를 끝으로 어린이 방송은 종료되고 방과 후 친구들과 신나게 놀다 5시 즈음 온 동네에 애국가가 울려 퍼질 때 그 자리에서 잠시 얼음이 되었다가 부리나케 집으로 달려가 TV를 틀었다. 그리하여 대두 인형들이 나오는 〈모여라 꿈동산〉과 그 시절 아역 스타들이 총출동하는 〈호랑이 선생님〉을 시청했다. 비슷한 시간대에 〈개구리 왕눈이〉, 〈이상한 나라의 폴〉 등이 방영되었는데 당시는 VTR도 없고 TV 다시보기 같은 것도 없었으니 언제나 본방송 시간을 기다릴 수밖에 없었다.

요즘은 케이블 방송의 등장에 따라 어린이 프로가 많은 정도가 아니라 차고 흘러 넘쳐 도대체 뭘 봐야 할지 모를 정도가 되었다. 가끔 내 어린 시절에 방영되었던 옛날 만화가 다시 재방영되곤 하는데 추억에 잠겨 즐겁게 시청하는 나와는 달리 아이들은 시큰둥한 반응이다. 시대가 바뀌면서 정서도 거기에 맞추어지는지, 우리가 그 옛날 짱가, 태권V, 우뢰매 등에 열광했듯이 아이들은 울트라맨, 파워레인저에 열광하고 있다. 3D를 넘어 4D까지 경험하고 있는 아이들을 바라보며, 우리의 손자 세대에서는 이제 4D의 차원이 아니라 진짜 외계인과 영웅의 실전 정도는 되어야 아이들 눈높이를 맞출 수 있지 않을까 싶은 생각이 든다.

아이들 얼굴이 들어간 낱말카드를 만들어줄 즈음 우리 아이들 역시 영웅이 악당을 물리친다는 어린이 프로그램에 흠뻑 빠져 있었다. 부모에게 그 의미는 이제 관련 캐릭터 상품(장난

감, 옷, 문구류……)을 지속적으로 구입해야 한다는 무시무시한 재앙(?)이기도 하다. 영웅이 나오는 책을 만들어준 이유도 바로 여기에 있었다. 재앙을 좀 줄여보고자 엄마가 강구해낸 대책 중 하나였다. 요즘 표현대로 하자면 책 한 권으로 퉁치려(?) 했던 것이다.

아이들의 얼굴과 영웅의 몸을 합성한 뒤 영웅이 된 아이들이 악당을 물리치는 스토리를 엮어 감동의 도가니에 빠지게 만들어 버리겠다는 비장한 각오로 만든 이 책은 바로 지금까지 이어온 엄마표 책의 1호가 되었다. 하지만 사실 엄마표 책의 기원은 알뜰한 엄마의 독한 경제관념에서 기인했다고도 할 수 있겠다.

집에서 아이와 함께 책을 만들어보겠다는 생각이 든다면 맨 처음 시작할 때는 이렇게 아이가 좋아하는 영웅(남아의 경우), 공주(여아의 경우), 혹은 잘 알려진 동화 등에 아이의 얼굴을 합성해서 비슷한 스토리를 엮어주는 것이 아직 스토리텔링에 익숙하지 않은 엄마 입장에서도 수월하고 아이의 만족도도 높을 것이다. 이렇게 해서 아이가 자신이 나오는 책에 관심을 가지게 되면 이후 서서히 창작 스토리의 책을 시도하도록 한다.

엄마표 책—『용감한 형제 건희와 대희』

용감한 형제
건희와 대희

그런데 이번에는
나쁜 괴물이 나타나
건희를 괴롭혔어요.

건희와 대희는
사이좋고 용감한
형제입니다.

어느날,
무서운 괴물이 나타나
대희를 괴롭혔어요.

그러자,
건희가 울트라맨으로
변신했어요.

울트라맨 건희는
괴물을 물리치고
대희를 구해줬어요.

대희는 건희에게
"건희야, 고마워."
라고 말했습니다.

그런데 이번에는
나쁜 괴물이 나타나
건희를 괴롭혔어요.

그러자,
대희가 파워레인저로
변신했어요.

파워레인저 대희는
나쁜 괴물을 혼내주고
건희를 구해줬어요.

건희는 대희에게
"대희야, 고마워."
라고 말했습니다.

용감한 형제
건희와 대희는
더욱더 사이좋게
지냈답니다.

엄마의 소망

아이들 몸무게가 15킬로그램을 넘지 않았던 시절.

그나마 양팔로 둘을 동시에 안아줄 수 있었던 시절.

혹은 하나를 등에 업고 하나를 앞으로 안을 수 있었던 시절.

그 때는 자주 내 팔이 4개가 되는 상상을 하곤 했다.

이제는 둘을 동시에 안아줄래야 안아줄 수가 없는 20킬로그램이 넘어버렸고 놀라운 속도로 늘어가는 두 녀석의 말발을 따라잡지 못해 요즘은 자주 내 입이 두 개가 되었으면 좋겠다는 생각을 한다.

아, 또 있다. 빛의 속도로 양방향 질주를 서슴지 않는 녀석들을 따라잡기 위해 10개의 다리를, 침묵 속의 대형사고를 벌이고 있는 녀석들을 감시하기 위해 뒤통수에도 시력 5.0의 눈을, 불시에 일어나는 대규모 폭력사태를 한방에 진압할 수 있는 10옥타브 발성을 가지는 것.

내가 생각해도 내 꿈은 참 소박(?)하다. (2009. 7)

하루 일과표를 이용한 시계 공부

방학이 시작되고 첫 날이 되면 하얀색 도화지를 펼쳐놓고 콤파스를 이용해 큰 동그라미를 그렸다. 동그라미의 정중앙에 콩알만 한 점을 찍고 동그라미 주위에는 시계와 똑같이 1부터 12까지 숫자를 써서 시간계획표를 만들기 시작했다. 가끔 원래 목적을 망각하고 시계 꾸미기에 몰입하여 온갖 장식을 하느라 정작 시간계획표 작성하는 건 까먹기도 했다. 초등학생 시절, 하루 시간계획표 만들기는 꼭 해야 하는 숙제였지만 방학의 설렘과 기대감이 듬뿍 담긴 소중한 창작물이기도 했다.

내가 만약 다시 초등학생으로 돌아갈 수 있다면 지금 내 아이들에게 만들어줬던 방식의 시간표로 큰 인기를 얻었을 텐데! 라는 생각이 들어 웃음이 나왔다. 그 시절에는 그저 그림으로 표현하는 정도였지만 실제 나의 하루 일과 모습을 사진으로 찍어 시간표에 붙인다면 얼마나 재미있을까.

이 책 역시 제목은 『시계 공부』이지만 아이들의 생활 시간표를 떠올리며 만들었다.

시계를 읽기 위해서는 5의 배수를 먼저 알아야 하는데 당시 다섯 살이던 아이들에게 배수의 개념을 가르치기란 어려운 일이었다. 우선 시간의 흐름에 따른 일상의 모습을 보여주면 나중에 시계를 공부할 때도 훨씬 더 친근하게 다가갈 수 있을 거라 생각했다.

일곱 살이 된 요즈음 서서히 시계를 읽기 시작했는데, 잊지 않고 이 책을 가져와서는 손가락으로 바늘을 가리키며 입으로 중얼거리는 아이들의 모습이 종종 눈에 띈다.

해마다 일과표를 만들어 두었다가 시간이 흐르고 난 뒤 다시 꺼내어 아이들과 함께 들춰보는 것도 재미있는 일이다.

그 땐 일찍 일어났구나, 이 시간에 이런 걸 했구나…… 하고 이야기를 나누는 동안 일과표가 또 하나의 추억이 될 수 있다.

엄마표 책—『건희와 대희의 시계 공부』

건희와 대희의 시계공부
엄마 지음
건희와 대희의
시계공부
2009.8.21

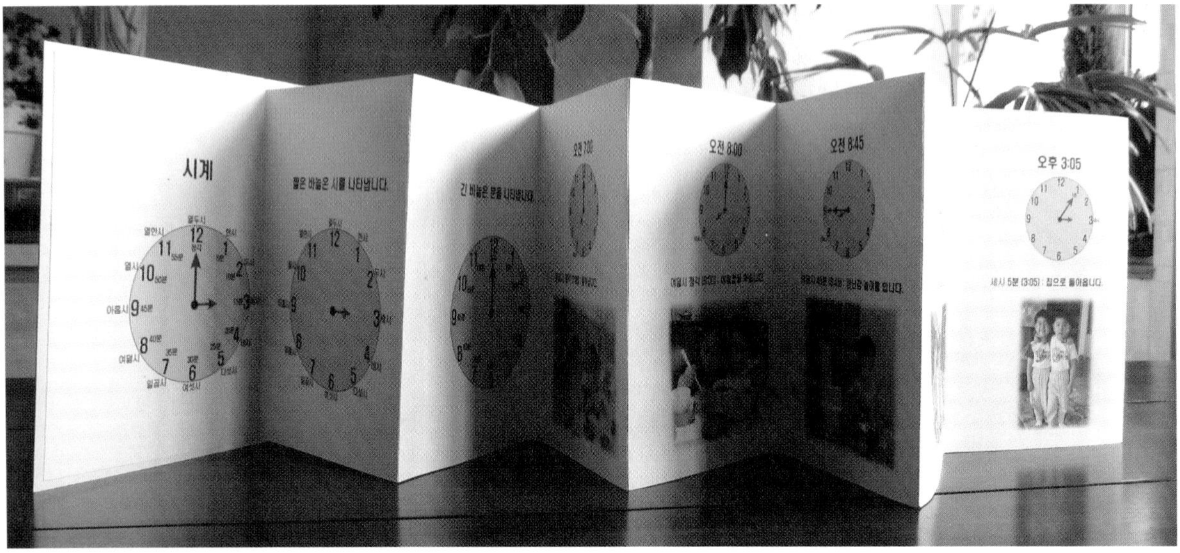
시계
짧은 바늘은 시를 나타냅니다.
긴 바늘은 분을 나타냅니다.
오전 7:00
오전 8:00
오전 8:45
오후 3:05

건희와 대희의
시계공부
엄마 지음
건희와 대희의 시계공부
엄마 지음
2009.8.21
사랑하는 건희와 대희에게...

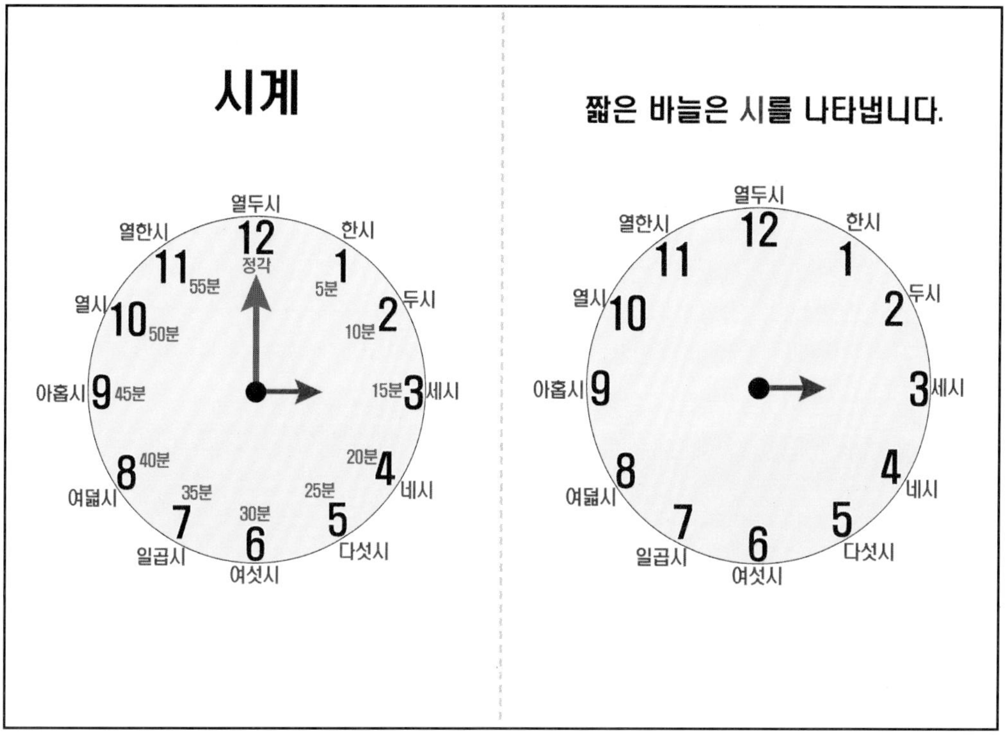
시계
열두시
12
정각
한시
1
5분
두시
2
10분
세시
3
15분
네시
4
20분
다섯시
5
25분
여섯시
6
30분
일곱시
7
35분
여덟시
8
40분
아홉시
9
45분
열시
10
50분
열한시
11
55분
짧은 바늘은 시를 나타냅니다.
열두시 12
한시 1
두시 2
세시 3
네시 4
다섯시 5
여섯시 6
일곱시 7
여덟시 8
아홉시 9
열시 10
열한시 11

긴 바늘은 분을 나타냅니다.

오전 7:00

일곱시 정각 (7:00) : 일어납니다.

오전 8:00

여덟시 정각 (8:00) : 아침밥을 먹습니다.

오전 8:45

여덟시 45분 (8:45) : 장난감 놀이를 합니다.

오전 9:20

아홉시 20분 (9:20) : 어린이집에 갑니다.

오후 3:05

세시 5분 (3:05) : 집으로 돌아옵니다.

오후 4:10

네시 10분 (4:10) : 놀이터에서 놉니다.

오후 5:15

다섯시 15분 (5:15) : 공부를 합니다.

오후 6:00

여섯시 정각 (6:00) : 저녁밥을 먹습니다.

저녁 6:35

여섯시 35분 (6:35) : 책을 읽습니다.

저녁 7:30

일곱시 30분 (7:30) : 양치질을 합니다.

저녁 7:50

일곱시 50분 (7:50) : 꿈나라로 갑니다.

축구장의 그들

우리 집 거실 베란다 저편으로는 축구장이 보인다.
365일 비가 오나 눈이 오나
새벽이 되면 어김없이 나타나는 그들.

똑같이 반복되는 아침은 그들이나 나나 다를 바 없지만
그들이 보여주는 저 열정은 나의 나태함에 경종을 울린다.

그들처럼 활기찬 새벽을 맞이하고 싶다.
그들처럼 살아 숨쉬는 하루를 시작하고 싶다.

왠지 오늘은 그들에게 손을 흔들어주고 싶다.
그들의 열정을 응원하고 내 스스로를 채찍하는 의미에서...

그런데!

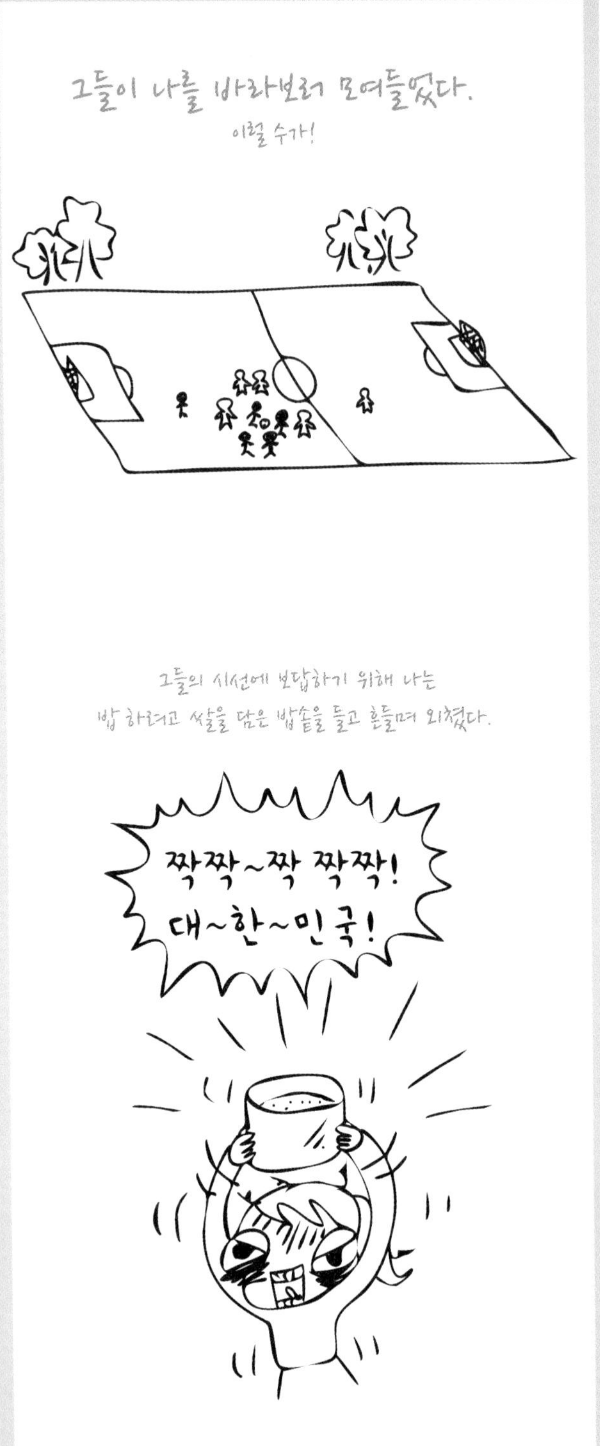
그들이 나를 바라보러 모여들었다.
이럴 수가!
그들의 시선에 보답하기 위해 나는
밥 하려고 쌀을 담은 밥솥을 들고 흔들며 외쳤다.
짝짝~짝 짝짝!
대~한~민국!

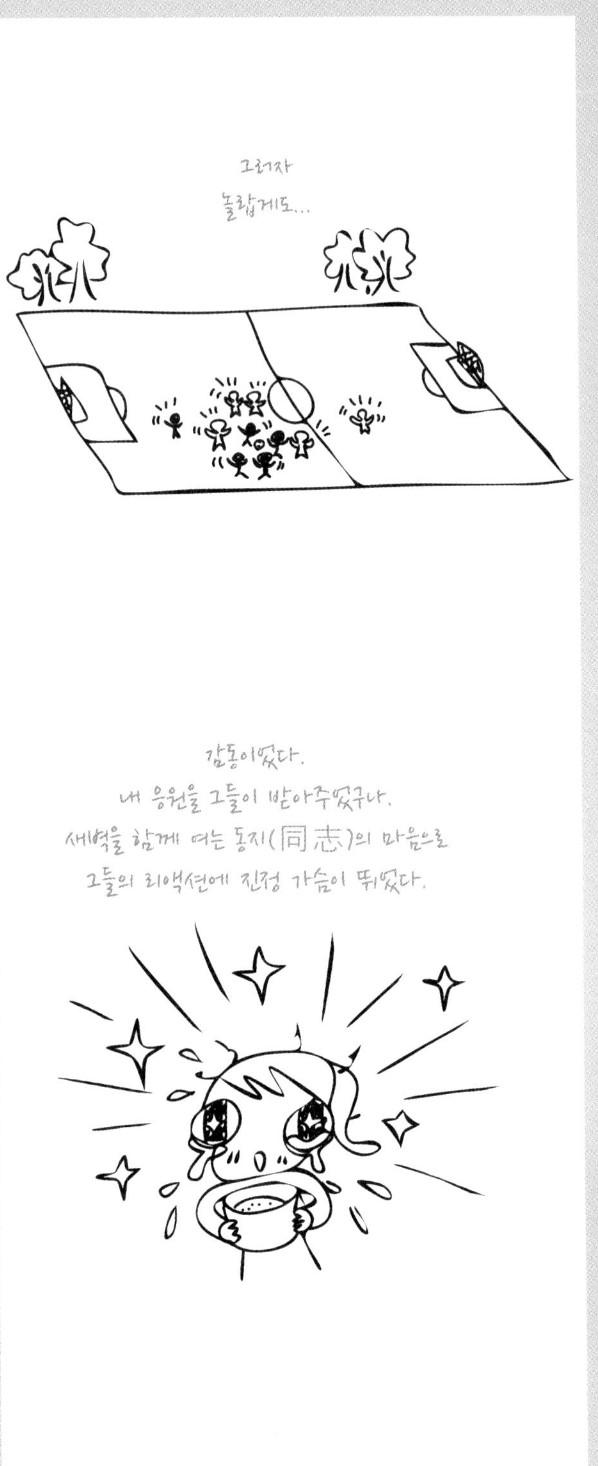
그러자
놀랍게도...
감동이었다.
내 응원을 그들이 받아주었구나.
새벽을 함께 여는 동지(同志)의 마음으로
그들의 리액션에 진정 가슴이 뛰었다.

한편, 축구장에서는
아침마다 우리 쳐다보는 그여자 또 나타났어!
진짜네...
이상한 여자...
...눈도 괭해
헉! 검정색 큰돌 같은 걸 던지려고 해!!
뭐랏?
으헉!!
안돼!! 던지지 마!!!
(⊙_⊙)bigeye™

7. 마음을 치유하는 스토리텔링

나와 남편이 5월 11일에 결혼하고 몇 년 뒤 시동생과 동서는 5월 12일에 결혼을 했다. 결혼 후 2년 뒤 우리는 아들 쌍둥이를 낳았고 결혼 후 3년 뒤 시동생과 동서는 딸 쌍둥이를 낳았다. 일부러 시나리오를 짠다 해도 이렇게 드라마틱(?)할 수 있을까? 양가 어느 쪽에도 쌍둥이가 태어난 적이 없었던 탓에 그야말로 한꺼번에 둘을 키우느라 우리 친정엄마의 사투리를 빌리자면 '미치고 환장하고 폴짝 뛸 정도로 쌔가 빠졌는데' 그 녀석들을 어느 정도 키우고 나니 이번엔 동서가 또 쌍둥이를 낳다니…… 우리 시어머니 정말 놀라서 뒷목 잡고 쓰러지시지 않은 것이 천만다행이다.

사실 한꺼번에 둘을 키운다는 것이 이루 말할 수 없이 힘든 일이긴 하지만 쌍둥이를 키워 본 사람만 알 수 있는 그 희열을 온몸으로 느끼고 있는 요즘, 겹쌍둥이의 탄생은 필시 우리 집안에 내려주신 하느님의 축복이 아닌가 싶은 생각이 든다.

재미있는 건, 요즘 워낙 쌍둥이가 많다 보니 엄마들이 자주 찾는 인터넷 카페 게시판에서는 쌍둥이가 힘든지 연년생이 힘든지에 대해 설전이 오갈 때가 있다는 것이다. 사실 아이를 낳아 키운다는 것은 똑같이 힘들고 똑같이 감동스럽다. 쌍둥이는 한번에 둘을 뒤치다꺼리하기 위해 남들보다 두 배의 열정을 쏟아부어야 한다면 형제나 자매를 낳아 키우는 엄마는 이미 겪은 육아의 노고를 또다시 반복해야 하는 힘겨움이 있을 것이고, 쌍둥이는 어느 정도 시간이 흐르고 나면 이전에 쏟아 부었던 두 배의 노고가 네 배의 기쁨으로 보상된다면 형제자매를 키우는 엄마는 한번 경험했던 실수나 시행착오를 또다시 겪지 않는 현명함을 가질 수 있으니까 말이다.

엄마 마음에 구멍이 났어요

나는 아이들과 마음을 공유하는 방법으로 책 만들기를 적극 활용하기 시작하였고 이는 꽤 괜찮은 훈육 방식이라는 것을 점점 깨닫게 되었다.

어느 날은 두 녀석이 너무 심하게 싸우는데 이제 도저히 체력이 달려서 이미 치고 받고 터지고 있는 녀석들을 말릴 수가 없었다. 그래도 말려 보겠노라 애를 쓰다가 나는 그만 바닥에 주저앉고 말았다. 한참을 웅크려 고개를 숙인 채 일어나지 않는 나에게 아이들이 다가왔다.

"엄마, 왜 그래?"

"너희들이 싸우니깐 엄마 마음이 구멍이 난 듯 너무 아파……"

"그럼 피도 나?"

"응, 눈에 보이진 않지만 마음에서 피도 나……"

그러자 큰아이가 눈물을 글썽이며 말했다.

"우리가 잘못했다는 편지를 써서 엄마 마음의 구멍을 막으면 돼?"

그 말을 들은 나는 찡한 마음에 아이들을 품에 안아주었다. 너희들, 진심으로 슬퍼하고 있구나…… 우리는 방금 나누었던 이야기를 그림으로 그려보기로 했다. 큰녀석은 쓰러진 엄마를 보고 눈물을 펑펑 흘리는 자신의 모습을 그리더니 입을 비쭉거리며 진짜로 울려고 했다.

나는 아이들과 나눈 이야기를 토대로 스토리를 정리하고 아이들이 그린 그림을 바탕으로 새롭게 삽화를 그려 책으로 만들었다.

당시 이야기를 나눈 후 아이들이 그린 그림

엄마표 책—『엄마 마음에 구멍이 났어요』

엄마 마음에
구멍이 났어요
엄마 마음에 구멍이 났어요

그런데 믿을 수 없는 일이 일어났습니다.
편지를 넣어 둔 엄마 마음에 놀라운 속도로
싹이 피어나더니 수많은 잎이 생겨났습니다.
이내 쉴새 없이 꽃봉오리에서 꽃이 활짝 피기
시작했습니다.
그리고 꽃들은 어느새 나무가 되었습니다.
"어디서 이렇게 향기로운 꽃 내음이 날까?"
엄마가 부스스 눈을 뜨며 일어났습니다.
엄마 가슴에 핀 꽃들은 이미 구멍을 가득 채워
엄마의 마음으로 변하고 난 뒤였습니다.
건희와 대희는 심장이 쿵쾅쿵쾅 뛰었습니다.
왈칵 눈물이 날 것 같았지만 꾹 참았습니다.

2009.8.11
사랑하는 건희,대희에게
엄마 마음에 구멍이 났어요
엄마 지음
엄마 마음에
구멍이 났어요
엄마 지음

예쁜 마음을 가진 엄마와
유쾌한 마음을 가진 건희와
착한 마음을 가진 대희가
살고 있었습니다.

건희와 대희는 너무나 사이 좋은 형제였지만
자주 사소한 일로 다투곤 했습니다.
그럴 때마다 엄마는 양손을 가슴에 올리며
깊은 한숨을 내쉬었습니다.
하지만 건희와 대희는 엄마가 왜 그러는지
알지 못했습니다.

그러던 어느 날,
서로 같은 장난감을 가지고 놀겠다며
건희와 대희가 크게 싸움을 벌였습니다.
건희의 얼굴에는 새빨간 손톱자국이,
대희의 팔에는 새파란 멍 자국이 생겼습니다.

너무 화가 난 대희가 먼저 울음을 터뜨리며
엄마에게 달려갔습니다.
"건희가 혼자서만 장난감을 차지하려고 해요."
"아니에요, 대희가 먼저 저를 때렸어요."
건희와 대희가 앞다투어 말했습니다.
하지만 엄마는 아무 말도 하지 않았습니다.

그때 건희가 엄마 가슴을 가리키며 말했습니다.
"어? 엄마 마음이 이상해."
놀란 대희도 얼른 엄마의 가슴을 쳐다보았습니다.
"엄마 마음에 큰 구멍이 났어!"

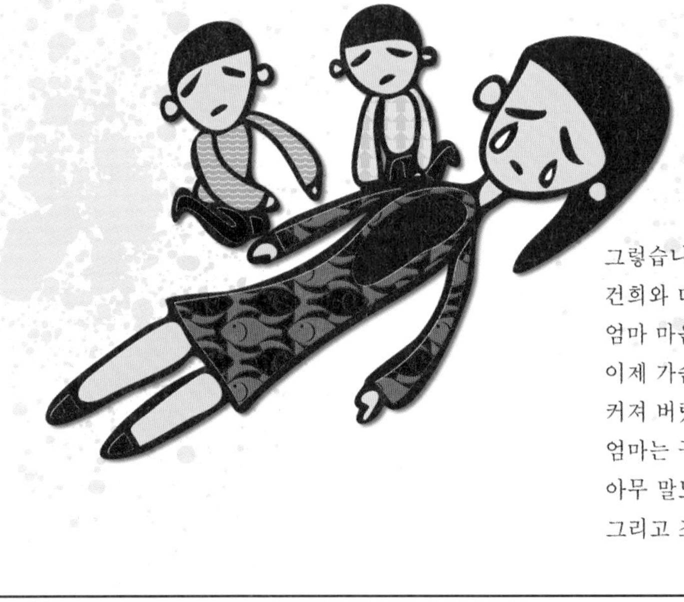

그렇습니다.
건희와 대희가 다툴 때마다 조금씩 생긴
엄마 마음의 구멍이
이제 가슴 전체가 텅 빌 정도로
커져 버렸던 것입니다.
엄마는 구멍만큼이나 큰 눈물을 뚝뚝 흘리며
아무 말도 하지 못했습니다.
그리고 조금 뒤 힘없이 자리에 쓰러졌습니다.

쓰러진 엄마를 보자 건희가 말했습니다.
"어떡하면 엄마 마음에 난 구멍을 채울 수 있을까?"
한참을 궁리하던 대희가 대답했습니다.
"밀가루 반죽으로 채워보자."
건희와 대희는 할머니댁에서 만두를 만들었던
기억을 떠올려 열심히 밀가루 반죽을 했습니다.
고사리같은 손으로 열심히 주물렀습니다.
이마에 구슬땀이 송송 맺혔습니다.
양팔이 욱신욱신 저려왔습니다.

드디어 완성된 밀가루 반죽을
엄마 마음에 꾹꾹 눌러 채웠습니다.
다행히도 구멍에 딱 들어맞는 크기의
반죽이었습니다.
대희는 웃으며 소리쳤습니다.
"됐어, 됐다고!
엄마 마음이 채워졌으니 이제 곧 일어나실 거야!"

그러나 엄마는 여전히 일어나지 않았습니다.
게다가 엄마 마음에 채워진 밀가루 반죽은 이내
딱딱하게 굳더니 힘없이 부스러지기 시작했습니다.
엄마 마음은 다시금 커다란 구멍이 펑 뚫렸습니다.
대희가 울상이 되어 말했습니다.
"어쩌지? 밀가루로는 안되나 봐!"

그러자 이번엔 건희가 말했습니다.
"엄마는 꽃을 좋아하니깐 엄마 마음에 씨앗을 심자.
꽃을 많이 피우면 마음이 가득 찰지 몰라."

대희는 꽃씨를 들고 와 구멍 난 엄마 마음에
빈틈없이 심었습니다.
건희는 물뿌리개를 들고 와 대희가 뿌린 씨앗 위로
듬뿍 물을 주었습니다.

한참을 기다렸습니다.
하지만 엄마 마음에는 결코 싹이 트지 않았습니다.
건희와 대희는 힘없이 자리에 주저앉았습니다.

건희의 눈에서 눈물이 뚝 흘려 내렸습니다.
대희의 눈에서도 눈물이 주르륵 흘러내렸습니다.
"엄마, 우리가 잘못했어요."
"앞으로는 절대로 싸우지 않을게요."
건희와 대희는 진심으로 뉘우치며 울먹였습니다.

바로 그때였습니다.
건희와 대희가 흘린 눈물이
엄마의 마음에 심어진 씨앗에 떨어지자
조금 뒤 싹 하나가 부르르 고개를 내밀었습니다.
"싹이야! 싹이 텄어."
대희가 울음을 멈추고 소리쳤습니다.

엄마, 건희와 대희가 아주 많이 사랑해요.
사랑하는 엄마, 얼른 일어나세요.
앞으로는 절대로 안싸울거예요.

그 말을 들은 건희가 벌떡 일어나더니
아주 큰 종이 한 장과 연필 두 개를 들고 왔습니다.
"엄마에게 얼른 편지를 쓰자."
"편지?"
"그래, 엄마는 마음으로 글을 읽는다고 하셨잖아."
"맞아, 내가 예전에 편지를 썼을 때
엄마는 우리 글을 마음 속에 담아둔다고 하셨어."
둘은 종이에 머리를 맞대고
빼곡하게 글을 써 내려가기 시작했습니다.

왼손잡이인 건희는 왼쪽에서부터
오른손잡이인 대희는 오른쪽에서부터 썼습니다.
'엄마, 건희와 대희가 아주 많이 사랑해요......'
'사랑하는 엄마, 얼른 일어나세요......'
엄마라는 글자를 쓸 때마다 싹이 하나씩
올라왔습니다.
사랑한다는 글자를 쓸 때마다 잎이 피었습니다.

마침내 그 큰 종이가 더 이상 글자를 쓸 곳이
없을 정도로 빽빽하게 채워졌습니다.
완성된 편지를 정성스레 접어서
엄마의 마음 속에 넣었습니다
밀가루를 반죽하느라, 꽃씨를 뿌리고 물을 주느라,
큰 종이에 빼곡히 글을 적느라
건희와 대희는 기운이 다 빠져버렸습니다.

둘은 쓰러진 엄마의 양팔에 살포시 누웠습니다.
폭신폭신한 엄마의 가슴이 그리웠습니다.
달콤한 엄마의 숨소리가 그리웠습니다.
건희와 대희는 누운 채
두 팔로 엄마를 감싸안았습니다.

그런데 믿을 수 없는 일이 일어났습니다.
편지를 넣어 둔 엄마 마음에 놀라운 속도로
싹이 피어나더니 수많은 잎이 생겨났습니다.
이내 쉴새 없이 꽃봉오리에서 꽃이 활짝 피기
시작했습니다.
그리고 꽃들은 어느새 나무가 되었습니다.

"어디서 이렇게 향기로운 꽃 내음이 날까?"
엄마가 부스스 눈을 뜨며 일어났습니다.
엄마 가슴에 핀 꽃들은 이미 구멍을 가득 채워
엄마의 마음으로 변하고 난 뒤였습니다.
건희와 대희는 심장이 쿵쾅쿵쾅 뛰었습니다.
왈칵 눈물이 날 것 같았지만 꾹 참았습니다.

건희와 대희는 엄마의 품속으로
와락 뛰어들었습니다.
"왜 그러니? 무슨 일이 있었니?"
놀란 엄마가 물었습니다.
하지만 건희와 대희는 아무 말도 하지 않고
서로 바라보며 미소를 지었습니다.
엄마의 품속에선 너무너무 향기로운
냄새가 났습니다.
건희와 대희는 한참을 그렇게
엄마를 꼭 안고 있었습니다.

텔레비전이 대희를 삼켰어요

어느 집이나 엄마와 아이들이 TV 때문에 옥신각신 싸우는 건 똑같은 풍경일 것이다. 그만 봐라, 더 보고 싶어요, 드라마 좀 보자, 만화 볼 거예요…… 한번 보기 시작하면 TV 속으로 들어갈 것만 같이 빠져드는 아이들의 모습을 보고 떠오른 이야기를 책으로 만들어 보았다.

엄마표 책─『텔레비전이 대희를 삼켰어요』

건희는 텔레비전 속에서 튀어나온 게 무엇인지 숨죽여 지켜봤어요.
놀랍게도 그건 대희였어요.
"아, 배고파! 뭐 먹을 거 없나?"
이리저리 두리번거리던 대희는 갑자기 상자 속의 장난감들을 하나 꿀꺽 먹어 치우기 시작했어요.
"아이참, 아무리 먹어도 배가 고프네"

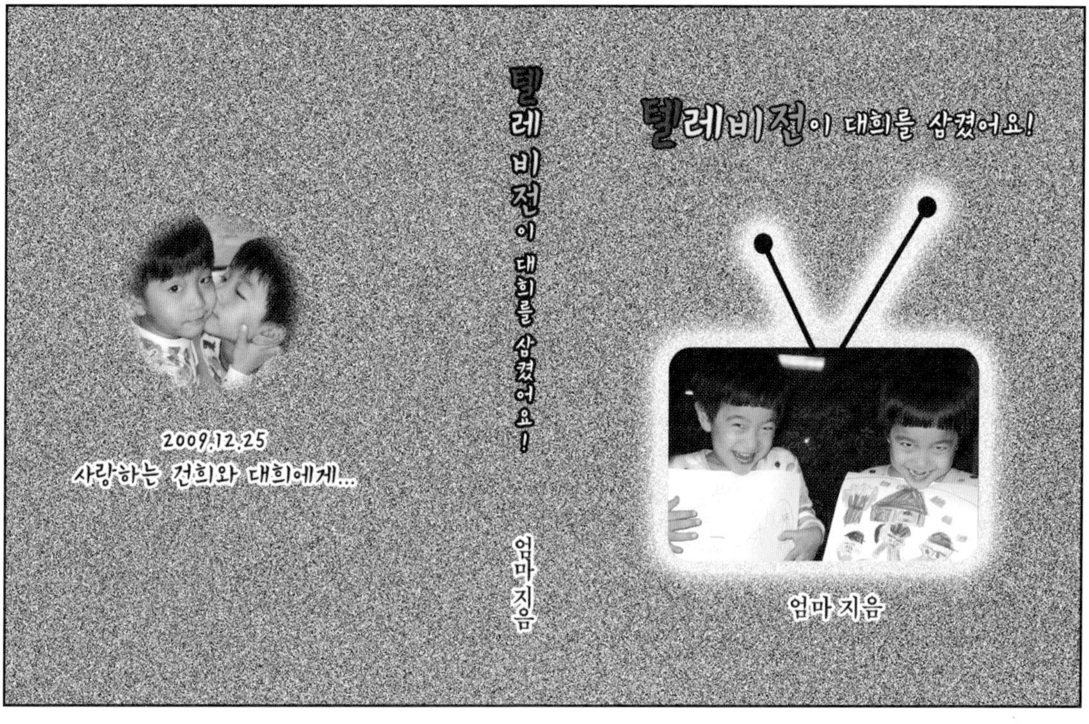
텔레비전이 대희를 삼켰어요!
텔레비전이 대희를 삼켰어요!
2009.12.25
사랑하는 건희와 대희에게...
엄마 지음
엄마 지음

어린이집에서 돌아온 대희가 곧바로 텔레비전을 켰어요.
하루 종일 보고 싶어 견딜 수가 없었거든요.
"대희야, 어린이집 다녀왔으면 손 씻어야지!"
대희는 엄마 말씀을 한 귀로 흘려버리고는 텔레비전 앞에 더 바싹 다가앉았어요.
이렇게 재미있는데 왜 엄마는 텔레비전을 보지 말라고 하시는지 이해할 수 없었지요.
그 중에서도 기계괴물을 물리치는 영웅 이야기는 보고 또 봐도 너무 재미있었어요.
엄마께서 야단치시는 소리도 건희가 같이 놀자고 하는 소리도 들리지 않았어요.

그런데 그때 거실에서 엄청난 일이 벌어졌어요.
갑자기 텔레비전이 시끄럽게 지지직 소리를 내더니 텔레비전 화면이 커다란 입으로 변해서는 대희를 꿀꺽 하고 집어삼키지 뭐예요.
"으악! 형아, 구해줘!"
대희가 다급하게 외쳤지만 이내 텔레비전은 대희를 흔적 없이 수욱 빨아들여 버렸어요.
정말 순식간에 일어난 일이었지요.

깜짝 놀란 건희가 엄마를 부르려고 하는데 조금 뒤 텔레비전은 **"꺼억!"** 하는 큰 트림 소리와 함께 무언가를 툭 뱉어내었지요.
아주 맛있다는 듯 입맛을 쩍쩍 다시면서 말이에요.

건희는 텔레비전 속에서 튀어나온 게 무엇인지
숨죽여 지켜봤어요.
놀랍게도 그건 대희였어요.

“아, 배고파! 뭐 먹을 거 없나?”
이리저리 두리번거리던 대희는 갑자기 상자 속의
장난감들을 하나 둘씩 먹어치우기 시작했어요.
“아이참, 아무리 먹어도 배가 고프네.”

방으로 들어간 대희는 이번엔 책장 속의 책들을
한 권 한 권 먹기 시작했어요.
한 장씩 우적우적 씹더니 양에 차지 않는다는 듯
이내 책들을 한꺼번에 입 속으로 집어넣었어요.
한참 뒤, 집에 있는 장난감과 책들을 모두 먹어
버린 후에야 대희는 만족스러운 듯
웃음을 보이며 다시 텔레비전
앞으로 갔어요.

“이제야 배가 좀 부르네.”
정말 믿을 수 없는 일이었어요.
대희가 책과 장난감을 다 먹어치우다니!
‘저건 대희가 아니야,
대희로 둔갑한 텔레비전 괴물이 틀림없어.’
건희는 이 엄청난 사실을 엄마에게 얼른 알려야
된다고 생각했어요.

건희가 엄마에게 허겁지겁 달려가 방금 일어난 일을 이야기했지만 엄마는 이상한 말씀을 하셨어요.
**"그게 무슨 뚱딴지 같은 소리니?
대희는 저렇게 착하게 텔레비전을 보고 있는데."**
"대희가 책이랑 장난감을 몽땅 먹었다니까요."
**"장난감이나 책 따위는 이제 필요 없어.
텔레비전을 봐야 훌륭한 사람이 되는 거야!"**

건희는 생각했어요.
'텔레비전 괴물이 엄마에게도 나쁜 마법을 건 게 분명해.'

그뿐만이 아니었어요.
어린이집에서도 똑같은 일이 일어났어요.
나쁜 마법에 걸린 선생님은 하루 종일 텔레비전만 보여주셨고, 친구들은 어린이집의 모든 책과 장난감을 먹어치웠어요.

"선생님, 이제 더 이상 먹을 책이 없어요."
"배가 고파요, 장난감 더 주세요!"
친구들의 아우성에 선생님은 이렇게 말씀하셨어요.
**"여러분, 내일은 장난감이랑 책을 먹으러 백화점과 도서관에 갈 거예요.
그러니 오늘 남은 시간은 텔레비전을 보면서 조금만 참으세요."**

다음날이 되었어요.
건희는 도서관으로 황급히 달려가 사서에게 말했어요.

"큰일났어요! 텔레비전이 내 동생이랑 친구들을 모두 집어삼키고는 사람으로 둔갑해서 장난감과 책을 몽땅 먹어대고 있어요."
"그렇구나, 이상하게도 며칠 전부터 도서관에 책을 읽으러 오는 아이가 단 한 명도 없었거든. 다 그 때문이었어."
"그런데 왜 텔레비전 괴물들은 장난감과 책을 먹는 걸까요?"
"아이들이 책을 읽거나 장난감을 가지고 놀지 못하게 하고, 텔레비전만 보게 하려는 속셈이야."
"그럼 이제 어떡해야 하죠?"
"걱정 마, 내게 좋은 방법이 있단다."

사서는 건희에게 집에 가서 고춧가루와 후춧가루를 들고 오라고 말했어요.

집으로 간 건희가 부엌에서 몰래 고춧가루와 후춧가루를 꺼내고 있는데, 그 모습을 보신 엄마가 건희에게 물었어요.
"건희야, 그건 뭣 하러 꺼내니?"
"책과 장난감이 너무 싱거워 뿌려 먹으려고요."
"그것 참 좋은 생각이구나, 맛있게 먹으렴."

도서관으로 돌아온 건희는 고춧가루를 조물조물 단단하게 뭉쳐서 비누로 만들었어요.
그 동안 사서는 세숫대야에 물을 붓고 후춧가루를 골고루 뿌렸지요.
건희와 사서는 고춧가루 비누와 후춧가루 물로 도대체 무얼 하려는 걸까요?

이욱고 백화점에서 장난감을 다 먹어치운 아이들이 도서관으로 우르르 몰려왔어요. 사서가 반갑게 아이들을 맞이하며 말했어요.

"어서 오세요. 맛있는 책을 먹기 전에 먼저 깨끗이 손을 씻으세요. 그래야 배탈이 나지 않는답니다."

사서의 말을 듣고 손을 씻으려던 한 친구가 물었어요.

"그런데 비누가 왜 빨간 색인가요?"

"달콤한 딸기로 빚어서 그렇답니다."

이번엔 또 다른 친구가 물었어요.

"왜 물 위에 검은 가루가 둥둥 떠 있나요?"

"고소한 냄새가 나도록 검은깨를 뿌렸답니다."

아이들은 도서관의 맛있는 책들을 빨리 먹기 위해 앞다투어 손을 씻었어요.

그런데 고춧가루 비누와 후춧가루 물로 손을 씻은 아이들에게 한바탕 난리법석이 일어났어요. 눈에선 연신 눈물이 흐르고 재채기는 쉴새 없이 터져 나와 견딜 수가 없었어요.

"아, 매워, 매워!"

"코가 너무 간지러워, 으엣취!"

"제발 살려주세요! 다시는 책과 장난감을 먹지 않을게요."

그때 건희가 아이들을 향해 크게 소리쳤어요.

"이 나쁜 괴물들아, 얼른 대희와 친구들을 돌려줘!"

건희의 말이 끝나자마자 가짜 대희와 친구들은 엉엉 울며 도서관 한켠에 있는 텔레비전 속으로 우당탕탕 뛰어들어갔어요.

잠시 뒤, 도서관의 텔레비전은 대희를 집어삼킬 때와 마찬가지로 커다란 입을 쩍 벌려서는 엄청나게 큰 재채기를 했어요.

"으엣취!"

어찌나 큰 소리였는지 땅이 흔들흔들거리고 도서관 책장의 책들은 모두 와르르 무너졌어요.

재채기 소리와 함께 그 동안 아이들이 먹어치운 장난감과 책들이 마구마구 쏟아져 나와 천장까지 수북이 쌓였어요.

그리고 텔레비전이 또 한번 크게 재채기를 하자 이번엔 텔레비전 속으로 들어갔던 대희와 친구들이 수웅 하고 튀어나왔어요.

진짜 대희와 진짜 친구들이었지요.

건희는 너무 기쁜 나머지 후다닥 달려가 대희를 꼬옥 끌어안았어요.

"대희야, 네가 돌아와서 너무 기뻐."

텔레비전 괴물이 사라지자, 아이들은 다시금 도서관에 가서 책을 읽기 시작했어요.

사서는 매일매일 가장 재미있는 책을 골라와서는 아이들에게 읽어주었어요.

때로는 책 읽기가 너무 재미있다 보니 집에 가지 않고 도서관에만 있으려는 친구가 생기곤 했어요.

그럴 때면 사서는 이렇게 말했지요.

**"이제 놀이터에 가서 신나게 뛰어 놀아.
하루 종일 책만 읽다 보면 이번엔 책이 널 삼켜버릴지도 몰라."**

무엇이든 과하면 좋지 않다는 것을 알려주고 독서든, 장난감놀이든, TV 시청이든 적당히 하는 것이 중요하다는 것을 깨닫게 한다. 또한 밖에 나가 신나게 뛰어노는 것도 잊지 말 것을 강조한다.

이렇게 우리의 일상은 모든 것이 다 책의 소재가 되었다. 하루를 마무리하는 시점에서 일기를 쓰듯 그 날 있었던 일을 이야기하다 특별한 사건이 있었을 때, 혹은 매순간 아이들과 이야기를 나누다 문득 이건 책으로 만들면 좋겠다 싶은 것은 잊지 않고 기록해 두었다. 설거지를 하다가도 청소를 하다가도 이야깃거리가 떠오르면 고무장갑을 벗어 던진 후 종이에 연필로 아이디어를 적었다.

모든 것은 일상에서 자연스레 나오는 이야기들이었고 특별한 스토리텔링 방법이 있는 것도 아니었다. 아이들과 함께 있는 분주한 시간 동안 겪은 일들을 그저 느끼는 대로 떠오르는 대로 적어두었다가 홀로 있는 시간이면 차분하게 글로 정리하여 한 편의 스토리로 완성시키곤 했다.

이따금 특별한 일이 있었던 날은 아이들이 엄마에게 기대감을 갖기 시작했다.

"엄마, 이것도 책으로 만들어줄 거지?"

그리고 그건 나에게 아주 행복한 고민이 되었다. 함께 나눈 이야기를 뚝딱 책으로 만들어 주는 엄마를 아이들은 어느새 '작가' 라고 부르며 친구들과 선생님께 자랑을 했고, 그 때문에 난 자주 머쓱한 상황이 오기도 했지만 결코 싫지만은 않았다. 세상의 다른 이들이 나를 어떻게 평가하든 내 아이들이 엄마를 인정하고 존경한다면 그보다 더 행복한 일이 있으랴.

나는 나이가 들어 꼬부랑 할머니가 되는 그 순간까지도 영원히 아이들을 위해 책을 만들어 주리라 다짐을 했다. 그리고 내 아이들은 또 자신의 아이들에게 엄마가 했던 것과 똑같이 해 주리라 믿어 의심치 않는다. 우리의 삶이 끝날 때까지 모든 일상은 다 훌륭한 이야기가 되니까 말이다. 눈물은 기억이 되고 기억은 추억이 되고 추억은 웃음이 된다. 기쁜 일이든 슬픈 일이든 훗날 책을 통해 그 추억을 끄집어낼 때 우리는 아마도 따뜻한 감동의 미소를 지을 것임에 틀림없다.

마음 소화제

건희 7살
호기심이 많고
엉뚱한 상상을 잘함.
손으로 뚝딱뚝딱
무언가를 잘 만들어냄.

대희 7살
감수성이 풍부하고
진지한 성격임.
동시, 그림, 편지 등
예능활동을 좋아함.

25년 후에는?
(물론 엄마의 상상임^^)

•
•
•

건희
수천 개의 특허를 낸
발명가 & 과학자가 됨.
특히 희귀병 치료를 위한
신약 개발에 앞장섬.

대희
시, 그림, 노래 등
모든 예술 분야를 통틀어
뛰어난 재능을 발휘하는
종합예술인이 됨.

25년 후 어느날!

어머니! 드디어 마음 소화제를 발명했어요!
......!!

어머니 덕분이죠. 자, 얼른 이 약을 드셔 보세요.
장하다, 내 아들! 결국 해냈구나!
꿀꺽꿀꺽...

..........!!
꺼억~~~!!
약을 드시니 어떤가요, 어머니?
뭐랄까... 마음에 응어리가 다 배출되면서 빈 그릇이 된 기분이야.

우울함, 쓸쓸함, 아쉬움, 서러움, 괴로움, 슬픔.. 그런 감정은 이제 더이상 느껴지지 않아.
...성공이구나
그토록 원하던 마음을 비웠으니, 이제 내 인생은 평온함과 행복만이 가득하겠지?
이상해...
......??

형이 준 약을 마시고 난 뒤부터 그림이 그려지지 않아. 시도, 노래도... 그 어떤 것도 떠오르지가 않아...
그래서 말인데, 형, 다시 되돌리는 약은 없어?
...

뭔 생각을 그리
골똘히 해?
...깜짝이야
25년 후
아이들의 모습을
상상해봤어...
마음이 답답하다더니
좀 괜찮아졌어?

그다지 나아지진
않았는데. 뭐
상관없어...
난 세상의 시와
이야기와 그림과 음악을
사랑하거든... 아마 건희도
이해해 줄거야.
?
...뭔 말이래

내 마음이 흩뿌리는 눈물은 그림이 되고
내 마음이 내뱉는 한숨은 노래가 되고
내 마음이 들려주는 이야기는 시가 되네.
버릴 것이 없네.
슬퍼할 이유도 없네.
마음이 이끄는 대로 자유로이 날아가네...
마음의 짐 보따리

할아버지도 아빠였단다

몇해 전 작은아이가 아침에 어린이집 차를 타서는 엉엉 울면서 갔다. 꾹 참고 있더니 선생님의 왜 그러느냐는 말에 눈물이 터진 것이다. 여름 휴가를 맞이한 아빠들이 많다 보니 간간이 어린이집에 애들을 데리러 온다고 했다. 안 그래도 하원 시간에 엄마가 데리러 오는 친구들만 봐도 부러운데, 아빠까지 오니 완전 억울한가 보다. 다짜고짜 아빠가 데리러 오라고 떼를 쓰기 시작했다. 하지만 안 되는 걸 된다고 거짓말할 수 없는 일이기에 난 안 된다고 못박아 말했고, 작은아이는 서운함에 울음을 터뜨렸던 것이다.

그날 우는 애를 보내고 난 뒤 씁쓸한 마음에 가만히 앉아 있는데 어머님으로부터 전화가 왔다. 이런저런 얘기들을 나누다가 문득 어머님이 하시는 말씀이, 해군이셨던 아버님이 현역이셨을 때 한번 배 타고 나가면 보름이고 한 달이고 배에서 지낼 때가 많아서 당시 우리 아이들 나이였던 남편과 시동생과는 거의 함께 있어주지 못하셨단다. 이제 전역하고 나이가 들어 보니 그때 같이 못 놀아줬던 시간들이 너무 미안해서 아버님 힘 닿는 때까지 손주들과 놀아주고 싶다는 말씀을 하셨단다.

어머님의 이야기를 듣고 이 내용을 책으로 만들어 읽어주면 작은아이가 조금은 아빠를 이해하지 않을까 하는 생각이 들었다. 그리고 나중에 아이가 어른이 되어 결혼을 하고 역시 아빠가 되었을 때 또다시 이 책을 자신의 아이에게 읽어준다면 참 좋을 것 같다는 생각도 했다.

"자식 낳아봐야 부모 마음 알지."

누굴까? 파이(π) 값만큼이나 복잡다단하고 끝없는 우리네 마음을 저렇게 간단명료하게 정리해 준 사람이.

"딱 너 같은 자식 낳아봐라."

누굴까? 더 토달지 못하도록 완전 한 방에 마무리지어 버린 얄밉고도 존경스러운 사람이.

엄마표 책—『할아버지도 아빠였단다』

할아버지도 아빠였단다
엄마 지음

건희와 대희는 '동성어린이집'에 다니고 있습니다.
어린이집은 집에서 조금 떨어진 곳에 있기 때문에
원장 선생님께서 어린이집 차로 등원길과 하원길에
태워주십니다.
차에 탈 때, 차에서 내릴 때 건희와 대희는
항상 배꼽에 손을 대고 예쁘게 인사를 합니다.

할아버지도 아빠였단다
엄마 지음
할아버지도 아빠였단다
엄마 지음
2009.8.11
사랑하는 대희에게...

건희와 대희는 '동성어린이집'에 다니고 있습니다.
어린이집은 집에서 조금 떨어진 곳에 있기 때문에
원장 선생님께서 어린이집 차로 등원길과 하원길에
태워주십니다.
차에 탈 때, 차에서 내릴 때 건희와 대희는
항상 배꼽에 손을 대고 예쁘게 인사를 합니다.

오늘 오후도 엄마는 집 앞에서 건희와 대희가
타고 올 어린이집 차를 기다리고 있습니다.
그런데 오늘은 이상합니다.
차에서 내린 대희가 엄마에게 인사도 하지 않고
시무룩한 표정으로 그냥 집으로 들어가버립니다.
"대희야, 엄마께 인사해야지."

선생님이 말씀하셨지만
대희는 들은 체도 하지 않습니다.
"오늘 어린이집에서 무슨 일이 있었나요?"
"글쎄요, 친구들이랑 잘 놀았는데……"
선생님 역시 이상하다는 듯
고개를 갸우뚱하셨습니다.

집으로 들어온 엄마가 대희에게 물었습니다.
"대희야, 왜 그러니? 친구랑 싸웠니?"
"......"
대희는 여전히 아무 말도 하지 않습니다.
그때 건희가 엄마 귀에 대고 말했습니다.
"오늘 수연이 아빠가 왔었어요.
그래서 대희가 화났어요."
"수연이 아빠가 오셨는데 왜 대희가 화났을까?"
건희가 입을 삐죽거리며 대답했습니다.
"우리 아빠는 한번도 우리를 데리러 오시지 않았잖아요."

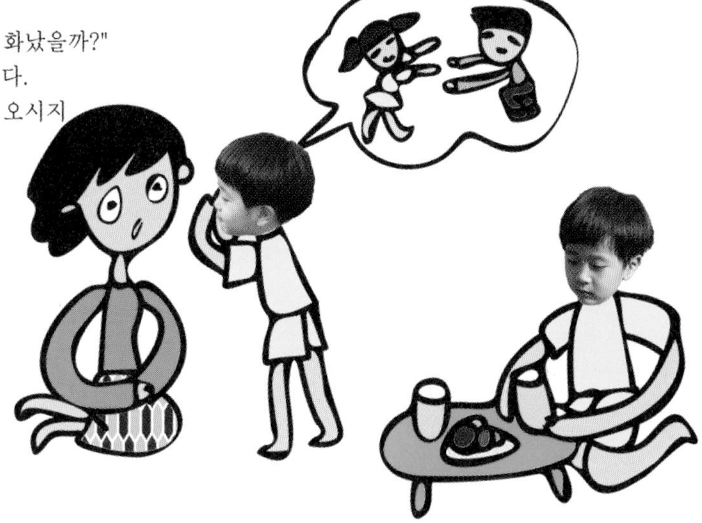

그제서야 엄마는 왜 대희가 화가 났는지 알 것 같았습니다.
"대희야, 아빠도 일찍 퇴근하는 날엔 너희들을 데리러 가실 거야."
엄마의 말에 잠자코 있던 대희가 크게 소리쳤습니다.
"아빤 매일매일 늦게 오잖아요!"
엄마가 대희의 머리를 쓰다듬으며 말했습니다.
"아빠가 바쁘신 대신에 건희와 대희는 할아버지가 자주 오시잖아."
"할아버지는 아빠가 아니잖아요!"
대희는 엄마의 손을 뿌리치며 화를 냈습니다.
자신의 마음을 몰라주는 엄마가 너무 미웠습니다.

할아버지가 오셨단 말에 건희는
가방도 매지 않은 채 헐레벌떡 뛰어나갔지만,
대희는 힘없이 천천히 걸어나갔습니다.
할아버지는 환하게 웃으시며 건희와 대희를
한꺼번에 양팔로 힘껏 안았습니다.
"오늘은 할아버지 집에 가서 놀자."
건희는 신이 나서 토끼처럼 깡충깡충 뛰었습니다.
대희도 마음속으로는 기분이 좋았지만
웃지는 않았습니다.

다음날 아침에도 대희는 엄마에게 인사를 하지
않고 어린이집에 갔습니다.
그런데 그날 오후, 집으로 갈 시간이 되었을 때
우주반 선생님이 건희와 대희를 불렀습니다.
"건희야, 대희야, 오늘은 할아버지가 오셨네요!"

할아버지 댁은 건희와 대희의 집에서
차를 타고 20분 정도 가면 있습니다.
건희와 대희는 할아버지, 할머니와 함께
산에 올라가 메뚜기도 잡고
연못에서 올챙이도 잡았습니다.
놀이터에서 자전거도 타고 공놀이도 했습니다.
언제 화가 났냐는 듯 대희 역시 신나게 놀았습니다.

건희가 할머니와 개미를 보며 놀고 있을 때
할아버지가 대희에게 다가가 살짝 물었습니다.
"대희야, 아빠가 어린이집에 너희를 데리러 가지
않아서 섭섭하니?"
그 말을 듣고 대희는 두 눈을 내리깔며
대답했습니다.
"아빠는 매일 너무 바빠요. 할아버지는 우리가
놀아달라고 할 때 항상 놀아주는데……
아빠 미워요!"
할아버지는 빙그레 웃으시며 말했습니다.
"집에 들어가자꾸나, 너에게 보여줄 게 있단다."

"자, 여기 있구나. 대희야, 이리 와 보렴."
집에 들어온 할아버지는 책장에서 무언가를
꺼내 오시더니 대희를 무릎에 앉혔습니다.

할아버지가 들고 온 건 할아버지, 할머니, 아빠,
삼촌의 옛날 모습이 담긴 앨범이었습니다.
해군이었던 할아버지의 늠름한 모습,
엄마보다 더 멋쟁이였던 할머니,
건희와 대희만큼이나 개구쟁이 같은 아빠와 삼촌.
마치 타임머신을 타고 온 듯 신기하고
재미있었습니다.
"우와, 할아버지도 우리 아빠의 아빠였네요?"
"그럼! 할아버지도 아빠였지.
지금도 여전히 그렇고 말이다."
"아, 그렇지."
대희는 깜빡 했다는 듯 눈을 찡그렸습니다.

그런데 사진을 보던 대희는 이상하다는 듯
물었습니다.
"할아버지는 왜 군인 옷 입은 사진만 있어요?"
"할아버지는 바다를 지키는 군인이었단다.
그래서 늘 배를 타고 바다에 나가 있었지."
"우와! 예전에 바다에서 봤던 큰 배요? 신났겠다!"
"허허허! 그래, 하지만 배에서 밤을 보내야 할 때가
아주 많았단다. 집에 가지 못하고 말이다."
"그럼 아빠도 나처럼 속상했겠네요……"
대희는 고개를 푹 숙이며 말했습니다.
"아마도 그랬을 거다. 그래서 늘 할아버지는
아빠에게 미안하다고 말했지."
"하지만 할아버지는 바다를 지켜야 했잖아요."
"그래, 지금 아빠 역시 회사에서 반드시 해야 할
일이 있듯이 말이다."

할아버지는 앨범을 접으시며 말했습니다.
"너희랑 많이 놀아주지 못해 아빠 마음도 굉장히
아플 거야. 할아버지도 그랬거든……"

건희와 대희는 밤 늦게야 집으로 돌아왔습니다.
아빠는 여느 때와 다름없이 퇴근이 늦었고,
건희와 대희는 낮에 너무 신나게 놀았던 탓에
금세 잠이 들었습니다.

한참 뒤,
대희는 간질간질한 느낌에 눈을 떴습니다.
한밤중에 들어온 아빠가 대희의 볼에 얼굴을
비비며 조용히 속삭이고 있었습니다.
"대희야, 아빠가 다음에 꼭 어린이집에
데리러 갈게. 미안해...... 그리고 사랑해......"

참 이상했습니다.
아빠의 말에 기분은 날아갈 듯 좋은데,
갑자기 코 끝이 뜨거워지더니
눈물이 핑 돌았습니다.
대희는 쑥스러워 일부러 눈을 감고
자는 척했습니다.
그리고 아빠의 마음이 많이 아프지 않았으면
좋겠다는 생각이 들었습니다.

그날 밤 대희는 꿈을 꾸었습니다.
군인 옷을 입은 할아버지, 개구쟁이 아빠와 삼촌,
그리고 건희와 대희가 모두 다같이 모여
신나게 놀았습니다.
무슨 놀이를 하고 놀았는지는 잘 생각이
나지 않았습니다.
그저 너무너무 행복한 얼굴들만 떠올랐습니다.

이렇듯 이 책은 다른 친구들의 아빠는 가끔씩 어린이집으로 찾아와 아이들을 데려가곤 하는데, 우리 아빠는 너무 바빠서 그러지 못하는 것에 속상해하는 작은아이의 마음을 달래주기 위해 만들었다.

손자의 서운한 마음을 눈치챈 할아버지가 어느 날 아빠 대신 어린이집에 찾아갔고 함께 즐거운 시간을 보낸 뒤 집으로 데려가 손자에게 옛날 앨범을 꺼내 보여준다. 거기엔 해군으로 복무하던 젊은 시절의 할아버지 모습도 있고 장난꾸러기 같은 아빠와 삼촌 사진도 있다. 신기해하며 앨범을 넘기는 손자에게 할아버지는 아빠의 어린 시절 이야기를 들려준다. 할아버지도 집에서 머무는 시간보다 배를 타고 바다에 출동하는 날이 많았던 터라 아빠와 많이 놀아주지 못해 지금도 미안한 마음이 가득하다고 말하며 아마 지금 너희 아빠도 할아버지 마음과 똑같을 거라고 손자에게 이해시켜준다는 내용이다.

마지막 페이지에서는 아이가 꿈 속에서 젊은 시절의 할아버지, 어린 시절의 아빠와 삼촌을 몽땅 만나 행복한 시간을 보낸다는 것으로 이야기가 마무리되는데, 이 책은 아이들도 물론 좋아했지만 특히 부모님들께서 보시고는 흐뭇해하셨다. 이제는 어엿한 성인이 되어 자식을 낳아 키우는 아들의 어린 시절을 회상하실 수 있으셨고 그 때 어린 아들에게 다 쏟아주시지 못했던 사랑을 손자를 통해 베풀어주시고자 하는 애틋함도 느끼시는 듯했다.

손때 묻어 꼬질꼬질한 상태 그대로 내 아이들의 아이에게, 또 그 아이가 낳은 아이에게 이 책을 물려줄 것이다. 아빠도 사실은 어린이였고 지금 너의 서운한 마음과 똑같았다는 것을 알려주고, 아빠의 아빠였던 할아버지가 느꼈던 안타까움과 사랑을 이야기하기에 좋은 책이 되리라 믿는다.

내 동생

쌍둥이로 한날 한시에 태어났음에도 불구하고 형이라고 항상 양보하는 큰아이와, 가족을 그리면 자신을 형보다 더 작게 그리는 작은아이. 우리 아이들은 다른 형제들과 마찬가지로 나보다 더 큰 형, 나보다 더 작은 동생이라는 것에 대한 막연한 로망 같은 게 있는 듯하다.

다음의 책은 여느 형제자매들처럼 쌍둥이 중 큰아이가 먼저 태어나고 작은아이가 몇 년 뒤에 태어났다고 상상하여 형이 겪었을 질투와 갈등, 이해에 관하여 이야기해본 내용이다. 다른 집에서는 너무나 당연한 이야기이지만 우리 아이들은 이 책을 마치 판타지(?) 소설을 읽는 듯 흥미진진하게 대했다.

"어느 날 엄마가 병원에 가더니 불렀던 배가 쏙 꺼진 채 원숭이처럼 생긴 녀석을 데려왔다. 그 녀석은 늘 시끄럽게 울고 자신을 귀찮게 하지만 가족들은 그런 녀석을 너무 사랑한다. 이에 질투를 느낀 형은 녀석이 원래 있던 곳으로 돌아갔으면 좋겠다는 생각을 했다. 어느 날 형은 자신의 장난감을 망가뜨린 녀석을 세게 밀쳐 버린다. 울던 아기는 감기에 걸려 병원에 입원을 하게 되었다. 형은 자신이 밀어서 녀석이 아프게 되고 병원으로 사라지게 된 것이라 생각하여 죄책감에 빠진다.

아빠와 함께 찾은 병원에서 자신을 쳐다보며 반갑게 웃는 녀석을 보고선 형은 미안함과 안도감에 그만 울음을 터뜨려버린다. 그리고 그제서야 형은 더 이상 아기를 '녀석' 이라 하지 않고 '동생' 이라 부르며 진정 마음을 열게 된다."

엄마표 책—『내 동생』

내 동생
내 동생
엄마 지음
내 동생이 집으로 돌아 왔어요.
아, 이제 나는 더 이상 '녀석'이라고 부르지 않기로 했어요.
내 동생은 다시금 마법을 부리기 시작했어요.
엄마도 아빠도 모두 웃으시고 나도 자꾸만 웃음이 나오거든요.
엄마께서는 동생이 나를 닮아 사람들을 웃게 만든다고 하셨어요.
그리고 동생에게는 비밀이라며 나에게만 살짝 해주신 이야기가 있어요.
사실 엄마와 아빠는 단 한번도 나보다 동생을 더 사랑하신 적이 없대요.
동생과 나에게 똑 같은 사랑을 주실 수 있는 것,
그것이 바로 엄마와 아빠의 마법이라고 하셨어요.

우리 가족에게 찾아온 이상한 녀석
내 동생
내 동생
2010.11.08
사랑하는 건희와 대희에게...
엄마 지음
엄마 지음

너무 갑자기 일어난 일이었어요.
며칠간 보이지 않던 엄마가 낯선 녀석 하나를
집으로 데리고 오셨어요.
불룩했던 엄마의 배는 어느새 쑥 꺼져 있었지요.
쭈글쭈글 원숭이처럼 생긴 이상한 녀석이었어요.

그 이상한 녀석은 아주 작았지만 코끼리만큼이나
큰 소리로 울어댔어요.
나는 너무 시끄러워 귀를 틀어막으며 소리쳤지요.

"엄마, 녀석이 이상한 소리를 내요!"

엄마는 달려와 누워 있던 녀석을 번쩍 안아 올렸어요.
엄마도 시끄러워 화가 나셨나 봐요.
그래서 아마도 녀석을 데려왔던 곳으로 다시
돌려보내실 참인가 봐요.
정말 잘 된 일이에요.

그런데 참 이상했어요.
엄마와 아빠는 울고 있는 녀석을 바라보며
웃으시는 거예요.
그뿐만이 아니었어요.
집에 오신 할아버지와 할머니까지도
녀석을 품에 안고선 즐거워하셨어요.

이럴 수가!
저 괴물 같은 녀석이 우리 가족에게
마법을 부린 게 틀림없어요.
하나도 재미없는데 왜 저렇게 다들
큰 소리로 웃는 걸까요?

나는 화가 났어요.

시간이 흐를수록 녀석의 몸도 조금씩 커졌어요.
엄마와 아빠께서는 나에게만 해주시던 다정한
뽀뽀를 녀석에게도 똑같이 해주셨어요.
내가 입던 옷을 녀석에게 입히고,
내가 보던 책을 녀석에게 읽어 주셨어요.

혹시 녀석을 나라고 착각하시는 건
아닐까요?
엄마, 아빠! 나는 여기 있어요.
건희는 바로 나라고요.
그 녀석은 내가 아니에요.
날 흉내내고 있는 괴물 녀석이에요!

하루는 녀석이 내가 가장 좋아하는 장난감을
망가뜨려 버렸어요.
나는 너무 화가 나서 앉아 있던 녀석을 세게
밀었지요.
녀석이 처음 우리 집에 왔을 때처럼 큰소리로
울었고, 놀란 엄마가 달려와 녀석을 안으셨어요.
곧이어 아빠가 퇴근하셨고 엄마는 녀석을
데리고 어디론가 급히 나가셨어요.

그래요! 엄마.
녀석을 다시 돌려줘버려요.
시끄럽고 말썽만 피우잖아요.
나는 녀석이 영영 돌아오지 않았으면
좋겠어요.

그날 밤 엄마는 늦도록 집에 오시지 않았어요.
녀석을 돌려주러 아마 먼 곳에 가셨나 봐요.
나는 더 이상 녀석의 시끄러운 울음소리를 듣지
않게 되었어요.
귀찮게 졸졸 따라다니며 내 다리를 붙잡는 일도
없었고요.
내 장난감이 망가지는 일도 없었지요.

녀석이 사라지면서 마법도 풀린 걸까요?
아빠의 얼굴에 웃음이 사라졌거든요.

하지만 괜찮아요.
아빠는 분명히 나를 보고 웃으실 테니까요.
아니, 이제부턴 나만 보고 웃으실 거예요.

그런데 내 마음이 왜 자꾸만
따끔거릴까요.

혼자서 장난감을 가지고 놀던 나는 소리쳤어요.

"이것 봐, 내가 만든 거야!"

하지만 아무도 대답하지 않았어요.
내가 만든 장난감을 보고 녀석이 엉금엉금
기어왔었는데……
밥을 먹던 나는 볼에 밥풀을 붙이고는
우스꽝스러운 표정을 지었어요.

"이것 봐, 나는 밥풀 대장이다!"

같이 밥을 먹던 아빠께서는 내 볼에 붙은
밥풀을 조용히 떼 주셨어요.
녀석은 이런 내 장난에 까르르 웃어주었는데……

잠을 자려 누워서는 아빠의 손을 어루만졌어요.
눈을 감았지만 잠이 오지 않았지요.
녀석의 작고 부드러운 손을 만지다 보면 나도
모르게 스르르 잠들었는데……

나는 조용히 아빠에게 물었어요.

"아빠, 엄마는 왜 오지 않는 거예요?"
"대희를 데리고 병원에 가셨잖니."
"병원이요? 녀석을 병원에 돌려주러 간 거예요?"
"돌려주다니? 대희는 많이 아파서 입원을 한 거란다."

녀석이 아프다는 말에 나는 깜짝 놀랐어요.
낮에 녀석을 세게 밀친 게 문득 떠올랐거든요.

"알아요, 나 때문인 거죠? 내가 밀어서……"
"아니야, 대희가 아침부터 열이 많이 났었다는구나,
너 때문이 아니야."

엄마가 녀석을 돌려주러 간 것이 아니래요.
내가 밀어서 아픈 것도 아니래요.
나는 가슴이 마구 뛰었어요.
왜 그럴까요?
그건 나도 잘 모르겠어요.

다음 날,
아빠와 나는 녀석이 입원해 있는 병원에 갔어요.
엄마가 녀석을 안고 1층에 내려와 계셨지요.
기운 없이 엄마 품에 안겨 있던 녀석이 나를 보고선
갑자기 고개를 들었어요.
아빠께서 말씀하셨죠.

"건희야, 대희가 너를 보고 웃는구나."

정말 그랬어요.
녀석이 나를 보며 반갑게 웃고 있었어요.
내가 다가가자 밤새 야윈 듯한 조그만 손으로
내 볼을 꼼지락거리며 만졌어요.

그러지 마! 난 네가 없어져 버렸으면 좋겠다고
생각했단 말이야.
날 보고 웃지 마! 날 만지면서 좋아하지 마!
너무 미안해서 참을 수가 없단 말이야……
나는 그만 울음을 터뜨려 버렸어요.

"어머, 건희야 왜 우는 거니?"

엄마께서 깜짝 놀라 물으셨어요.
나는 왜 눈물이 흐르는 걸까요?
녀석이 나에게 또 다른 마법을 부린 건 아닐까요?

내 동생이 집으로 돌아왔어요.
아, 이제 나는 더 이상 '녀석'이라고 부르지 않기로 했어요.

내 동생은 다시금 마법을 부리기 시작했어요.
엄마도 아빠도 모두 웃으시고 나도 자꾸만 웃음이 나오거든요.
엄마께서는 동생이 나를 닮아 사람들을 웃게 만든다고 하셨어요.

그리고 동생에게는 비밀이라며 나에게만 살짝 해주신 이야기가 있어요.
사실 엄마와 아빠는 단 한번도 나보다 동생을 더 사랑하신 적이 없대요.
동생과 나에게 똑같은 사랑을 주실 수 있는 것, 그것이 바로 엄마와 아빠의 마법이라고 하셨어요.

나에겐 **동생**이 있어요.
이름은 대희예요.
나는 대희가 내 동생이라서 너무 좋아요.

이전에는 어떠한 사람을 볼 때 그 사람의 자질과 성공 여부를 따져보는 습관이 있었다. 성공한 사람의 노력과 성과를 높이 평가하고 존경하였으며 갈망하였다. 그가 자라온 환경이 궁금했으며 부모의 교육관과 가치관 등에 깊은 관심을 가졌다. 하지만 아이를 낳고 난 뒤 사람을 바라보는 관점에 정말 큰 변화가 생겼다. 아이가 태어나고 길지 않은 세월 속에서 정말 많은 경험을 하며 나는 새롭게 태어난 듯 껍데기를 한 겹 벗어 던졌다.

내가 변화하는 데 가장 큰 역할을 한 것은 바로 아이가 아프거나 다치거나 했던 경험이었다. 그럴 때마다 인생에 있어 행복의 기준은 돈이 아니라 건강과 가족의 안위라는 것을 뼈저리게 느꼈다. 열이 나서 펄펄 끓는 아이의 이마에 차가운 물수건을 올려주며 밤새 한숨도 자지 못해 뜬눈으로 지새면서도 나는 삶의 커다란 의미를 깨우친 것 같아 마음 한켠이 뿌듯했다. 세상의 모든 사람은 다 대단한 이들이고 그들을 키워낸 부모는 말할 것 없이 존경스러운 대상이라고 생각되었다.

아이들을 데리고 바깥에 나가면 할머니들은 꼭 우리를 그냥 지나치지 않고 나에게 와서 한마디를 하신다. "에고, 엄마 정말 힘들었겠군……" 그리고 이어지는 말도 한결같이 똑같다. "그래도 한방에 키웠으니 지금부터는 편할 날만 남았네." 똑같은 말 무한재생 반복청취가 다소 피곤하기도 하지만 사실 틀린 말은 아니다. 당신들의 삶의 경험에서 우러나는 진정한 격려와 위로의 말이기도 할 것이다. 한꺼번에 둘을 낳아 키운다는 것은 체력적으로나 경제적으로나 엄청난 노고가 뒤따르기도 하지만, 쌍둥이 아들이 일곱 살이 된 요즘, 그 모든 힘겨움을 다 잊을 만큼 쌍둥이라서 좋은 점을 더 많이 느끼고 있다.

난 엄마라서 참 좋다. 때로 너무 힘들어 눈물짓는 날도 있지만 아이들이 곤히 잠든 모습을 바라보고 있으면 너무도 감동스럽고 행복하다.

4부

꼬마 작가, 상상에 날개를 달다

8. 아이가 직접 만드는 책

어설픔 속에 담긴 순수함과 기발함

처음 아이를 위해 책 만들기를 시작할 때는 일상에서 일어나는 이야기를 소재로 스토리를 만들고 아이의 얼굴을 합성한 삽화를 넣어서, 엄마가 만드는 책에 대한 아이들의 관심과 흥미를 유발시켰다. 처음부터 아이에게 직접 책을 만들어 보도록 시킨 적은 없었다.

아이와는 스토리텔링을 위주로 하였고 그 스토리를 바탕으로 아이에게 떠오르는 이미지를 그려보도록 한 뒤 그걸 참고하여 내가 다시 삽화를 그리는 식이었다.

그런데 언제부터인가 아이들이 스스로 이야기를 만들고 거기에 맞는 삽화를 직접 그리기 시작했는데, 딱 어느 날부터다 라고 말하기가 참으로 애매한 것이 그건 마치 봄이 지나 여름이 오듯 서서히 뜨거워진 하늘의 태양과도 같았다. 춥고 움츠렸던 겨울에서 봄을 맞이한 것처럼 아이들은 이제 엄마와 함께 피운 새싹을 너무나 푸르게 성장시키고 있었다. 우리가 억지로 계절을 재촉할 수 없듯이 아이들이 스스로 책을 만들게 된 것은 어쩌면 너무 자연스러운 것이었다고 생각된다.

엄마가 책 만드는 것을 유심히 바라보던 아이들이 비뚤비뚤 어설프게 종이를 붙여 책을 만들어냈다. 이야기를 상상해내는 것도, 얼렁뚱땅 제본을 하는 것도 아이들에게는 재미있는 놀이이자 몸에 배인 습관 같은 것이었다. 기가 막히게 흥미로운 이야기를 만들어내는 유명한 작가는 대단한 사람임과 동시에 평범한 사람이라는 것을 알게 되었다. 누구나 책을 읽듯 누구나 책을 만들 수 있다는 것도 알게 되었다. 그래서 책을 만드는 엄마도, 그걸 보고 자연

스레 책을 만들게 된 아이들도, 전혀 대단할 게 없는 사람이면서 한편으로는 자랑스러운 사람이라는 걸 느끼는 것 같았다.

아이들은 책을 만들 때 그림의 완성도보다는 스토리를 상상하는 걸 더 즐거워했기 때문에 대부분 머릿속에 떠오르는 이야기를 재빨리 연필로만 스케치했다. 그래서 완벽하게 채색까지 마무리한 책은 드물다. 색이 입혀진 그림이냐 아니냐는 중요하지 않았다. 색을 입히지 않는다고 해서 아이들의 사랑스러운 상상이 퇴색되는 건 아니기 때문이다. 이렇게 스케치해둔 책의 그림은 이후 생각이 날 때 다시 들춰서 꼼꼼하게 색칠을 할 때도 있었다.

내가 지금 우리 아이들 나이일 때 아버지는 내가 그린 그림들을 모아서 학교 선생님이 문집을 만들듯이 철로 묶음을 해 주셨는데 아쉽게도 수많은 이사의 과정에서 분실되어 버렸다. 비록 그림은 남아 있지 않으나 딸을 위해서 정성 들여 만들어주시던 기억은 내 속에 감동 깊게 자리잡아 나도 모르게 그 옛날 아빠가 주셨던 사랑 그대로 아이들에게 쏟아주고 있는 내 모습을 발견하게 된다.

아이들이 그림을 그리고 싶어한다면, 글을 쓰고 싶어한다면, 주저하지 말고 종이와 연필을 내주도록 한다. 근사한 스케치북이 아니어도 멋진 미술 도구가 아니어도 좋다. 글과 그림이 형편없거나 어색하고 어설퍼도 아이를 탓하거나 함부로 평가하지 말길 바란다. 의미가 없는 아이의 작품은 이 세상에 없다. 단지 아이의 생각과 가능성을 읽어내지 못하는 어른의 편견만 존재할 뿐.

그림과 글을 즐기고 마음을 책으로 표현할 줄 아는 아이로 만들고 싶으면 우선 아이가 남긴 그림과 글들을 차곡차곡 모아두는 것부터 시작한다. 엄마 아빠가 자신의 창작물을 소중하게 다루고 간직하는 모습을 보면서 아이는 자신의 그림과 글에 자신감이 생기고 이후 지속적으로 글과 그림을 즐기게 되는 동기부여가 된다.

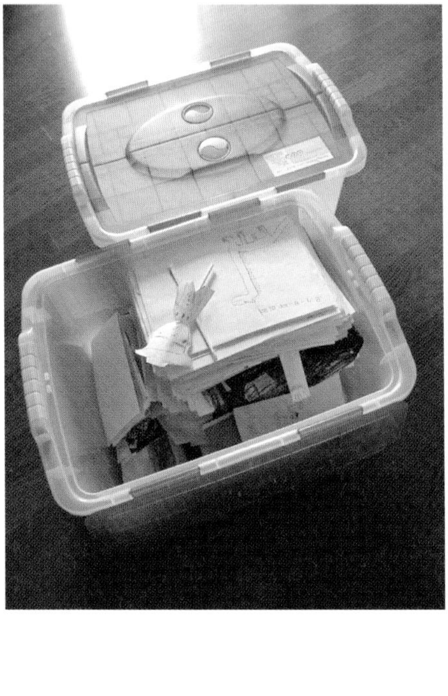

지금까지 모아온 아이들의 그림, 글, 책이 벌써
두 박스가 되었다.
이것은 처치 곤란한 짐이 아니라
우리 집의 가장 소중한 보물이다.

아이들이 만든 책들. 얼렁뚱땅 스스로 제본한 책들과 엄마가 호치키스로 찍어준 책들이다.

〈별 왕자〉

스스로 재활용 박스를 잘라서 만든 책. 본문이 될 페이지와 페이지를 맞붙이고 표지는 두꺼운 박스로 덮었다. 반듯하고 예쁘지는 않지만 기본적인 책 제본의 원리를 나름 이해하고 있다.

사랑해요

으아

〈사랑해요〉
어떤 착한 아이가 모험을
떠난다는 이야기이다.

어느날 여행을 가서
모험을 떠났죠.
모험을 떠나니 갑자기
오두막 집이 있었어요.
갑자기 뱀이 있었어요,
으아
바다를 건너자, 펑덩펑덩
날아가는 바람에 가자
시옹시옹
숲을 사극사극……

(매 장면마다 나타나는
의성어의 표현이 기발하다.)

홍재인

안녕친구들
황동주
홍제인

〈홍재인〉
유치원의 실제 친구들을 등장인물로 해서 만든 동화책.
황동주와 홍재인이 있었는데 여자친구가 없던 황동주가 하느님께 기도를 드려서 여자친구를 얻는다(?). 황동주는 여자친구 이름을 황*현이라고 지었고, 이에 기가 막혀 홍재인이 쓰러졌다는 이야기. 알고 보면 햇살반의 쓰라린 삼각관계가 담겨 있는 슬픈 사랑 이야기다.

친구들의 이름과 그림이 들어간 책을 유치원에 들고 가자 친구들 사이에서도 한동안 책 만들기 열풍이 벌어지기도 했단다. 이 외에도 아이들은 엄마가 그랬듯 일상에서 경험하고 느끼는 많은 일들을 종종 책으로 표현했다.

엣날엣날홍제인와
황동주가사라써요
그런대황동주가말했써요나도여자아이가있서쓰면조케다

황동주는 여자친구가 생기니까조아써요

무서워요

겁쟁이가게
겁쟁이아
주머니도가
요아주머니
는늘빵을 챙겨
요

〈무서워요〉

연필, 지우개, 가위, 쓰레기통 등 책상 주변의 물건들이 등장인물이 되는 겁쟁이 마을 이야기이다. 겁 많은 연필이 주인공이 되어 역시 겁 많은 친구들과 함께 공포의 동굴로 들어가 흉측한 괴물을 만나 모험을 하는 과정에서 씩씩하고 용감한 연필로 변한다는 이야기였다.

여기서 겁쟁이 연필은 사실 아이 자신의 내면 속 두려움을 의인화한 것이 아니었을까.

깁고 어두컴컴한
곳에 들어간후 우리는
재밌는모험이시작됬다

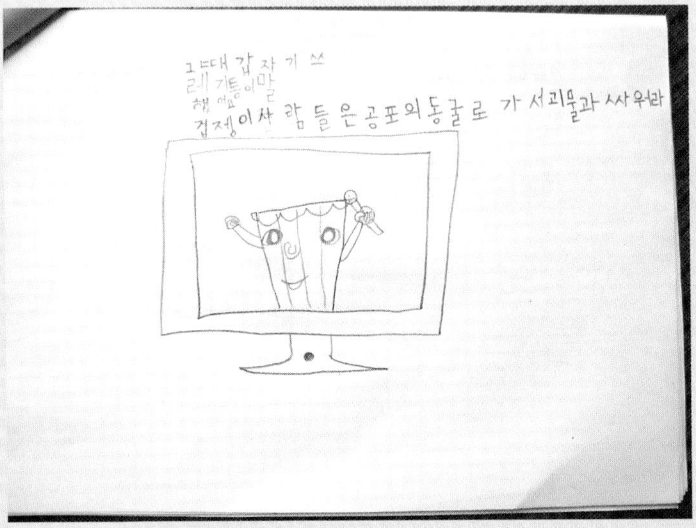
그때갑자기쓰
레기통이말
했어요
겁쟁이산람들은공포의동굴로 가서괴물과 싸워라

부 자가 된이서방

부인은 배개를 정이했어요

〈부자가 된 이서방〉

누더기 옷을 입고 다 쓰러져 가는 집에 사는 가난한 부부가 있었는데, 남편은 바느질을 하고 부인은 베개를 정리하며 열심히 사는 와중에 어느 날 남편이 요정을 만나 도움을 받아 조금씩 부자가 되는가 싶더니 그만 요정과 사랑에 빠져 요정과 결혼한단다.

이것이야말로 〈사랑과 전쟁〉의 전래동화 버전이 아닐 수 없다.

〈그라의 세월〉

쌍둥이로 태어나 친구 같은 형만 있고 동생이 없는 작은아이가 동생을 간절히 바라는 마음에서 만든 책.

그라는 동생이 없어 늘 슬펐고, 이런 모습을 지켜본 하느님이 그라에게 동생을 보내준다는 이야기다. "모두 다 동생이 있는데 나만 이렇게 되잖아"라는 글에 실제 아이의 아쉬움이 한없이 묻어나는 듯하다.

건희가 그린 엄마의 초상화

열심히 그림을 그리던 건희가 갑자기 나에게 모나리자를 그려보고 싶다고 했다. 여기서 모나리자라는 것은 실제로 모나리자를 그리겠다는 게 아니라 초상화를 그려보겠다는 이야기다. 그래서 본의 아니게 엄마인 내가 모나리자처럼 모델(?)이 되어주었다. 20분 가까이 나를 유심히 쳐다봐가며 지우개로 지우고 또 지우며 그려낸 나의 초상화……

여러분, 나 이렇게 생겼어요.

건희가 다 그리고 나더니 나랑 정말 닮았다며(?) 상당히 흡족해했어요. ㅜㅜ 내가 어디서 사기치고 도망가면 저 그림을 내 몽타주로 써도 괜찮을 듯함. 그리고 나중에 우리 건희가 정말 레오나르도 다빈치만큼 훌륭한 예술가가 되어서 저 그림이 (설마) 루브르 박물관(!)에 소장된다면 아마도 이런 미스터리가 남겠지요.

"정말로 사람을 그린 것이 맞는가? 실제로 사람이 저렇게 큰 눈을 가질 수 있는가? 저 사람은 웃고 있는가, 아니면 뭔가 먹고 있는가?

그것도 아니라면 침을 뱉으려 하는가?"

눈에서 레이저가 나온다고 생각하시면 착각입니다.
저것은 아들을 너무 사랑스럽게 바라보는 나의 순수한 눈동자.
(어린아이들이 바닥에 앉아서 어른의 얼굴을 올려다보면 실제로도 이렇게 보일 듯……)

대희가 그린 소녀시대 초상화

일전에 대희가 '소녀시대' 라고 그렸지만 결과적으로는 '할매시대' 가 되어버렸던 그림도 있다.

대희가 그린 '소녀시대'.

노안으로 눈이 감겼다고 생각하신다면 착각입니다.
저것은 티파니양의 살인 윙크(티파니양, 지못미~)

내 작은 소망

한때, 떵누는 내 모습은 이랬다.
떵 한번 평온하게 누는 게 내 소박한(!) 꿈이었다.

...
...세상에서 똥 누는 게 제일 어렵다

하지만 이제는 애들도 많이 컸고,
셋이서 함께 변기 위에 앉아있어야 할 일은 없어졌다.

애들아, 엄마.. 응아하러 갈 건데 부탁 하나만 하자!

가스렌지 위 주전자에서 삐~ 소리나면 아빠한테 가서 말 좀 해~
응, 알았어!

여보~ 나 화장실 갈 건데 애들이 와서 깨우면 얼른 가서 가스렌지 불 좀 꺼~!
..응..

진정 평온하다.
쾌변이란 이런 분위기에서 생산되는 거지...^^
나에게도 이런 날이 오리라고
상상이나 했겠...??
삐 소리다!
아빠 깨우자!
아빠!!

저건 바깥 주차장에서 나는 경보음이잖아!! 장난 칠래? 이 녀석들!
아니야, 삐 소리 났어!!
맞아, 엄마가 삐 하면 아빠 깨우랬어!
삐 소리 맞아! 으앙~~!!
대희 울잖아! 아빠 바보 똥개!!
...

엄마!
대희 울어!!
아빠가 그랬어!
...이것들이 정말
쾅쾅!!
~으앙!!
여보, 얼른
끊고(?) 나와!!
아놔, 똥 좀 누자!!!
자..잘못했습니다!
릴렉스!릴렉스!
(◉_◉)bigeye™

직접 책을 만들며 생각이 성장하다

장난꾸러기 같은 유쾌한 이야기가 가득하던 책을 만들던 아이들이 차차 시간이 흐르자 사뭇 진지한 내용의 책을 만들기 시작했다. 단순히 스토리만 담겨 있는 책이 아니라 아이의 생각과 바람, 갈등과 해소의 과정 등이 책을 통해 표출되고 있었다. 이 즈음 아이들은 몰라볼 정도로 신체도 성장하여 유아의 티를 벗고 제법 어엿한 어린이의 모습이 되었는데, 외모가 성장한 것 이상으로 더욱 크게 마음이 성숙했다는 느낌을 아이들이 만든 책을 통해 느낄 수 있었다. 동시에 아이들의 그림 역시 많은 변화가 있었다.

아이들은 자라면서 사실적이고 입체적인 데생을 하기 시작했다.

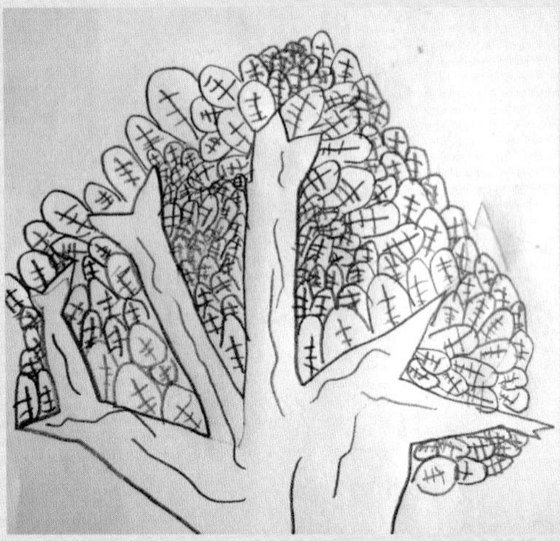

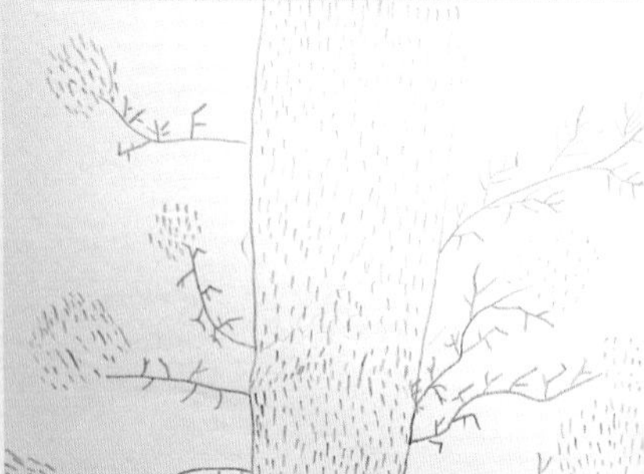

나무를 표현한 그림들인데, 기둥의 거친 질감과 잎 하나까지 세밀하게 묘사했다.

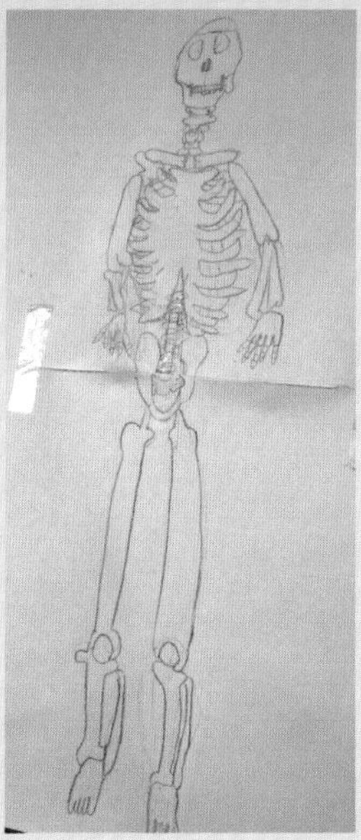

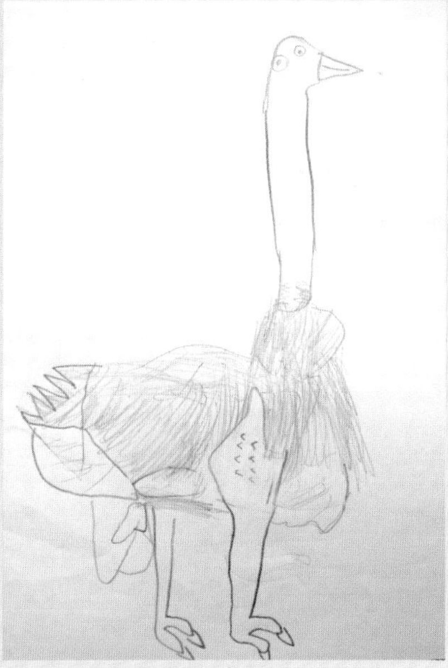

동물
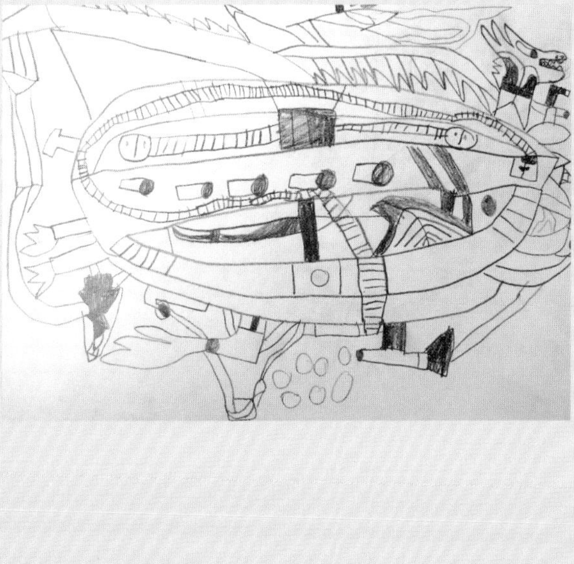
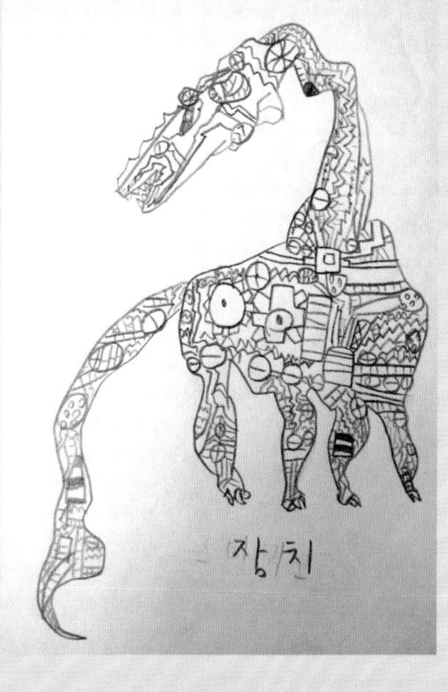
장치

어느 날은 강아지를 너무 키우고 싶어 이런 글과 그림을 아빠의 책상 위에 남겨 두었다.

"강아지를
키우고 싶어요."

하지만 강아지를 키우지 못하게 하는 아빠의 단호함에 마음의 상처를 입은 아이.

쓸쓸히 집으로
돌아가는 달빛 아래
비치는 강아지의
그림자가 너무나
외로워 보인다.

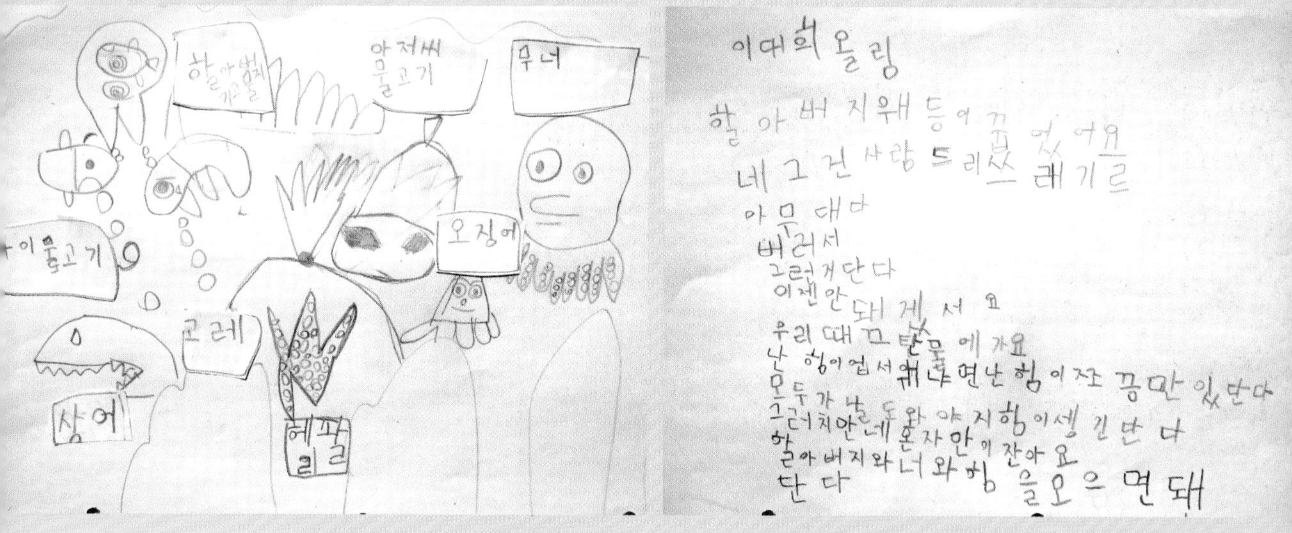

"할아버지 왜 등이 굽었어요?"
"응, 그건 사람들이 쓰레기를 아무데나 버려서 그런 거란다."
"이젠 안되겠어요. 우리 깨끗한 물에 가요."
"난 힘이 없어. 왜냐면 난 힘이 조금만 있단다. 모두가 날 도와야 힘이 생긴단다."
"그렇지만 나 혼자만이잖아요."
"할아버지와 너와 힘을 모으면 된단다."

위의 그림에서는 단순히 바닷속 풍경을 그리는 것이 아니라 바닷속에 살고 있는 물고기를 의인화하여 할아버지 물고기, 아이 물고기 등으로 표시해놓았다.

환경 오염에 의해 물고기가 아파한다는 것, 하지만 힘을 모아 이겨내자는 희망을 표현하고 있다.

다음은 동물원에 다녀온 날 그린 그림이다.

가족과의 즐거운 나들이 경험도 뜻깊었겠지만 아이는 북극곰이 철창에 갇혀 있는 게 슬퍼 보였나 보다. 그 아픔을 놓치지 않고 마음속에 새겼다가 이렇게 글과 그림으로 표현해냈다.

"북극곰이 남극에서 살아야지
대한민국에 살아서 슬퍼요.
그러니까 동물 잡지 마세요.
아, 그리고 감옥에 갇혀 있어서
슬퍼요."

달의 조각이 떨어져 아이의
앞에 놓였다.
슬픈 이야기인줄 알았는데
달도 아이도 행복한 표정인 것을
보아 아마 달이 아이에게
선물로 준 듯하다.

하루는 아이들을 앉혀놓고 『어린 왕자』를 읽어 주었다. 아이들이 이해하기 쉽게끔 각색되어 나온 동화책이었는데도 불구하고 읽어주다가 어린 왕자가 죽는 장면에서 나는 콧잔등이 시큰해졌다.

그런 나를 보더니 큰아이가 "엄마, 슬퍼?"라고 물었다. 나는 "응, 어린 왕자가 죽어서 엄마는 너무 슬퍼……"라고 대답했는데 큰아이가 고개를 저으며 말했다. "아니야, 뱀이 도와줘서

어린 왕자가 자기 별로 돌아갔잖아. 아마 왕자는 행복할 거야."

그 날 아이들은 문득 슬픈 책을 만들어보고 싶다고 했다. 평소 같았으면 슬픈 책보다는 행복한 책을 만들어보라고 말했겠지만 그 날은 그러라고 했다. 그러자 아이들은 머리를 맞댄 채 둘이 한참을 이야기하기 시작했다. 이후에 완성했다며 들고 온 두 권의 책은 함께 스토리텔링을 한 듯 똑같은 주인공, 똑같은 주제였지만 스토리가 달랐고 결말은 비슷했다.

그런데도 제목을 보면 한 녀석은 '사랑의 장미' 라고 하였고 다른 녀석은 '죽음의 장미' 라고 표현하였다. 똑같은 주제라 하더라도 제목부터 이렇게 차이가 나니 참으로 신기하다. 사랑도 슬픔이 될 수 있고 죽음도 행복이 될 수 있다니 말이다.

책의 내용은 장미를 사랑하는 아이가 있었는데, 꽃을 사랑하는 마음이 너무나 깊은 나머지 꽃이 시들자 슬퍼서 하늘나라로 가게 되었다는 가슴 아픈 이야기이다. 하지만 이후 아이가

사랑의장미
책

죽음의장미
① 단계

나는이재 하늘새상으로 갑니다

나는 이재 꽃

장미꽃으로 다시 환생하여 행복해한다는 반전의 결말을 보여주는 것으로 엄마에게는 또 다른 감동을 선사하였다.

그러나 진정 내 가슴을 찡하게 만든 책은 따로 있었다. 꽃을 그리워하며 자기 별로 돌아간 어린 왕자의 이야기보다, 장미꽃을 너무나 사랑하여 장미로 태어난 꼬마아이의 이야기보다도 더 내겐 감동적인 책이었다.

그리고 이 책의 내용은 2011년 4월, 네이버 메인의 오픈캐스트에 또 소개가 되었다.

〈코라가 영웅이 됐어요〉

어느 코끼리 나라에 코라가 있었습니다.
코라는 슈퍼영웅이 되는 게 소원이었습니다.
코라는 그래서 한번 생각을 해 봤습니다.

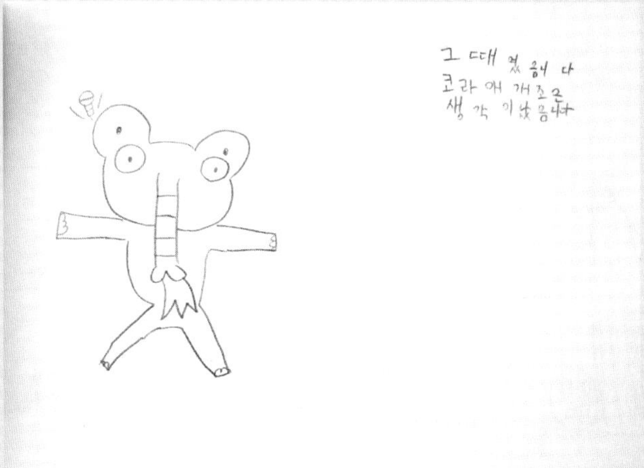

그때였습니다.
코라에게 좋은 생각이 났습니다.

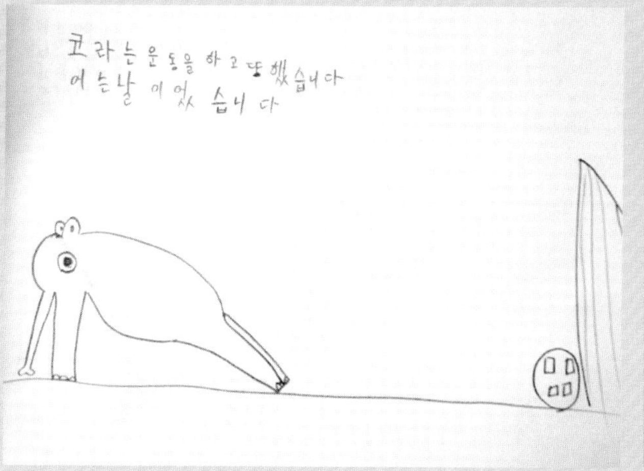

코라는 운동을 하고 또 했습니다
어는날 이었습니다

코라는 운동을 하고 또 했습니다.
(푸샵 하고 있음 -_-)
어느 날이었습니다.

코라는 옛날보다 더 멋있어졌습니다.
그래서 친구를 도와주거나 나쁜 친구를
혼내주기도 했습니다.
친구를 도와주기도 했을 겁니다.
(똑같은 말을 반복하는 걸 보니
한번 쓰고 난 뒤 절대 검수는 없는 듯함. ㅋ)

안녕 다음 시간 애 만 나요

어느 날이었습니다.
예전보다 더 멋져진 코라는 정말 기뻤습니다.
더 좋은 것은 친구들에게 인기가 많고 (하늘을)
나는 것이었습니다.
하지만 하늘에 있는 건 좋아서 웃었습니다.

안녕, 다음 시간에 만나요.

코라라는 아기 코끼리가 열심히 운동해서 멋진 코끼리가 되었고 그래서 하늘도 날고 인기도 많아졌고 친구들도 도와주었다는 아주 단순한 이야기인데, 대희가 참 기특했던 것은 지금부터다.

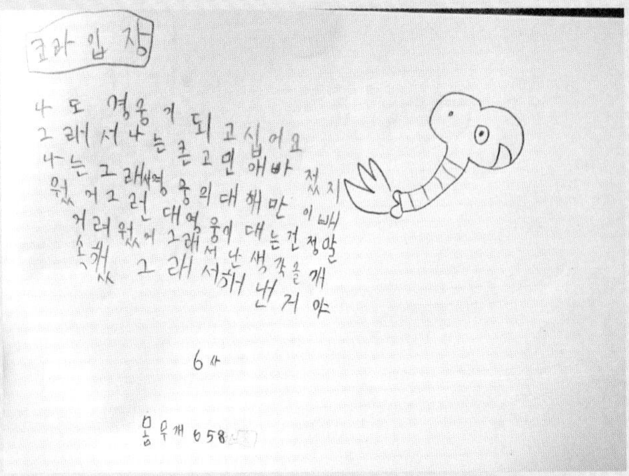

〈코라 입장〉
나도 영웅이 되고 싶어요.
그래서 나는 큰 고민에 빠졌지.
나는 그래서 영웅에 대해 많이 배웠어.
그런데 영웅이 되는 건 정말 어려웠어.
그래서 난 생각을 계속 했어.
그래서 해낸 거야.

〈이 책을 만든 이대희 아이〉
나는 파워레인저가 되고 싶었어.
그래서 꿈으로 해결하거나 그랬지.
하지만 그래도 안됐지.
그래서 이 책을 만들었어.

진정 파워레인저가 되고 싶었던 대희.

너무나 영웅이 되고 싶은 나머지 날마다 파워레인저가 되는 꿈을 꾸었지만 현실에선 언제나 소심하고 나약한 일곱 살 자신의 존재. 그래서 코라라는 아기코끼리가 영웅이 되는 책을 만들어 간접적 꿈을 이루었단다. 코라는 코끼리가 아니고 바로 대희 자신이었던 것이다.

오늘 이 책을 보고 엄마는 괜히 가슴이 찡하다. 영웅이 아니어도 엄마는 건희 대희를 너무 사랑하는데 말이다.

— 2011. 04 네이버 오픈캐스트 '요즘 뜨는 이야기' 에 소개

우리 아이들이 즐겨 읽는 명작동화와 전래동화에는 '입장 동화' 라는 방식이 도입되어 있는데, 이야기가 다 끝난 후 동화 속에 등장했던 주요 인물들이 각자 자신의 입장을 이야기하며 동화의 내용을 다시 한번 상기시킨다. 이 때 우리가 미처 생각하지 못했던 스토리의 가능성을 발견할 수 있어 독후 활동으로는 참으로 괜찮은 방법이라고 생각했다. 위에 소개된 책 끝부분에 있는 코라의 입장 역시 집에서 읽던 입장 동화의 방식을 그대로 따라 한 듯한데, 내가 가장 주의 깊게 본 부분은 바로 맨 마지막에 있는 아이의 에필로그였다.

책을 만들게 된 동기도 애틋했지만 우리가 평소에 책을 좋아하는 이유가 무엇인지 즉, 책을 통해 진정 얻을 수 있는 마음의 양식이 어떤 것인지를 어느새 자연스레 깨닫고 있다는 걸 느낄 수 있었다. 아마 앞으로도 아이는 책을 직접 만들 때 그랬듯이 책을 읽을 때 역시 온전히 책 속의 등장인물에 자신을 대입시켜 책 속으로 진지하게 빠져들 수 있을 것이다. 그 책을 만들게 된 작가의 마음과 의도, 즉 주제와 교훈이 무엇인지를 은연 중에 파악할 수 있는 지혜가 지금보다 더 늘어날 것이다.

동화 속 등장인물의 입장을 얘기할 때는 주인공 외에도 모든 등장인물들을 놓치지 않고 이야기해보는 것이 좋다. 혹여 내가 싫어하는 등장인물이라 하더라도 직접 내가 그 입장이 되어 이야기를 하다 보면 왜 그런 상황에 놓였고 왜 그런 행동을 했는지에 대해 조금 더 열린 마음으로 다가설 수 있게 된다. 그러는 와중에 아이는 자신도 모르게 생각이 한 뼘 더 자라날 것이다. 그 생각이라는 것은 단순히 지식뿐만 아니라 세상을 가슴에 품을 줄 아는 넉넉함과 완벽하지 못한 자신을 사랑하는 또 다른 형태의 자존감으로 발전할 것임에 분명하다.

이야기가 끝나면 등장인물의 입장을 이야기한다.

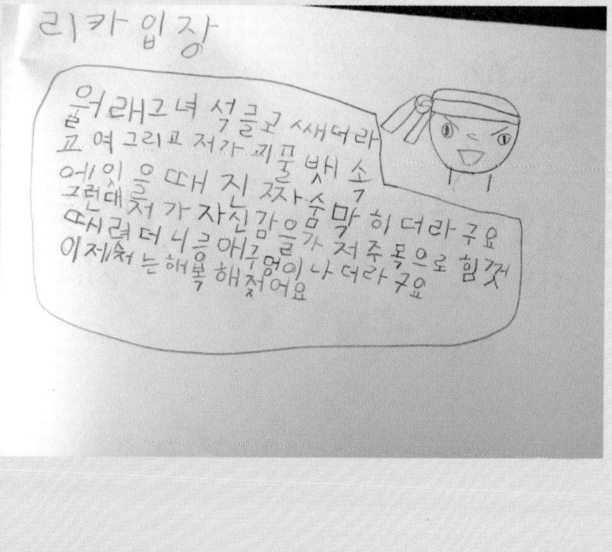

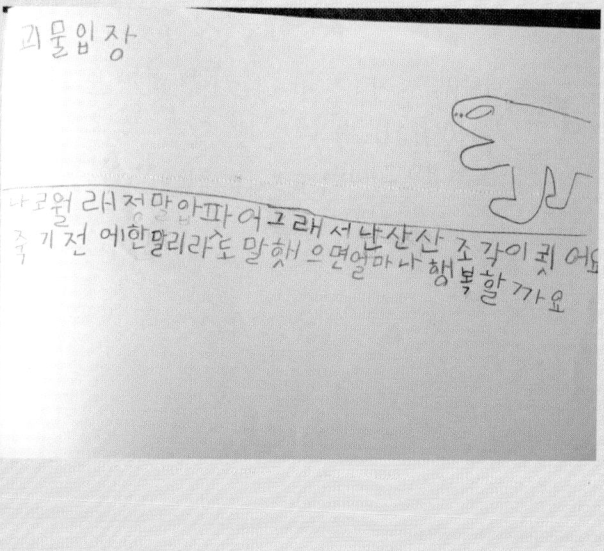

함께 하면 더 재미있는 릴레이 스토리

지금부터 소개하는 책 만들기 방식은 비슷한 수준의 형제 자매가 있을 경우 효과가 배가 되는 릴레이 스토리이다. 한 권의 책을 같이 만들어 보겠다던 아이들이 스스로 터득해낸 방식인데 직접 책을 만드는 입장에서는 자신이 던져준 이야기를 상대방이 어떻게 이끌어나갈지에 대한 기대감으로 가득할 것이고, 책을 읽는 입장에서는 서로 다른 성격의 두 작가가 동일한 주인공으로 풀어나가는 스토리 및 인물 성격의 변화가 굉장히 흥미로울 것이다.

처음에는 더 재미있는 스토리를 생각해내겠다는 묘한 심리전에 휩싸이더니 시간이 흐르고 스토리가 진행될수록 점점 함께 의견을 도출하여 책 자체의 완성도를 높이기 위해 협력하는 모습이 보여 흐뭇했던 기억이 난다.

네이버 메인에 뜬 〈코리가 영웅이 됐어요〉 포스팅을 아이들에게 보여 주었다. 물론 이전에도 작은아이의 동화책이 메인에 뜬 적이 있었지만 그때는 직접 보여주진 않았었다. 하지만 이번엔 이러이러해서 너희들 그림이 인터넷에 소개되었고, 사람들이 너희들 그림에 이런 말을 해 주었다며 댓글들도 하나씩 전부 읽어주었다.

그랬더니, 돌발상황 발생.

작은아이의 그림이 주가 된 포스팅이었기에 대부분 작은아이 그림에 대한 멘트뿐이었는데 그걸 보고 큰아이가 은근 마음에 상처를 받은 것이다. 자극을 받은 큰아이가 자기도 책을 만들어야겠단다. 더도 말고 덜도 말고 딱 동생의 책처럼 엄마 블로그에 올려달라고 부탁했다. 알았다고 대답했더니 비장한 표정으로 방으로 들어간다.

두 번째 돌발상황 발생.

옆에서 형이 만드는 책을 구경하던 작은아이가 객원작가(?)로 가세. 갑자기 둘이서 영화 시나리오를 한 편 만들어보고 싶다고 하더니 공동작업(?)으로 발전하였다.(물론 시나리오라는 단어를 그들은 모른다.)

세 번째 돌발상황 발생.

둘이서 브레인스토밍을 하더니 릴레이 형식의 시나리오를 만들어보자고 결정을 보는 것이다. 물론 브레인스토밍, 릴레이라는 단어도, 개념도 아이들은 전혀 모른다. 아이들의 대화 방식을 보고 내가 느낀 것이다. 일곱 살 아이들이 스스로 협업이란 방식이 가져다주는 장점과 실용성을 깨닫고 그 과정에서 혼자 작업하던 때와는 또다른 재미와 성취감을 느끼는 것을 보고 난 사실 적잖이 놀랐다. 유치원에서 혹은 태권도장에서 이루어지는 게임 방식의 경쟁 수업을 통해 은연중에 깨달은 것일까?

이후의 과정에서는 둘이서 함께 공동작업을 하며 스스로 규칙을 만들어 내었다. 두 장씩 글과 그림을 그린 뒤 다시 바통을 넘겨주는 방식이었다. 처음엔 한 장씩 하자고 하는 것 같더니 한 장은 너무 성에 안 찼나 보다. 자신의 차례가 오면 대부분 자신의 스타일로 그림을 그리고 이야기를 꾸며내기로 규칙을 정한 듯하지만, 내가 관찰을 해 보니 처음부터 끝까지 대부분 스토리를 함께 생각해 내는 것 같았다. 혼자서 작업하면 책상에 차곡차곡 쌓아두지만, 같이 번갈아 작업을 해야 하니 앞의 내용을 이해하기 위해 이렇게 마룻바닥에 작업물을 전시하겠단다. 한 장 한 장 이야기가 추가되는 것이 눈에 보이자 아이들은 꽤 뿌듯해하였다.

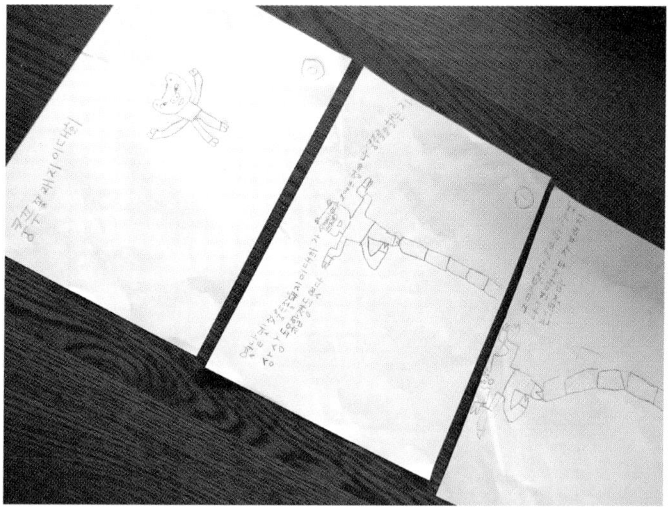

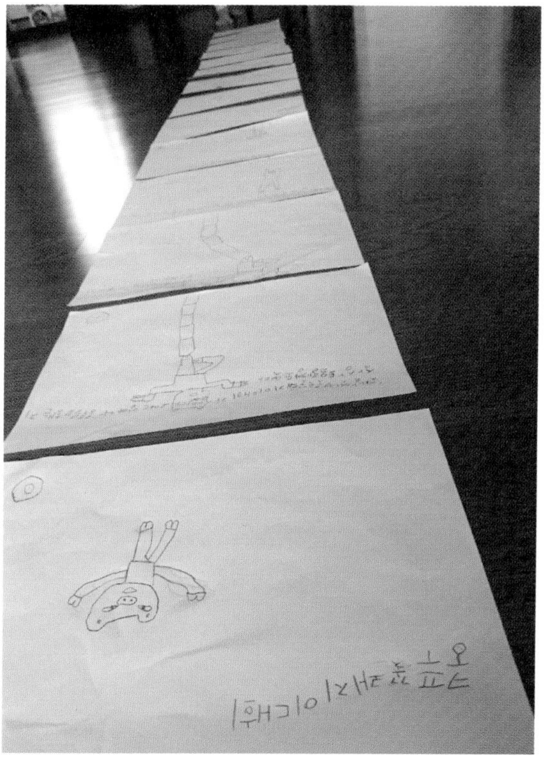

둘의 공동작업으로 만들어지고 있는 그림책. 총 14장이 되었다.

모든 스토리가 완성이 되었다. 총 14장이다. 아이들의 집중력은 한 시간을 넘기기 힘든데 무려 4시간에 걸쳐 이루어졌다. 협업과 경쟁이 가져오는 긍정적 효과가 아닐 수 없다.

둘이서 자유롭게 이야기를 해나가며 스토리를 이어갔고, 중간중간 엄마에게 자문을 구했다. "엄마, 절벽의 뜻이 뭐야?" 혹은 "멧돼지는 어떻게 생겼어?" 라는 식으로. 그러면 나는 절벽에 대해 설명하고 멧돼지 자연관찰 책을 꺼내 보여줬다. 아이들이 상상한 스토리에는 관여하지 않았다.

쿵푸를 잘하는 꽃돼지 이대희가 살았는데 모험을 떠나서 괴물을 물리친 뒤 멧돼지로 진화하였다는…… 스토리 자체는 남자아이들이 좋아하는 모험과 전투의 단순한 내용이었지만 오늘 나는 아이들에게서 또다른 가능성을 발견한 것 같아서 너무나 가슴 벅차다.

쌍둥이이기에 어쩔 수 없이 느껴야 하는 상대적 박탈감을 일찍이 깨달아야 했던 아이들. 그러나 이 아이들은 자라면서 둘이기에 누릴 수 있는 그들만의 특장점을 어느새 스스로 발견해내고 있는 것이다.

쿵푸꽃돼지 이대희
상처는 다나았고 다행이낙하산이있어 갈수있었다
12
다음시간에만나요
니다
2번째
에서개속합
니다

아이의 그림은 최고의 삽화(엄마표 레시피 북)

지금까지 소개한 책은 아이와 함께 나눈 이야기를 토대로 엄마가 글을 정리하고 그림을 그려 책을 만들거나, 아니면 아이 스스로 이야기를 구상한 뒤 글과 그림을 그려 책을 만드는 방식이었다. 그리고 이번에 소개할 책 역시 스토리는 아이들과 함께 하였으나 삽화는 내가 그릴 계획이었다. 그런데 스토리 구성이 끝났을 때, 아이들은 피자 마왕과 야채밥전맨의 전투가 너무 재미있다며 자신들이 직접 그림을 그리고 싶다고 '강력하게' 주장했다.

"너희들이 이 책의 그림을 그려 보겠다고?"

아! 지금껏 왜 그 생각을 못했을까? 나는 정신이 번쩍 들었다. 이렇게 훌륭한 일러스트레이터를 두 명이나 곁에 두고도 나는 왜 없는 실력에 혼자서 그림을 그려왔을까 라는 생각이 든 것이다. 책에 나오는 요리 과정 역시 아이들이 참여하였는데, 그 동안 엄마가 혼자서 해 오던 일들을 함께 경험하면서 아이들은 또 다른 형태의 성취감을 느끼는 듯했다.

스토리보드를 구성하고 난 뒤 각각의 장면에 대한 그림을 아이들에게 부탁했다. 아이들은 릴레이 책을 만들 때처럼 한 장씩 사이 좋게 그림을 그렸다. 이후 그 그림을 스캔하고 그래픽 프로그램을 이용해 색을 입히는 작업은 내가 맡았다. 스토리도 함께 짜고, 음식도 함께 만들고, 그림도 함께 그리는 것이다. 완벽한 공동 작업! 자신들이 스케치한 그림을 엄마가 마술처럼 색을 입혀 완성하자 아이들은 열광했다. 내 입에서도 탄성이 흘러나왔다.

"얘들아, 너무 멋진걸? 우리 이런 식으로 점점 발전된 형태의 책을 만들어 나가는구나!"

예상대로 아이들이 직접 그린 삽화를 넣자 책이 살아서 숨을 쉬는 듯 생기 있게 변신을 했다. 아이들의 머릿속에서 나온 이야기를 토대로 만든 책이라 그런지 꼭 맞는 옷을 입어 비로소 제대로 자기 자리를 찾은 듯한 느낌마저 들었다.

책의 내용은 이러하다. 인스턴트 음식을 잘 먹지 않는 건희와 대희에게 화가 난 피자마왕이 어느 날 아빠의 모습으로 변신한 뒤 세상에서 가장 맛있다는 피자를 들고 나타난다. 피자마왕은 아이들에게, 피자가 몸에 좋지 않다는 엄마의 말씀은 아름다운 피자를 엄마가 질투해서 그렇다고 하며 피자를 먹으면 세상에서 가장 힘센 아이가 될 수 있다고 거짓말을 한다. 이후 건희와 대희는 밥과 채소를 멀리하고 피자만 먹는데, 이에 걱정이 된 냉장고 속 김치장군, 두부장군, 밥장군이 야채 군단을 불러모아 피자마왕을 물리칠 김치두부야채밥전맨으로 변

책의 내용에 맞춰 아이들이 스케치를 하고, 내가 컴퓨터 프로그램을 이용해 색깔을 입혀 삽화로 사용했다.

신한다. 격렬한 전투가 벌어지고, 피자마왕이 승리하는가 싶더니, 피자만 먹어서 다른 영양소가 부족해 몸이 약해져 쓰러진 건희와 대희 때문에 힘을 잃어버린 피자마왕을 결국 김치두부야채밥전맨이 물리친다는 이야기다.

함께 만든 책—『김치두부야채밥전맨』(일부)

피자마왕을 물리친
김치두부야채밥전맨
김치두부야채밥전맨

이윽고 엄마는 완성된 김치두부야채밥전을
접시에 예쁘게 담아 피자 옆에 놓았습니다.
그러자 피자 마왕은 비웃으며 말했습니다.
"흥, 조그만 녀석이 감히 나에게 덤빈다고?
어디 한번 해 보시지!"
피자 마왕은 자신의 심복인 콜라 괴물과
치킨 괴물까지 불러들여 무시무시한 힘을
뿜어냈습니다.
건희와 대희는 아까보다 더 열심히 피자와
치킨, 콜라를 먹어 대었어요.

피자마왕을 물리친
김치두부야채밥전맨
엄마 지음
김치두부야채밥전맨
2011.05.15
사랑하는 건희와 대희에게
엄마 지음

온 세상 어린이들을 자신의 부하로 삼으려는
피자 마왕은 건희와 대희 때문에 화가 잔뜩
났습니다.
맛있는 **피자**로 유혹해 보았지만 건희와 대희는
쉽사리 넘어오지 않았습니다.
도저히 안되겠다고 생각한 피자 마왕은 아빠가
벗어 놓은 **안경**을 몰래 쓰고서는 **아빠**로
감쪽같이 변신했습니다.
그리고는 따끈따끈한 피자를 손에 들고 건희와
대희에게 다가와 다정하게 말했습니다.
"얘들아, 맛있는 피자 먹자!"

아빠로 변신한 피자 마왕이 건희에게 물었습니다.
"너는 왜 피자를 좋아하지 않는 거니?"
건희가 이상하다는 듯 고개를 갸우뚱거리며
대답했습니다.
"피자를 많이 먹으면 **뚱뚱하지만 허약한 몸**이
된다고 엄마께서 말씀하셨어요."
피자 마왕은 야비하게 웃으며
말했습니다.
"그건 엄마의 **거짓말**이야,
피자를 많이 먹으면
세상에서 가장 힘센
아이가 될 수 있어."

"그렇다면 엄마께서 왜 거짓말을 하신 거죠?"
대희의 물음에 피자 마왕이 대답했습니다.
"피자를 봐, 너무 예쁘지?
그래서 엄마가 **질투**하신 거란다."

"큰일이군, 피자 마왕이 건희와 대희를 자신의 부하로 삼으려 하고 있어."
김치 장군은 황급히 **두부 장군**에게 도움을 요청했습니다.
"건희와 대희를 피자 마왕으로부터 구해야 해, 무슨 좋은 방법이 없을까?"
"녀석을 이기려면 우리 모두 힘을 합치지 않으면 안돼. 그러니 냉장고 속 **야채 군단**을 모으자!"
두부 장군은 냉장고 속 모든 야채들을 불러 모았습니다.
그러자 **감자, 양파, 당근, 피망, 버섯, 고추, 호박, 부추** 등이 일제히 모였습니다.
그 때 멀리서 **밥 장군**이 소리쳤습니다.
"피자 마왕을 물리친다고? 그렇다면 나도 가만히 있을 수는 없지, 나도 끼워줘!"

이렇게 모두 모인 야채 군단은 엄마에게 소리쳤습니다.
"**엄마의 힘**이 필요해요!"
엄마는 깜짝 놀랐습니다.
"너희들은 누구니?"
"우리는 야채 군단이에요. 건희와 대희를 피자 마왕으로부터 구해내기 위해 뭉쳤어요."

"그렇구나, 그런데 내가 뭘 하면 되는 거지?"
"우리를 모두 모아 **피자 마왕을 물리칠 음식**을 만들어 주세요."
그 말을 들은 엄마는 당장 두 팔을 동동 걷어 올렸습니다.
벌써 힘이 솟는 것 같았습니다.

엄마는 커다란 그릇에
잘게 채 썬 **야채**들을
한꺼번에 담았습니다.

거기에 채썬 **김치**와
두부 한 모를 넣고
고슬고슬한 **밥**도
한 공기 부었습니다.

마지막으로 **계란**을
깨어 넣더니 그 위에
부침가루를 골고루
찰찰 뿌렸지요.

건희와 대희는 숟가락으로 두부와 밥을 으깨고
열심히 반죽을 저었습니다.

코에 하얀 가루를 묻힌 대희가 엄마에게 물었습니다.
"엄마, 우리가 지금 만들고 있는 것이 뭐예요?"
엄마는 대희의 코를 다정하게 닦으며 말씀하셨지요.
"응, 이건 말이야, 무시무시한 피자 마왕을 물리칠
김치두부야채밥전맨이란다. 기대해도 좋아."

이윽고 엄마는 완성된 김치두부야채밥전을
접시에 예쁘게 담아 피자 옆에 놓았습니다.
그러자 피자 마왕은 비웃으며 말했습니다.
"흥, 조그만 녀석이 감히 나에게 덤빈다고?
어디 한번 해 보시지!"

피자 마왕은 자신의 심복인 **콜라** 괴물과
치킨 괴물까지 불러들여 무시무시한 힘을
뿜어냈습니다.
건희와 대희는 아까보다 더 열심히 피자와
치킨, 콜라를 먹어 대었어요.

그때였습니다.
"각오해라, 피자 마왕!"
김치야채두부밥전맨은 각자의 장기를 발휘하여 피자 마왕을 공격했어요.

"으악! 이게 도대체 뭐야?"
양파의 공격을 받은 치킨 괴물이 따가운 눈을 비비며 눈물을 쏟아내고 있는 틈을 타서 고추가 피자 마왕을 향해 매운 불을 뿜었습니다.
"앗, 뜨거워! 저 조그만 녀석에게서 어떻게 이런 큰 힘이 나오는 거지?"

놀라서 소리치는 피자 마왕에게 고추가 통쾌하게 웃으며 대답했습니다.
"하하하, 나의 매운 맛이 어떠냐? 작다고 얕보면 안돼. 나에겐 널 물리칠 **비타민** 에너지가 가득하거든."

김치야채두부밥전맨은 마지막으로 온 힘을 모아 피자 마왕을 공격했습니다.
"넌 덩치만 컸지 힘은 없구나, 우리는 몸을 건강하게 살찌우는 **영양소**로 똘똘 뭉쳐서 문제 없어!"

"분하다! 내 오늘은 비록 도망가지만 두고 봐, 가만 두지 않겠어!"
피자 마왕은 아빠의 안경을 벗어 던진 채 황급히 도망을 쳤습니다.

요리가 엄마들에게 친숙한 아이템이라 엄마가 아이와 함께 책을 만들 때 가장 쉬운 소재가 되는 것 중 하나가 바로 이 레시피북인 것 같다. 반드시 스토리가 있어야 할 필요도 없다. 단순히 요리의 과정만 나열된 레시피라도 무방하다. 아이를 요리에 참여시켜 그 과정을 사진으로 찍은 뒤 책으로 엮어도 한 권의 훌륭한 엄마표 레시피북이 된다. 실제로 편식을 하는 아이라면 평소 싫어하는 음식에 기발한 이야기를 가미하여 아이의 흥미를 끌어보는 것도 좋을 것이다. 스토리를 상상하고 함께 요리를 하는 과정에서 어느새 싫어하던 음식에 대한 호기심과 애정이 생겨날 것임에 틀림없다.

그 어떤 훌륭한 일러스트레이터가 그림을 그린들 아이들이 그린 그림만큼 진솔할 수 있을까? 나는 세상에서 가장 몸값이 비싼 화가를 대하듯 아이들에게 부탁했다.

"얘들아, 앞으로도 종종 그림 부탁해!"

그러자 세상에서 제일 훌륭한 화가들은 미소를 지어 보이며 말했다.

"얼마든지!"

다행히 최고의 화가들은 비싼 대가를 내놓으라고 으름장을 놓지도 않고, 치솟는(?) 몸값에 거들먹거리지도 않았다. 그저 자신들을 품에 꼭 안고 진하게 뽀뽀 한번 해 주면 세상에서 제일 몸값 비싼 화가들께서는 열 장이고 백 장이고 기꺼이 무료로 훌륭한 작품을 선사할 수 있단다. 하지만 그 그림은 엄마 아빠의 행복한 웃음이 되어 다시금 아이에게 전달이 될 것이고, 따라서 이것이야말로 최고의 꼬마 화가들께서 가장 받고 싶은 대가가 아닐까?

기차를타고붕붕가자

기차를 타고 붕붕 가자

아침에 대희가 그리다 만 그림이다.

항상 유치원에 가기 직전까지 앉아서 급하게 그림을 그려대는 녀석들. 유치원에 다녀와서 다시 그 그림을 이어 그리기는 쉽지 않다. 일곱 살에게 그런 집중력까지 바란다면 욕심일 것이다. "그대로 놔둬, 나중에 다시 그릴 거야."라고 항상 말은 하지만, 엄마는 안다. 이게 완성작이라는 것을.

이번 주 아빠 출장 가는 길에 대희가 동행을 하기로 했다. 대희는 아빠와 3일을 타지에서 보낼 것이고, 남은 건희와 엄마는 또 우리만의 시간을 갖게 될 것이다.

우리 부부는 가끔 이렇게 쌍둥이 아이 하나씩을 전담하여 별개의 공간과 시간을 나누어 가진다. 비록 반쪽 부모이지만 아이들에게는 100% 사랑을 차지할 수 있는 좋은 기회가 되기 때문이다.

아빠와 KTX를 타고 갈 거라는 기대감에 아마 이런 그림을 그린 듯하다. 얼마나 기분이 좋았던지 연필도 아니고 유성사인펜으로 힘있게 쓱쓱 그려나간 스케치. 이 단순한 그림에서 대희의 기대감과 기쁨과 행복을 엄마도 느낄 수 있다. 그림을 가만히 바라보던 내 마음도 어느새 대희의 기차와 함께 붕붕 소리를 내며 떠나고 있다. 아이의 밑그림에 채색을 하며 나도 이렇게 중얼거린다.

"떠나고 싶다. 기차를 타고 붕붕……"

이번 주말에 나도 건희만 데리고 여행을 가 볼까 하는 행복한 생각을 해 본다.

기차를타고붕붕가자

9. 숨어 있는 창의성 200% 일깨우기

아이와 함께 책을 만들어야겠다는 생각이 든다고 해서 어느 날 갑자기 아이를 앉혀놓고 "우리 오늘부터 같이 책을 만드는 거야!" 라고 한다면 아이는 뜬금없는 제안에 그다지 흥미를 느끼지 못할 것이고, 재미없어 집중하지 못하는 아이 때문에 엄마 역시 금세 지칠 것이다.

책을 만들기 위해서는 책 읽는 것이 자연스러운 습관이 되어야 하고, 글쓰기와 그림 그리기 역시 즐겨야 하는데, 이 모든 것은 어떤 것이 우선되어야 한다고 정의하기 힘들다. 이는 마치 아침밥을 거르지 않아야 점심과 저녁 때 폭식을 하지 않고 그 다음날 아침밥이 더 맛있게 느껴져 균형 잡힌 식사를 할 수 있는 것과 같다.

나는 어린 시절부터 일상을 기록하는 것을 유독 좋아하여 일명 '기록 증후군' 이라고 할 정도로 일상의 흔적을 남겨두곤 했는데 그 습관은 성인이 되어서도 여전히 이어져 현재는 블로그를 통해 일기 쓰듯 글을 남기고 있다.

영화 〈클래식〉을 보면 여주인공이 엄마의 비밀상자를 열어보며 엄마의 추억을 공유하는 장면이 나온다.

나에겐 손예진만큼 예쁜 딸은 없지만 영화에서 나오던 그 비밀의 상자 못지 않은 보물상자가 있다. 그것도 두 박스씩이나……

일기와 편지는 오래 숙성될수록 좋은 와인처럼 시간이 흐르면 흐를수록 그 가치를 발한다. 직접 쓸 때는 나만의 감성에 푹 빠질 수 있는 가장 좋은 도구가 되고, 훗날에 들춰보면 당시 가졌던 감성보다 더 커다란 감동이 밀려오기 때문이다.

중학교 1학년 때부터 모아온
편지와 일기들이 두 박스 가득하다.
편지와 일기 외에도 소소한 것까지
간직하고 있다.
수업 시간 선생님 몰래 친구와 주고받은 쪽지,
행운의 동전,
연애 시절 남편이 도서관 게시판에
남겼던 쪽지…… 등등.

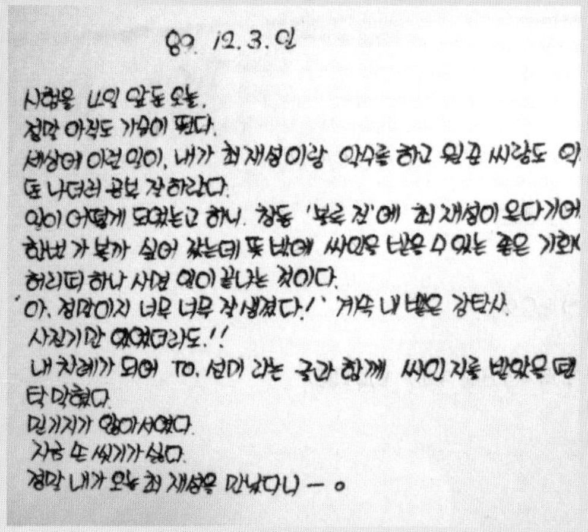

89. 12. 3. 일

시험을 11일 앞둔 오늘.
정말 아직도 가슴이 뛴다.
세상에 이런 일이, 내가 최재성이랑 악수를 하고 윙크 사랑도 억
또 나더러 공부 잘하랬다.
일이 어떻게 되었는고 하니. 창동 '복음 집'에 최재성이 온다기에
한번 가 볼까 싶어 갔는데 뜻 밖에 싸인을 받을 수 있는 좋은 기회
허리띠 하나 사면 일이 끝나는 것이다.
'아, 정말이지 너무 너무 잘 생겼다!' 계속 내 넋은 감탄사.
사진기만 있었더라도.!!
내 차례가 되어 TO. 선미 라는 글과 함께 싸인 지를 받았을 때
탁 막혔다.
믿기지가 않아서였다.
지금 또 씻기가 싫다.
정말 내가 오늘 최 재성을 만났다니 — 。

난 이런 남자가 좋더라 —♡

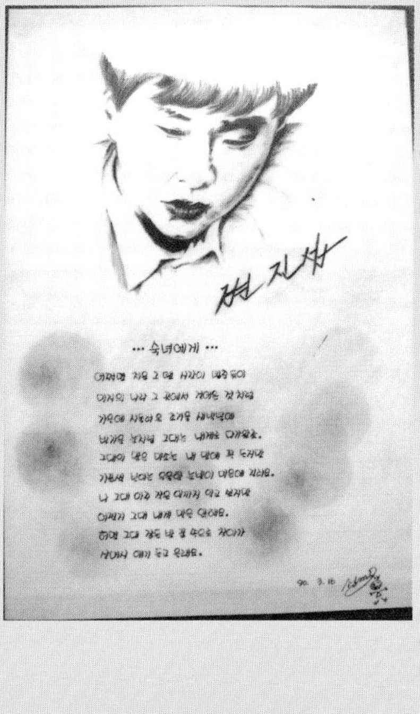
… 숙녀에게 …

張國榮

아마도 십수 년이 지난 다음 아이들이 나의 저런 기록들을 보게 된다면 그땐 웃을 것이다. 엄마가 이런 적도 있었구나……라고.

하지만 수십 년이 더 지나 다시 아이들이 저걸 본다면 그때는 아마 마음이 찡하며 아파올 것이다. 엄마도 그랬구나……라고.

내가 간직하고 있는 기록은 두 박스지만, 내 가슴 속에 간직하고 있는 추억은 그것의 열 배도 넘을 것이다. 어린 시절 가졌던 열정과 꿈이 지금 혹시 이루어지지 못했을 수도 있지만, 그래서 옛날의 기록을 보고 다소 슬플 수도 있지만, 난 오늘도 여전히 먼 훗날의 내가 돌이켜볼 추억을 만들고 있는 중이다. 지금 내 모습이 행복하거나 혹여 불행하다 하더라도 먼 훗날의 나는 또다시 지금의 내가 만들어놓은 기록들을 보며 이렇게 말할 것이다.

"어휴, 그땐 왜 그랬지? 지금 생각해보면 아무것도 아닌데……"

이렇게 엄마의 기록 습관은 마치 전염병처럼 아이들에게 옮아버렸다. 글과 그림을 이용한 기록의 즐거움, 소통의 행복은 늘 무언가를 쓰고 싶은 열망과 타인이 써 놓은 것을 읽고 싶은 욕구를 동시에 가져온다.

감성적인 사람이 쓰기를 좋아할 수도 있겠지만 자꾸만 쓰다 보면 내가 몰랐던 감성을 발견할 수도 있는 법. 특히 산만하고 활동적인 남자아이라면 차분히 앉아서 글을 쓰는 습관을 통해 성격을 중화시킬 수 있는 효과를 얻기도 한다.

하지만 이때 중요한 건 절대로 강요는 없어야 한다는 것이다. 한 달치 밀린 일기를 한꺼번에 쓰느라 날씨를 기억하지 못해 쩔쩔매던 학창시절 개학 전날을 떠올려보면 일기 쓰기가 모든 이에게 즐거운 일만은 아니라는 것을 알 수 있다. 글 쓰는 것이 참 즐거운 일이라는 것을 일깨워주기 위해서는 엄마와 아빠가 솔선수범하여 온 가족이 함께 하는 것이 가장 좋은 방법이다.

일기와 편지 쓰기를 즐겨라

일기 쓰기

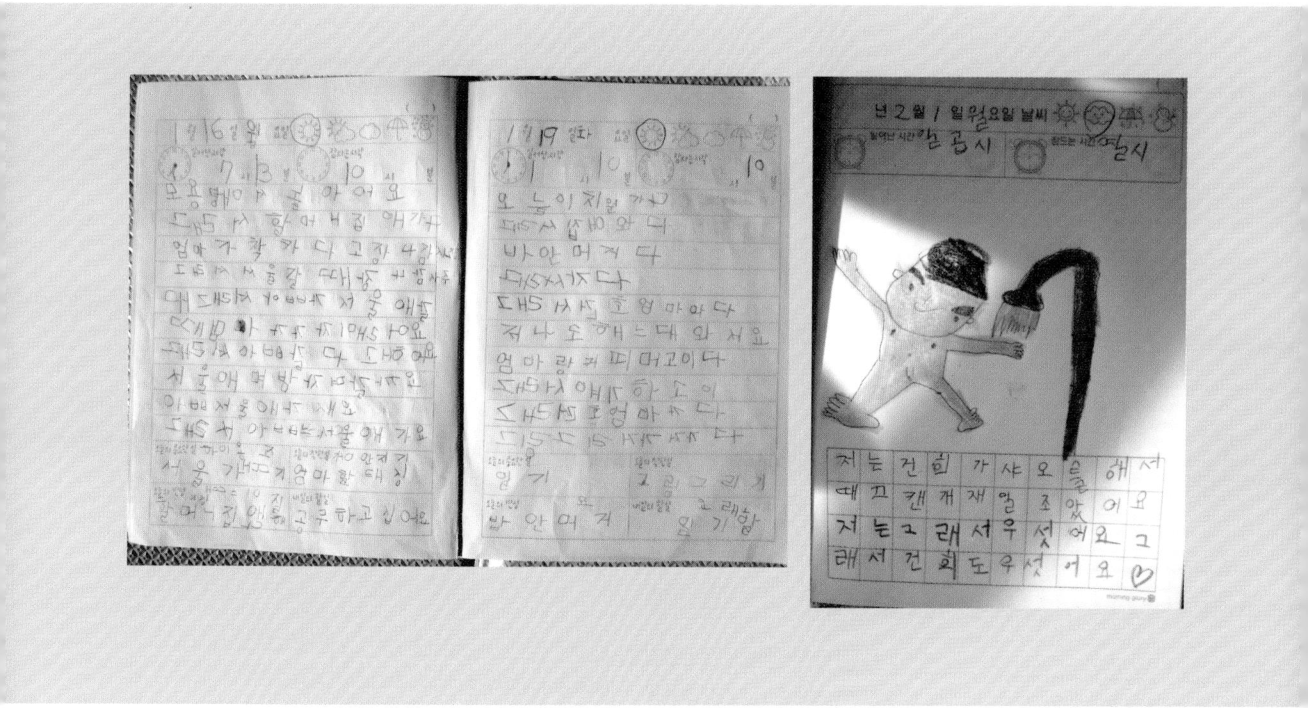

아이들이 어렸을 때의 일기일수록 맞춤법이 죄다 틀려 엄마가 아니면 해석 불가능한 암호 같은 글들이지만, 일기로 하루를 정리하던 즐거움은 읽을 수 있다.

다음 페이지의 일기는 엄마인 내가 아니면 누구도 해석할 수 없는 이야기.

엄마에게 괜히 짜증을 내다 끝내 눈물을 보인 자신을 엄마가 달래던 당시의 대화 내용이 그대로 담겨 있다.

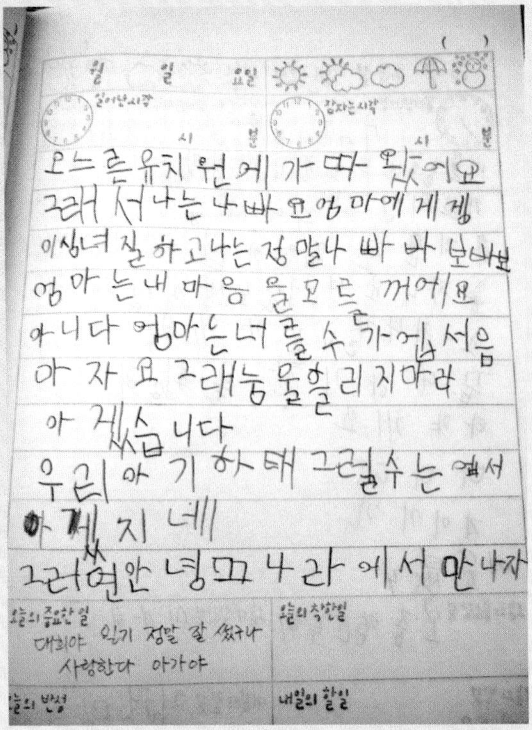

대희야 일기 정말 잘 썼구나
사랑한다 아가야

오늘은 유치원에 갔다 왔어요.
그래서 나는 나빠요.
엄마에게 괜히 신경질하고 나는 정말 나빠, 바보 바보!
엄마는 내 마음을 모를 거예요.
"아니다, 엄마는 너를 미워할 수가 없어."
"음, 맞아요."
"그래, 눈물 흘리지 마라."
"알겠습니다."
"우리 아기한테 그럴 수는 없어, 알겠지?"
"네."
"그러면 안녕, 꿈나라에서 만나자."

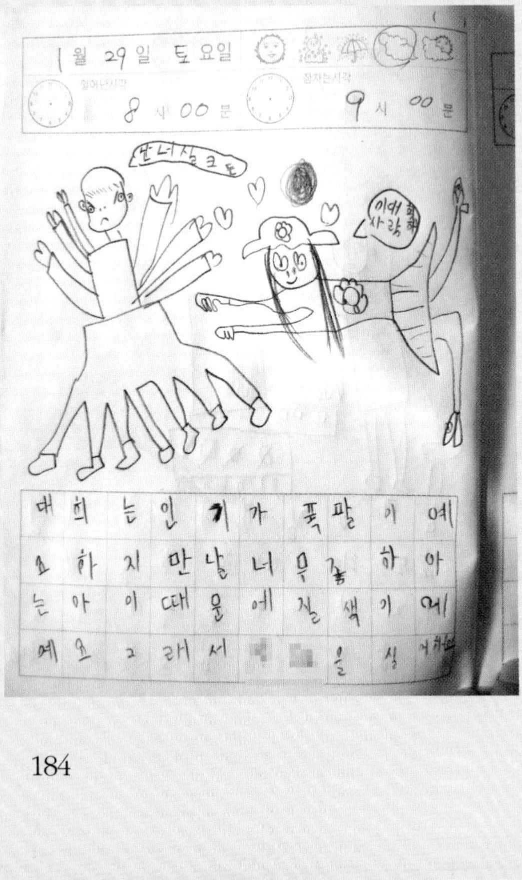

1월 29일 토요일
8 시 00 분
9 시 00 분

자신을 열렬히 좋아한다는 여자친구 때문에 피곤하다는(?) 자뻑남의 일기.

대희는 인기가 폭발이에요.
하지만 날 너무 좋아하는 아이 때문에
질색이에요.
그래서 OOO을 싫어해요.
"이대희 사랑해."
"난 너 싫거든."

거짓말하지 마라, 아들아. 정말 싫으면 일기에 쓰지 않았을 것이다. 이렇게라도 OO이 이름을 한번 더 불러보고 싶었던 것이냐? 너 진정 사랑에 빠진 게로구나.

할머니 이야기

올해 2월 주말에 애들 할머니께서 오셨다가 이틀 뒤 아침에 내려가셨다. 3일 동안 할머니에게 안겨 행복하게 잤던 아이들. 월요일 새벽 일찍 깨신 어머님이 화장실에 간다고 잠시 나오셨는데, 볼일을 보시고 화장실 문을 열자 불도 켜지 않은 컴컴한 거실의 마룻바닥에 대희가 눈을 감은 채 쪼그려 앉아 졸면서 할머니를 기다리고 있었다고. 이제 몸무게가 25kg이나 나가는 아이가 할머니에게 날름 업혀 다시 방으로 들어갔단다. 손자의 몸무게는 아무리 무거워도 할머니에게는 깃털과도 같은가 보다.

할머니가 오늘 집으로 돌아가신다는 이야기를 뻔히 들었으면서도 두 녀석은 자기들이 유치원에 갔다 오면 할머니가 계속 우리 집에 계실 것처럼 별 내색을 하지 않았다. 평소엔 등원길 유치원 차 타는 데까지 따라오는 걸 싫어하는 두 녀석이 할머니 손을 꼭 잡고 문을 나섰다.

아직 바람은 차지만 따스한 햇살이 비치는 등원길 놀이터에서 잠시 멈추어 서더니 평소엔 그냥 지나치던 미끄럼틀에 올라간다. 내려올까 말까 장난을 치는가 싶더니 작은아이가 미끄럼틀 맨 위에서 소리쳤다.

"할머니, 나 따라서 유치원 가자!"

깔깔깔 웃으며 내려온 녀석이 방금 한 말이 부끄러운 듯 유치원 버스 정류장 쪽으로 달리기 시작했다. 할머니가 유치원에 따라가지 못한다는 것을 알면서도 할머니의 대답을 듣기 싫었나 보다. 이내 차가 도착했고, 애써 고갤 돌려 반대쪽 창가를 바라보는 큰아이와는 달리 작은아이는 버스 문이 닫힐 때까지 할머니를 뚫어져라 바라보았다. 금방이라도 눈물이 뚝뚝 떨어질 것 같은 그렁그렁한 큰 눈…… 하지만 녀석은 애써 눈물을 참고 있는 듯 보였다.

그렇게 할머니는 그 날 고향으로 내려가시고, 아이들이 집으로 올 시간이 되었다.

예상과는 달리 차에서 내리는 아이들 얼굴이 의외로 담담했다. 할머니가 가신 걸 알고 신경질을 낼 줄 알았는데 말이다.

선생님께 인사를 드리고 차가 출발하자 아니나다를까 작은아이가 먼저 묻는다.

"엄마, 할머니는?"

"할머니 오늘 아침에 집에 가신다고 했잖아."

그런데 갑자기 작은아이가 내 손을 막 잡아끌더니 어디론가 달리기 시작했다. 얘가 왜 이러나 생각하며 끌려간 그곳은 일전에 할머니가 아이들 하원길에 깜짝 놀라게 하려고 숨어 있다가 나온 아파트 벽 뒤였다. 그때 내가 할머니 벌써 가셨다고 거짓말을 했었다. 아마 오늘도 할머니가 그곳에 숨어 있을 거라는 생각을 했나 보다.

"오늘은 거짓말 아니야! 할머니 진짜 가셨다니까!"

"……."

아무도 없는 빈 벽을 바라보며 그제서야 녀석이 눈물을 뚝뚝 흘리며 울었다. 그런 동생을 바라보며 큰아이가 입을 삐죽거리며 고개를 돌린다. 눈물을 참는 듯했다. 아이들의 눈물에서 '엄마, 왜 오늘은 거짓말이 아니야?' 라는 야속함이 묻어나오는 것 같았다. 뒤늦은 서운함에 슬픔이 북받쳐오른 녀석들……

그 시간 버스에서 내리셨다는 어머님께 전화를 해서 작은아이와 통화를 하게 해 주었다. 할머니의 목소리에 빈 벽을 바라보며 아이는 울고, 손자의 흐느낌에 빈 아이스박스를 들고 섰을 할머니도 울었다. 그런 모습을 바라보며 나 혼자만 따스한 웃음을 짓는다.

새침한 봄이 어느새 어제보다 한 발자국 더 다가온 것 같았다.

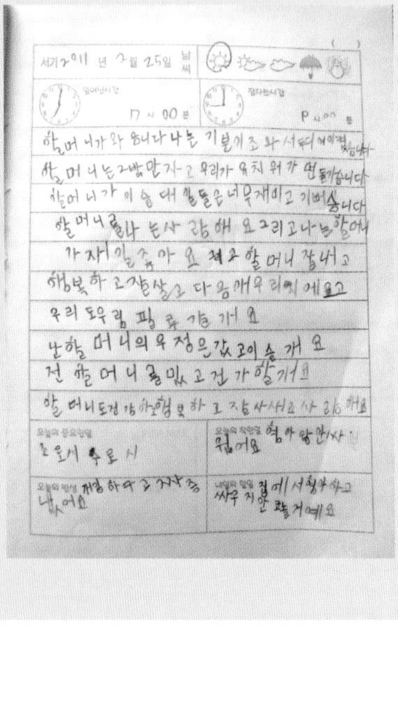
서기 2011 년 2월 25일 날씨

할머니가 왔습니다.
나는 기분이 좋아서 뛰어 안겼습니다.
할머니는 2밤만 자고 우리가 유치원 가면
돌아갔습니다.
할머니가 있을 때 일들은 너무 재미있고
기뻤습니다.
할머니를 나는 사랑해요.
그리고 나는 할머니가 제일 좋아요.
그리고 할머니 잘 지내고 행복하고 잘 살고
다음에 우리 집에 오고 우리도 갈게요.
난 할머니의 우정은 갖고 있을게요.
전 할머니를 믿고 건강할 게요.
할머니도 건강하고 행복하고 잘 사세요.
사랑해요.

할머니께서 오셨다가 고향으로 내려가시고 난 뒤 쓴 일기다. 유치원에서 돌아오자 이미 가고 없는 할머니를 그리며 애틋한 마음으로 써내려간 글. 할머니와의 '우정'을 간직하겠다는 대목에서 찡하던 마음이 박장대소로 마무리지어졌다.

편지 쓰기

편지쓰기는 아이들이 다섯 살이던 무렵 내가 무심코 그려준 그림 한 장이 발단이 되어 시작되었다. 이 그림의 무엇이 그렇게 아이들의 마음을 사로잡은 것일까?

이후 아이들은 속마음을 전달하는 방식으로 편지쓰기를 자주 이용했다.

직접 말로 표현해야 더 효과적인 커뮤니케이션도 있겠지만 편지라는 도구는 우리 눈에는 보이지 않는 필터가 내장되어 있는데 그건 편지를 쓰는 사람에게도 읽는 사람에게도 마음을 한층 순화시켜주는 기능을 한다.

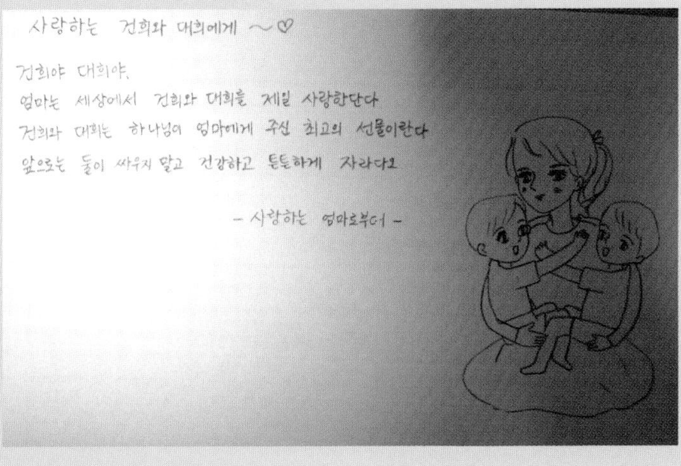
사랑하는 건희와 대희에게 ~♡
건희야 대희야,
엄마는 세상에서 건희와 대희를 제일 사랑한단다
건희와 대희는 하나님이 엄마에게 주신 최고의 선물이란다
앞으로는 둘이 싸우지 말고 건강하고 튼튼하게 자라다오
- 사랑하는 엄마로부터 -

사랑하는 건희와 대희에게
건희야 대희야, 엄마는 세상에서
건희와 대희를제일 사랑한단다.
건희와 대희는 하나님께서 엄마에게
주신 최고의 선물이란다.
앞으로는 둘이 싸우지 말고
건강하고 튼튼하게 자라다오.

— 사랑하는 엄마로부터

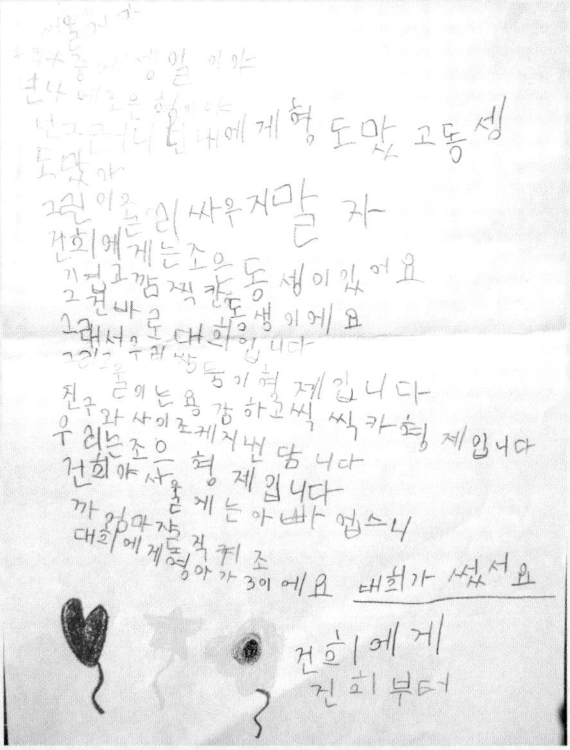

형과 싸우고 난 뒤 형에게 쓴 편지지만, 사실은 엄마를 의식한 반성문 같다.

건희에게
건희야 아프지 마. 그리고 이제 울지 마.
우리 나중에 생일이야.
넌 나의 좋은 형이야.
넌 나에게 형도 맞고 동생도 맞아.
그러니 우리 싸우지 말자.
건희에게는 좋은 동생이 있어요.
귀엽고 깜찍한 동생이에요.
그건 바로 대희입니다.
그래서 우리는 쌍둥이 형제입니다.
그리고 우리는 용감하고 씩씩한 형제입니다.
친구와 사이좋게 지낸답니다.
우리는 좋은 형제입니다.
건희야, 서울에는 아빠 없으니까 엄마 잘 지켜줘.
대희에겐 형아가 3명이에요.
대희가 썼어요.

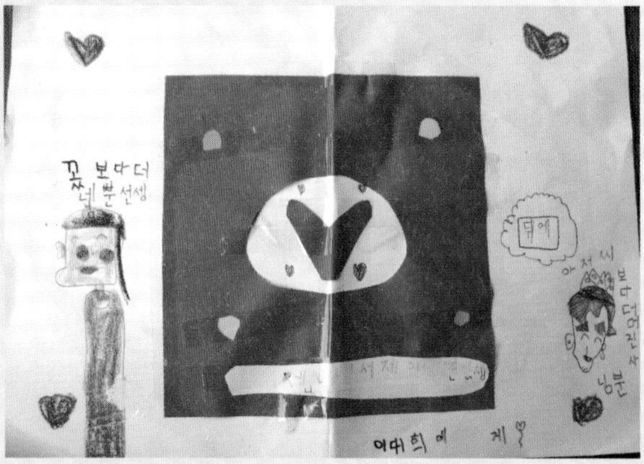

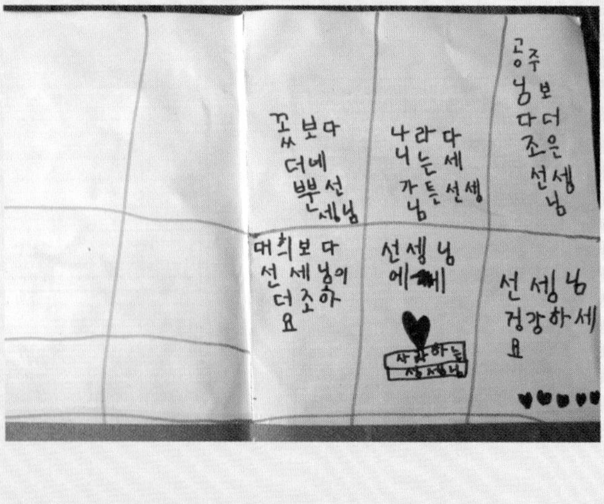

선생님을 너무 짝사랑(?)한 나머지 엄마 몰래 편지를 써서 출석카드에 끼워놓은 것을 발견했다.

선생님에게
꽃보다 더 예쁜 선생님.
날아다니는 새 같은 선생님.
공주님보다 더 좋은 선생님.
대희보다 선생님이 더 좋아요.
사랑하는 선생님.
선생님 건강하세요.

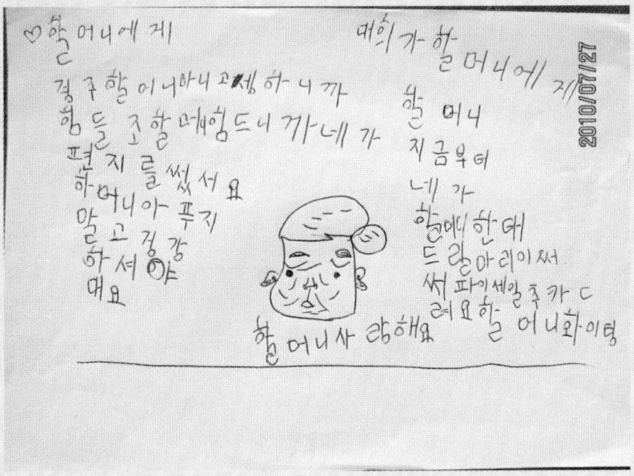
2010/07/27

바빠서 시골에 계신 시할머니 생신 때 내려가지 못했는데 아이가 쓴 편지를 사진으로 찍어서 아버님 핸드폰으로 보냈다. 할머니께서 너무 너무 좋아하셨단다.

대희가 할머니에게
경주 할머니 고생하니까 힘들죠?
할머니 힘드니까 내가 편지를 썼어요.
할머니 아프지 말고 건강하셔야 돼요.
할머니 지금부터 내가 할머니한테
드릴 말이 있어요.
빨리 생일 축하드려요.
할머니 파이팅. 할머니 사랑해요.

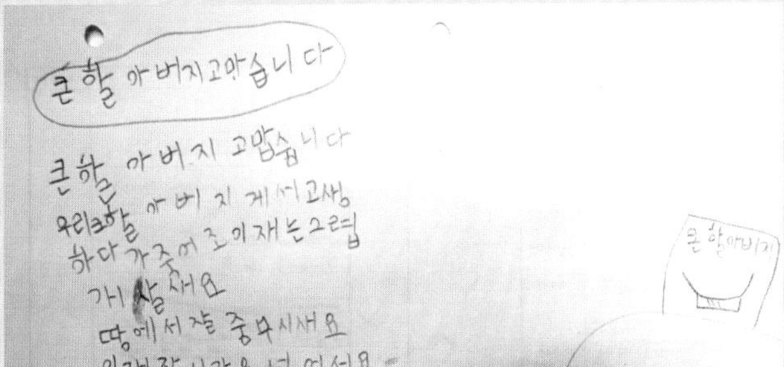
큰할아버지고맙습니다

돌아가신 큰할아버지 산소에 성묘를 다녀온 날 쓴 편지다. 땅 속에서 주무신다는 표현을 하고 있는데, 누워 있으니 사람들이 밟고 지나가는 걸 조심하라는 아이의 걱정에 웃음이 나온다.

큰할아버지 고맙습니다
우리 큰할아버지께서 고생하다가 죽었죠
이제는 그립게 사세요
땅에서 잘 주무셔요
이젠 잘 시간을 넘었어요
조심하고 잘 주무셔요
아 맞다. 그리고 조심하세요

아빠가 퇴근하여 돌아오면 읽을 수 있도록 아빠의 책상 위에 놓아두었던 아이들의 편지다. 아빠에겐 돈으로 살 수 없는 최고의 피로회복제인 셈이다.

아빠 사랑해요.
이때까지 힘들었죠? 이제 괜찮을 거예요.
우리 아빠는 정말 멋져요.
이것보다 더 멋진 아빠는 없을 거예요.
아빠 사랑해요.
대희가 아빠에게

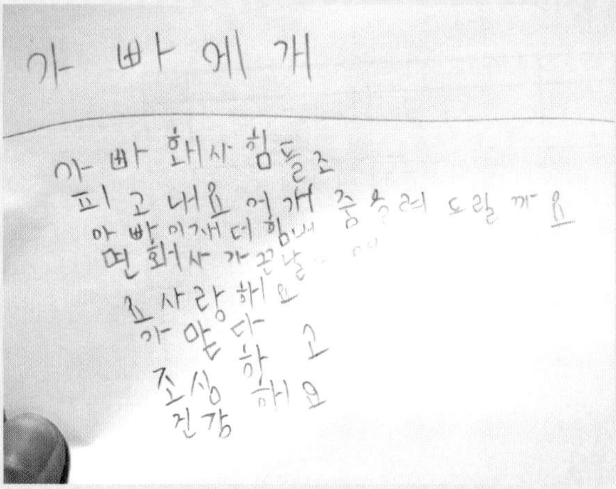

아빠에게
아빠 회사 힘들죠?
피곤해요? 어깨 주물러 드릴까요?
아빠 이제 더 힘내면 회사가 끝날 거예요.
사랑해요.
아 맞다. 조심하고 건강해요.

큰아이가 아파 입원을 했을 때 작은아이가 그려서 병실 침대 위에 붙여놓고 간 그림이다.
"걱정 마"라는 세 글자가 마법을 부렸음에 틀림없다.
우리는 저 그림을 바라보며 빠르게 완쾌해 예정보다 빨리 퇴원했다.

건희야 대희야,
정말 미안해.
오늘 아침에 엄마가
너무 심한 말을 했지?
너희들이 유치원에 가고 난 뒤
엄마는 정말 반성했단다.
엄마가 오늘처럼 화를 낼 때면
건희와 대희가 엄마를 꼭 안아줘.
그러면 엄마 마음이 사르르 녹을것 같아.
사랑한다. 건희야 대희야.

아이들을 심하게 야단친 날, 진심을 담아 편지를 써서 아이들 책상 위에 슬그머니 올려놓았다.

유치원에 다녀와 엄마의 편지를 발견하고 답장을 남긴 아이들.

얼마나 좋았던지 엄마의 편지와 자신들의 답장에 평소 아끼던 스티커까지 잔뜩 붙여서 기쁜 마음을 표현했다.

"엄마, 저는 엄마를 믿고 정말 사랑해줄게요."
"엄마, 건희 얼굴 좀 볼래요? 엄마 미안해요."

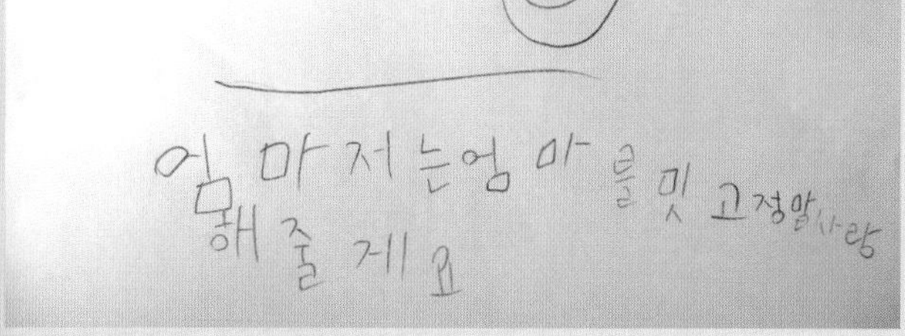
엄마저는엄마를 믿고정말사랑
해줄게요

엄마건희
얼굴좀볼래
엄마는
공주예요
엄마 사랑해요

글을 쓰고 그림을 그리다 보면, 폭풍처럼 몰아치던 분노가 어느새 잔잔한 파도가 되어 은은한 빛을 내뿜는다. 뒤엉켜 정리되지 않는 복잡한 마음은 한 자 한 자 글을 써가며 정돈이 되고, 기쁜 마음으로 그린 그림은 어느새 행복이 가득 담겨 그림을 그린 사람에게도 보는 사람에게도 따뜻한 웃음을 선사한다.

우리 가족은 오늘도 서로에게 편지를 쓴다. 그건 단순히 글과 그림이 아니다. 우리는 마음을 보여주고 마음을 읽는다. 서로를 향한 진심이고 사랑이다.

아빠의 편지

아빠가 아이에게 써주는 편지를 가져오라는 유치원의 숙제가 있었다. 금요일까지는 보내야 하는데 남편은 그 전날밤에도 늦게 퇴근해서는 너무 피곤해 도저히 못 하겠다며 아침 일찍 일어나 쓸 거란다. 이불 펴고 이미 정신줄 놓은 남편을 바라보며, 아무래도 월요일에 보낸다고 해야겠다고 생각했다.

그런데 이튿날 새벽 5시가 조금 넘은 시간에 눈이 떠져 일어났는데 남편 방에 불이 켜져 있었다. 뭐하나 봤더니 애들에게 편지 쓴다고 끙끙대고 있다. 참 애쓴다는 표정 한번 날려주고 그때부터 아침밥 준비를 했다. 조금 있으니 애들도 일어나고 이럭저럭 하다 보니 여느때처럼 아침 시간은 너무 빨리 흘러 벌써 8시가 다 되었는데, 7시 반이면 나가야 하는 사람이 아직도 책상 앞에 앉아 있었다. 편지 그거 그냥 엽서 같은 데다 몇 줄 써주면 그만이지 뭘 그리 힘들어하나 싶어서 봤더니, 세상에…… A4 용지에 빼곡히 두 장을 쓰고 있는 게 아닌가. (마누라한테 이렇게 편지를 썼었다면 난 남편을 위해 요리학원을 다녔을지도 모른다.)

도저히 시간이 안 되어 편지지에 옮겨 적는 것까지는 하지 못하고 8시 반이 다 되어서야 부랴부랴 달려나갔다. 완전 지각이다. 일이 그렇게 되어 월요일에 편지를 보내게 되었지만 아들들에게 쓰는 편지에 글자 하나라도 헛되이 쓰지 않으려는 남편의 정성이 참으로 고맙게 느껴졌다.

사랑하는 아들 건희에게

아빠가 처음으로 건희에게 편지를 쓴다. 건희가 벌써 편지를 읽을 수 있는 어린이가 되었구나. 아빠, 엄마, 건희와 대희가 창원에서 서울로 온 지도 이제 3개월이 지나가는데, 여기 생활이 재미있니? 아빠가 바빠서 매주 창원에 출장을 가고, 회사에서 늦게 집에 와서 자주 얼굴을 보지 못해서 미안하구나. 아빠가 회사에서 퇴근해서 엄마 방에서 건희, 대희가 사이좋게 붙어서 자고 있는 모습을 보면 하루의 피곤함이 없어진단다.

건희야. 건희는 함께 있으면 사람을 기분 좋게 해 주는 특별한 능력을 가진 어린이라고 아빠는 생각해. 항상 아빠, 엄마, 대희에게 멋진 춤과 재미있는 표정으로 웃음을 선물해 줘서 고마워. 앞으로도 계속 주변 사람들에게 항상 즐겁고 행복하게 만들 수 있는 향기 나는 어린이가 되길 바래. 아빠가 항상 창원에 출장을 가고 없을 때, 엄마와 대희를 잘 지켜줘서 고마워. 건희는 항상 동생 대희를 잘 돌봐 주고, 많은 일에서 동생에게 양보를 해 주는 생각이 깊은 어린이라고 생각해. 건희는 다른 어린이들이 가지기 힘든 남을 배려하는 마음을 가진 훌륭한 어린이인 것 같아.

또, 건희는 항상 모든 일과 사물에 호기심이 많은 호기심 대장이지. 장난감 블록으로 만든 비행기, 종이로 만든 배와 칼, 로봇은 세상에서 최고로 멋지다고 생각해. 새로운 것과 조그마한 변화도 잘 찾아내고 "왜 그럴까?" 하는 생각을 가지는 것은 건희의 좋은 습관이라고 생각해. 앞으로는 궁금한 게 있으면 아빠하고 자주 이야기하자. 참, 건희는 달리기도 잘해서 정말 빠르고, 축구공도 정말 잘 차지. 놀이터와 유치원에서 신나게 뛰어놀면 지금보다 더 튼튼한 어린이가 될 거야. 텔레비전은 조금만 보고 더 열심히 뛰어놀자.

아빠가 건희에게 편지를 쓰다 보니, 건희가 잘 하고 있는 것들이 많아서 칭찬할 게 너무 많구나. 마지막으로 건희가 더욱더 멋진 어린이가 되기 위한 방법이 있어. 어떤 일이든지 시작하면 끝까지 하는 거야. 예를 들면, 밥을 먹을 때도 끝까지 앉아서 다 먹고 자리에서 일어나서 노는 거야. 그리고, 책을 읽을 때도 끝까지 다 읽어 보는 거야. 그러면 건희가 더 건강해지고 알고 싶은 것들을 책을 통해서 많이 알 수 있을 거야. 쉽지.

아빠는 언제나 우리 건희가 밝고 건강한 몸과 마음을 가지고 자랐으면 좋겠구나.

사랑해요……

— 아빠가

사랑하는 아들 대희에게

아빠가 처음으로 대희에게 편지를 쓴다. 대희가 벌써 편지를 읽을 수 있는 어린이가 되었구나. 아빠, 엄마, 건희와 대희가 창원에서 서울로 온 지도 이제 3개월이 지나가는데, 여기 생활이 재미있니? 아빠가 바빠서 매주 창원에 출장을 가고, 회사에서 늦게 집에 와서 자주 얼굴을 보지 못해서 미안하구나. 아빠가 회사에서 퇴근해서 엄마 방에서 대희, 건희가 사이좋게 붙어서 자고 있는 모습을 보면 하루의 피곤함이 없어진단다.

대희야. 대희는 세상에서 제일 그림을 잘 그리는 어린이라고 생각해. 항상 아빠, 엄마에게 그림 편지를 써서 선물해 줘서 정말 고마워. 대희가 그린 그림을 보고 있으면 아빠는 항상 기분이 좋아져서 몸에서 힘이 쑥쑥 솟아나요. 앞으로도 계속 주변 사람들에게 항상 힘이 솟아나게 해 주는 멋진 어린이가 되길 바래.

그리고, 대희는 책도 많이 읽는 똑똑이 대장이지. 그래서 상상력도 풍부해서 대희가 만든 그림책은 정말 재미있어. 앞으로도 대희가 생각하고 있는 많은 이야기들을 아빠하고 같이 재미있게 이야기하자. 아, 맞아. 대희는 무엇이든 열심히 하려고 하는 사랑스러운 욕심꾸러기야. 하고 싶은 일도 많고 알고 싶은 것도 많지. 아빠는 대희의 마음 속에 이 세상 이 우주 전체를 다 담아주고 싶단다. 그러기 위해서 지금처럼 아빠, 엄마, 건희와 함께 넓은 세상을 많이 구경하러 다니자꾸나.

아빠가 대희에게 편지를 쓰다 보니, 대희가 잘 하고 있는 것들이 많아서 칭찬할 게 너무 많구나. 마지막으로 대희가 더욱더 멋진 어린이가 되기 위한 방법이 있어. 지금보다 대희가 조금만 더 용감한 어린이가 되었으면 해. 엄마가 너희들에게 읽어주신 『틀려도 괜찮아』라는 책 기억나지? 틀리는 건 부끄러운 일이 아니니까 언제 어디서나 자신 있게 이야기할 수 있었으면 좋겠단다. 자신 있게 손을 들어 말하는 너의 모습에 선생님도 친구들도 모두들 박수를 보낼 거라고 아빠는 믿어.

아빠는 언제나 우리 대희가 밝고 건강한 몸과 마음을 가지고 자랐으면 좋겠구나.

사랑해요……

— 아빠가

이 다음에 커서 아이들이 이 편지를 다시 보게 될 때 '와! 아빠가 우리를 위해서 편지도 써주셨네?' 라고 생각할 테지만, 먼 훗날 나는 그날의 아침을 이렇게 떠올릴 거다.

이른 새벽 피곤에 지친 얼굴로,
참 애쓴다는 마누라의 구박을 꿋꿋이 견뎌내면서,
아이들을 떠올리는 빛나는 눈으로,
모든 걸 다 품을 것 같은 넓은 가슴으로,
자신이 가진 것을 다 심어주고 싶어하는 한없는 열망으로,
한 글자 한 글자 타이핑을 해대던 남편의 두 손……

결코 잊지 못할 거다.

봄의 시(詩) 완결
꽃샘추위로 바람은 차지만 햇살은 너무 따스하다.
이제 정말 봄인 것 같다.
아이들에게 말했다.
얘들아, 엄마가 시를 한번 지어볼까?
돋아나네 돋아나네 새싹이 돋아나네
건희대희 마음에는 새희망이 돋아나네
피어나네 피어나네 꽃들이 피어나네

건희대희 얼굴에는
웃음꽃이 피어나네
어때, 좋지?
!
3절은 내가
지어볼래!

돌아나네
돌아나네
후훗...
1절을 따라하네
응아가
돌아나네
!
..........!!
건희대희 똥꼬에
냄새가 피어나네
...우와 천재!
...

• • •
솟아나네 솟아나네
언덕이 솟아나네
건희대희 머리위에
꿀밤언덕 솟아나네
이로써
4절 완결...
(⊙_⊙)bigeye™

주말 저녁에 모여 KBS 〈남자의 자격〉이라는 프로그램을 다같이 시청하고 있었다. 당시 이슈가 되었던 합창단 편이었다. 이 프로그램을 본 시청자라면 잊지 못할 명장면이 있는데 바로 가수 배다해와 선우의 솔로 대결이었다. 두 소프라노의 아름다운 〈넬라 판타지아(Nella Fantasia)〉가 TV 모니터를 통해 울려 퍼지는 것을 가만히 듣고 있던 아이들이 갑자기 종이와 연필을 가지러 달려갔다. 잠시 후 아이들이 나에게 종이를 내밀었다.

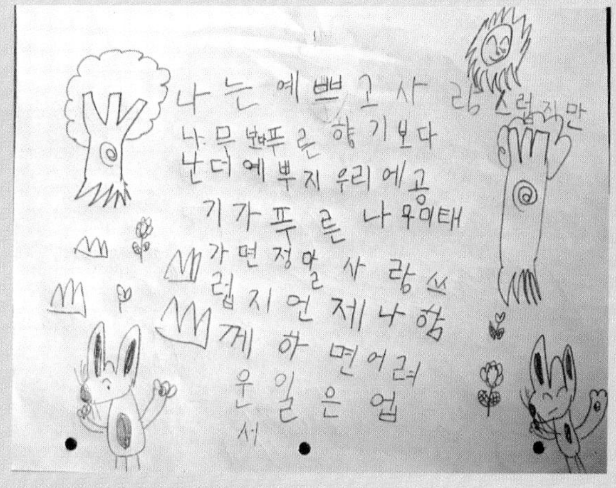

노래 제목 : 예쁜 아가씨
"나는 예쁘고 사랑스럽지만
나무보다 푸른 향기보다 난 더 예쁘지.
우리의 공기가 푸른 나무 밑에 가면 정말 사랑스럽지.
언제나 함께 하면 어려운 일은 없지."

"푸른 나무는 나보다 더 부드럽지만
훨훨 나는 천사가 더 부드럽지."

아이들에게 이것이 뭐냐고 물었더니 누나들이 부르는 노래를 들으니 기분이 너무 좋아져서 이런 그림과 글이 생각났다는 것이다. 노래와 그림과 글…… 이 모든 것의 시작이 무엇 때문이었는지에 대한 근본적이고도 철학적인 깨달음이 내 뒤통수를 치는 것만 같았다. 마음이 행복하고 즐거울 때, 혹은 반대로 깊은 슬픔에 빠져 있을 때, 인간이 그것을 표현하고 싶어 하는 것은 본능이라는 것을 깨달았다.

건희가 그린 그림이다.

단순히 음표만 나열한 싱거운 그림 같아 보이지만 맨 위에 "마음이 녹았다"라는 글이 있다.

기분 좋은 음악을 듣고 난 뒤 그린 그림인데, 이 음악을 들으면 마음이 행복해져 사르르 녹는단다.

유치원에서도 동시 외우기 수업이 있는데 아이들에게는 그 수업이 참 재미있는 모양이다. 동시를 외운 날이면 집에 와서도 그 기분에 취해 스스로 동시를 짓곤 한다.

소리가 어디서 나지?

이 소리는 뭘까?
아하! 우리 아빠가 못을 박는 소리였구나.

쓱싹 쓱싹 이 소리는 뭘까?
아하! 아빠가 페인트 바르는 소리였구나.

탁탁 무슨 소릴까?
아하! 창문과 나무가 부딪히는 소리였구나.

쿵쿵 무슨 소리야?
아하! 망치를 두드리는 소리였구나.

슝슝 무슨 소리야?
아이코! 바람 소리였네.

째깍째깍 무슨 소리지?
아하! 시계 소리였구나.

이렇게 소리가 정말 재미있을까나.
정말 놀랄 일이야.

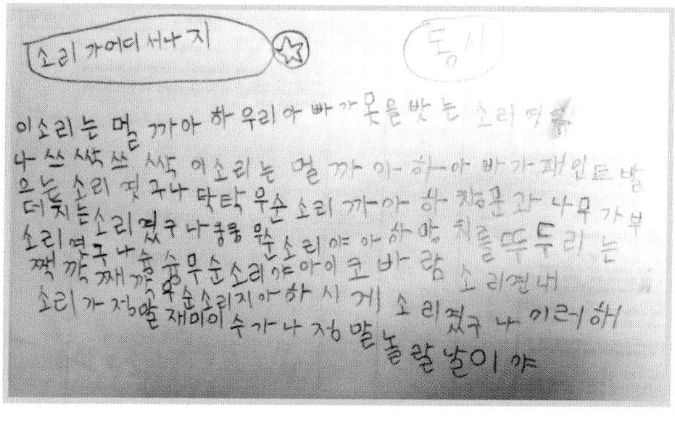
소리 가어디서나지
동시

둥글둥글 길쭉길쭉

마늘은 둥글하네.
아! 따가워, 마늘은 왜 그럴까?

오! 사과다, 사과는 하트 모양이네.
아이고 맛있어, 왜 그럴까?

오! 오렌지다, 먹어봐야지.
아이고 셔, 왜 그럴까?

콩은 작네, 왜 그럴까?

콩나물은 길쭉한 데다 둥글한 게
뽕! 왜 그럴까?

호박은 왜 크고 둥글할까?
왜 그럴까?

과일은 궁금한 게 많아.

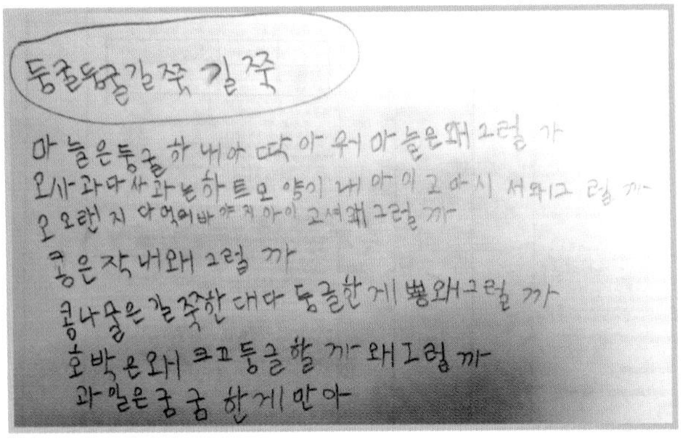
둥굴둥굴길쭉 길쭉
마 늘은둥굴 하 내아 따아 워 마 늘은왜 그럴 가
오사과다사과는하트모 양이 내 아 이 고 마시 서왜그 럴 까
오 오랜지 머어바야 지 아이 고셔왜 그럴 까
콩은작내왜 그럴 까
콩나물은길쭉한 대다 둥굴한 게 뽕왜그럴 까
호박은왜 크고둥글할 까 왜그럴까
과일은궁굼 한게만아

대희의 푸르른 노래

풀을 만난다.
어, 노래가 들리네.
오, 노래가 아니라 예쁜 잎이네.
새의 노래는 쪼로롱.
오, 듣기만 해도 너무 좋아.
숲 속 마을 노래는 정말 좋아.

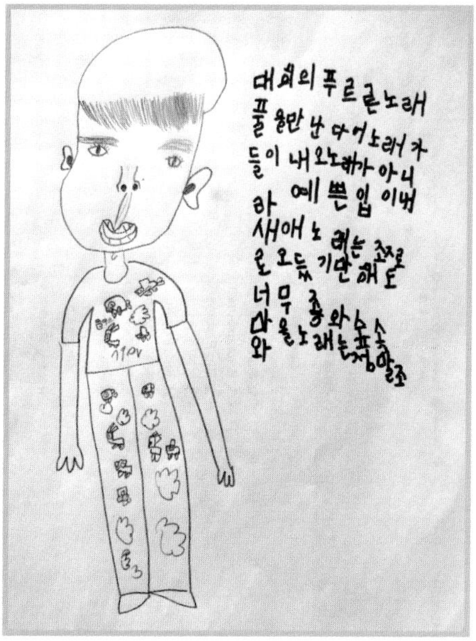

하루는 아침 등원 길에 아파트 앞마당에서 지네 비슷한 벌레를 발견했다. 나는 징그럽다고 도망을 쳤는데 아이들은 한참 동안 벌레를 바라보더니 이런 노래를 불렀다. 두 번째 손가락과 가운데손가락을 모아 꿈틀꿈틀거리는 모양을 흉내내면서 말이다.

"꼬마 지네가 산책을 갑니다~ 형아 나도 유치원 데리고 가요~
안돼 안돼 그럴 수 없어~ 꼬마 지네가 슬피 웁니다~"

꼬마 지네가~
산책을 갑니다~
..........!!

참 신기한 일이었다. 아이들이 지어 부른 노래를 듣고 나서 다시 벌레를 들여다보니 아까처럼 징그럽다는 느낌은 사라지고 꼬물거리는 것이 귀여워 보이기까지 했다. 그 날 우리는 유치원 차가 오기까지 계속해서 저 노래를 불렀다. 엄마가 2절을 지어 부르고 다시 아이들이 3절을 지어 부르고…… 아이들은 이렇게 순수한 마음으로 세상과 교감하는데 엄마인 나는, 어른인 나는 참으로 마음을 닫고 사는구나.

그래, 이제부터 나도 시를 쓰고 노래를 지어 불러봐야겠다는 생각을 했다. 아이들 때문에 혹은 세상사 때문에 욱! 하는 날, 복식고함 대신 차라리 음유 시인이 되어 보리라.

5부
특별한 날, 소중한 책 만들어보기

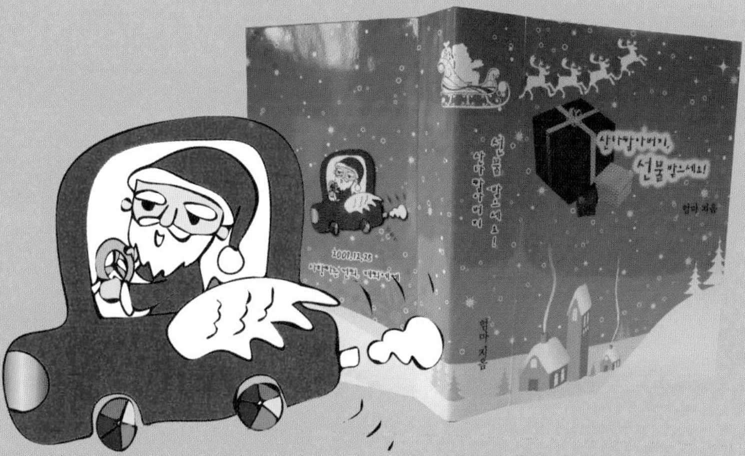
산타할아버지, 선물 받으세요!
2007.12.25

10. 돌잔치 & 크리스마스

돌잔치, 센스 만점 엄마표 책

이번 장에서 소개할 책은 요즘 돌잔치 때 꼭 빠지지 않고 등장한다는 엄마표 동화책을 떠올리며 만들었다. 하지만 우리 아이들은 따로 돌잔치를 하지 않고 가족끼리 모여 간단하게 식사만 했다. 돌 무렵 두 녀석이 심하게 감기에 걸렸기에 잔치를 할 수 있는 상황도 아니었지만 이미 결혼식이라는 과장된 의식을 경험해 본 나로서는 돌잔치라는 형식에 큰 의미를 두고 싶지 않았다.

그러나 시간이 흘러 새내기 엄마들의 야무진 엄마표 돌잔치를 보면서 아, 저렇게 실용적으로 준비할 수도 있구나 하는 생각에 새삼 무릎을 쳤고, 그때 아이들에게 해주지 못한 선물을 뒤늦게나마 해준다는 심정으로 책을 만들었다. 그런데 엄마표 돌잔치와 동화책을 살펴보던 중 많은 엄마들이 저작권은 개의치 않고 시중에서 판매되고 있는 동화책을 아무렇지도 않게 스캔하여 사용한다는 사실을 알게 되었다. 작가 및 출판사측과 라이선스 협의가 된 포토북 형식으로 판매가 되는 책들도 많지만, 돌잔치를 끝낸 누군가가 "아이를 위해 만든 엄마표 동화책이에요"라고 글을 올리면 너무나도 당연히 "저도 소스 좀 부탁해요"라고 요청하여 책이 통째로 스캔되어 인터넷을 떠돌아다니는 경우가 허다하였다.

이 책은 엄마들도 스스로 책을 만들 수 있다는 가능성을 보여주고, 시중에서 판매되고 있는 책에 대해선 무단으로 쓰지 말자는, 즉 원저작자에 대한 예의를 지키자는 의미를 공유하기 위해 소스를 블로그에 올려 무료 배포했다. 전문적으로 그림을 그리고 글을 쓰는 훌륭한 동화 작가의 작품에 비하면 부족한 점이 많지만 그건 그다지 중요하지 않았다. 자신의 아이

를 누구보다 사랑하는 엄마로서 아이에게는 세상 최고의 작가일 테니까.

아기가 밤새 자지 않고 울어도, 심한 몸부림으로 엄마를 발로 차도, 하루 종일 엄마를 꼼짝 못하게 붙들어매어도, 음식으로 정신 없이 장난을 쳐도, 이리저리 낙서를 하고, 새 이불에 오줌을 싼다 해도 엄마는 마냥 괜찮다고 한다. 왜냐하면 그건 아기가 엄마를 괴롭히려고 하는 행동이 아니라 이 다음에 커서 훌륭한 성악가와 화가, 씩씩한 축구선수와 요리사, 믿음직한 경찰관과 늠름한 소방관이 되기 위해 연습을 하는 거라고 엄마는 생각하기 때문이다. 마지막 페이지에서는 힘겨운 엄마의 두 눈을 바라보며 방긋 웃는 아기에게 엄마는 정말 괜찮지 않다고 말하며 나지막이 한숨을 쉰다. 이제 정말로 엄마가 지쳐버린 걸까? 알고 보니 그건 사랑스러운 아기의 얼굴을 바라보고 있자니 너무 가슴이 벅차 쓰러질 것만 같기 때문이라고 하며 엄마는 웃고 있는 아기를 품에 꼭 안아준다.

엄마표 책—『엄마는 괜찮아』

엄마는 괜찮아
엄마는 괜찮아
2010.4.17
엄마 지음

엄마는 괜찮아
엄마는 괜찮아
2010.4.17
사랑하는 건희와 대희에게...
엄마 지음
엄마 지음

밤새도록 쉬지 않고 목청껏 울어대는
우리 아기.

아가야,
엄마는 괜찮아.
정말 괜찮아.

천상의 목소리로 노래를 부르는
성악가가 되려고 연습하는 거니까.

엄마의 얼굴을 발로 마구 차면서 자는
우리 아기.

아가야,
엄마는 괜찮아.
정말 괜찮아.

결정적인 순간에 승리의 슛을 날리는
축구선수가 되려고 연습하는 거니까.

하루 종일 엄마 등에 업혀
엄마를 꼼짝 못하게 만드는
우리 아기.

아가야,
엄마는 괜찮아.
정말 괜찮아.

나쁜 사람을 잡아서 꽁꽁 묶어두는
경찰관이 되려고 연습하는 거니까.
POLICJA

벽지에, 방바닥에, 문에 낙서를 해대는
우리 아기.

아가야,
엄마는 괜찮아.
정말 괜찮아.

아름다운 세상을 예쁘게 담아내는
화가가 되려고 연습하는 거니까.

음식으로 장난을 치며 즐거워하는
우리 아기.

아가야,
엄마는 괜찮아.
정말 괜찮아.

유쾌하고 행복한 음식을 만드는
요리사가 되려고 연습하는 거니까.

새로 빨아놓은 이불에 오줌을 싸놓은
우리 아기.
아가야,
엄마는 괜찮아.
정말 괜찮아.

용감하게 물을 쏘아 나쁜 불을 해치우는
소방관이 되려고 연습하는 거니까.

지친 엄마의 얼굴을 바라보며 방긋 웃는
우리 아기.
아가야,
엄마는 괜찮지 않아.
정말 괜찮지 않아.

그런 네가 너무 사랑스러워서
엄마는 쓰러질 것 같으니까.

크리스마스, 가슴이 따뜻해지는 책

일곱 살이 되었지만 우리 아이들은 여전히 산타할아버지의 존재를 절대적으로 믿는 듯하다. 해마다 크리스마스가 되면 어린이집이나 유치원에서는 산타할아버지가 등장하여 아이들에게 선물을 주는데, 가짜라는 것을 들키지 않으려고 무리하게 많은 털로 위장하다 보니 아이들이 산타할아버지라고 철석같이 믿고 찍은 사진을 보면 내 눈엔 산타가 아니라 빨간 옷을 입은 바야바 같아서 웃음이 터져나오곤 한다.

여느 해 크리스마스와 마찬가지로 선물을 가득 안고 즐거워하고 있는 아이들에게 내가 물었다.

"얘들아, 산타할아버지는 이 많은 선물을 어떻게 다 준비하실까?"

그러자 아이들은 각자의 상상 속 이야기를 한껏 풀어내기 시작했다. 마법의 거울이 있는데 그 거울이 평소 아이들의 행동을 관찰했다가 거울에서 선물이 튀어나온다는 이야기, 산타할아버지는 하늘에서 살고 있으니 천사들이 모두 모여 직접 선물을 만들 거라는 이야기, 산타할아버지의 선물주머니는 요술주머니라서 손을 집어넣으면 끝없이 선물이 나온다는 이야기 등등……

그렇게 이야기를 나누던 우리는 문득 그간 궁금했던 산타할아버지의 신상털기에 들어갔다. 그 때 나온 이야기 중 하나가 바로 크리스마스에 산타할아버지는 누구한테서 선물을 받을까 라는 의문이었다.

그래서 함께 상상의 나래를 펼쳤다. 아이들은 산타할아버지를 위해 하늘을 나는 자동차, 함께 말동무가 되어줄 친구들, 멋진 양복 등을 선물로 생각해냈다. 하지만 친할아버지와 외할아버지를 떠올리며 결국 약한 이로 씹기 좋은 연양갱과 어두운 눈으로도 아이들의 집을 쉽게 찾을 수 있는 돋보기를 선물로 준비한다는 이야기를 책으로 만들었다.

엄마표 책—『산타할아버지, 선물 받으세요!』

연양갱
가정용
할아버지처럼
아프면 딱딱한 건
지니 말랑말랑
부드러운 과자를
준비 했어요
이건희
우리 외할아버지처럼
눈이 나쁘면 선물을 가져다줄
아이들의 집을 못찾을 것 같아서
돋보기를 준비했어요
이대희

산타할아버지,
선물 받으세요!
엄마 지음
선물 받으세요!
산타할아버지
엄마 지음
2009.12.25
사랑하는 건희, 대희에게

크리스마스가 얼마 남지 않았어요.
아주 아기 때라 잘 기억이 나지 않지만 아빠께서
말씀하시기를 해마다 산타할아버지는 건희와
대희에게 크리스마스 선물을 주셨대요.

그런데 건희와 대희는 문득 이런 생각이 들었어요.
이 세상 모든 아이들의 선물을 준비하느라 1년
내내 너무 바쁜 산타할아버지.
늘 우리에게 선물을 주시기만 하는 산타할아버지.

"산타할아버지도 선물을 받고 싶지 않으실까?"

건희와 대희는 산타할아버지도 선물을 받는다면 과연 어떤 걸 좋아하실지 생각해보았어요.

"산타할아버지는 항상 같은 옷만 입고 다니시잖아. 어쩌면 멋진 양복을 입고 싶으실지 몰라. 반짝반짝 윤이 나는 검은색 구두도 함께."

"아니야, 산타할아버지는 늘 혼자만 계시잖아. 친구가 되어줄 또 다른 할아버지와 할머니가 생긴다면 정말 즐거워하시지 않을까?"

"눈 내리는 겨울 하늘에 썰매를 타고 다니기엔 너무 추울 거야. 하늘을 날 수 있는 자동차를 타고 다니면 얼마나 따뜻하겠어?"

즐거운 상상이 계속되었지만 산타할아버지가 좋아하실 선물을 떠올리기란 역시 쉬운 게 아니었어요.

그때 대희가 이렇게 말했어요.
"어쩌면 우리 친할아버지랑 외할아버지가 좋아하는 선물을 똑같이 좋아하실지 몰라."
"맞아, 산타할아버지도 우리 할아버지들과 똑같은 할아버지잖아."

건희는 친할아버지께서 뭘 좋아하실지, 대희는 외할아버지께서 뭘 좋아하실지 생각하기로 했어요.
그건 그다지 까다로운 일이 아니었어요.

마침내 선물을 생각해낸 건희와 대희는
산타할아버지께 드릴 선물을 준비하기로 했어요.
건희에게도 대희에게도 아빠께서 주신 용돈
천 원이 있었거든요.

엄마를 따라 마트에 갔을 때 건희와 대희는 엄마 몰래 선물을 샀어요.
집으로 돌아와 선물을 예쁘게 포장하고 편지도 정성스레 썼어요.

드디어 크리스마스가 되었어요.
건희와 대희는 두 개의 선물주머니를 머리맡에 걸어두고 새근새근 잠이 들었어요.
건희와 대희가 예쁜 꿈을 꾸며 깊은 잠에 빠져 들었을 즈음 누군가 살며시 방문을 여는 소리가 들렸지요.

쉬, 조용히......
아마도 산타할아버지가 오셨나 봐요.

산타할아버지는 더듬더듬거리며 건희와 대희의 선물주머니를 찾았어요.
하지만 준비한 선물을 주머니 속에 넣기 위해 손을 집어넣다가 깜짝 놀랐어요.
거기에 산타할아버지를 위한 선물과 편지가 들어 있으리라곤 상상도 못했거든요.

다음날 아침, 건희와 대희는 잠에서 깨자마자 선물주머니부터 확인하고선 소리쳤어요.
"이것 봐, 산타할아버지가 선물을 주고 가셨어!"
"우리가 준비한 선물도 들고 가셨나 봐, 여기 답장도 있어!"

나에게 선물을 준 아이는 너희들이 처음이란다.
건희야 대희야, 너무 고맙구나.
–산타할아버지로부터–

기뻐서 어쩔 줄 모르는 건희와 대희의 모습을 보고 엄마와 아빠는 말없이 서로 바라보며 미소를 지으셨어요.

나에게 선물을 준 아이는
너희들이 처음이란다.
건희야 대희야,
너무 고맙구나.
–산타할아버지로부터–

건희와 대희가 준비한 선물을 누군가가 풀어보고
있어요.
아마도 산타할아버지겠죠?
도대체 어떤 선물이 들어 있는지 볼까요?

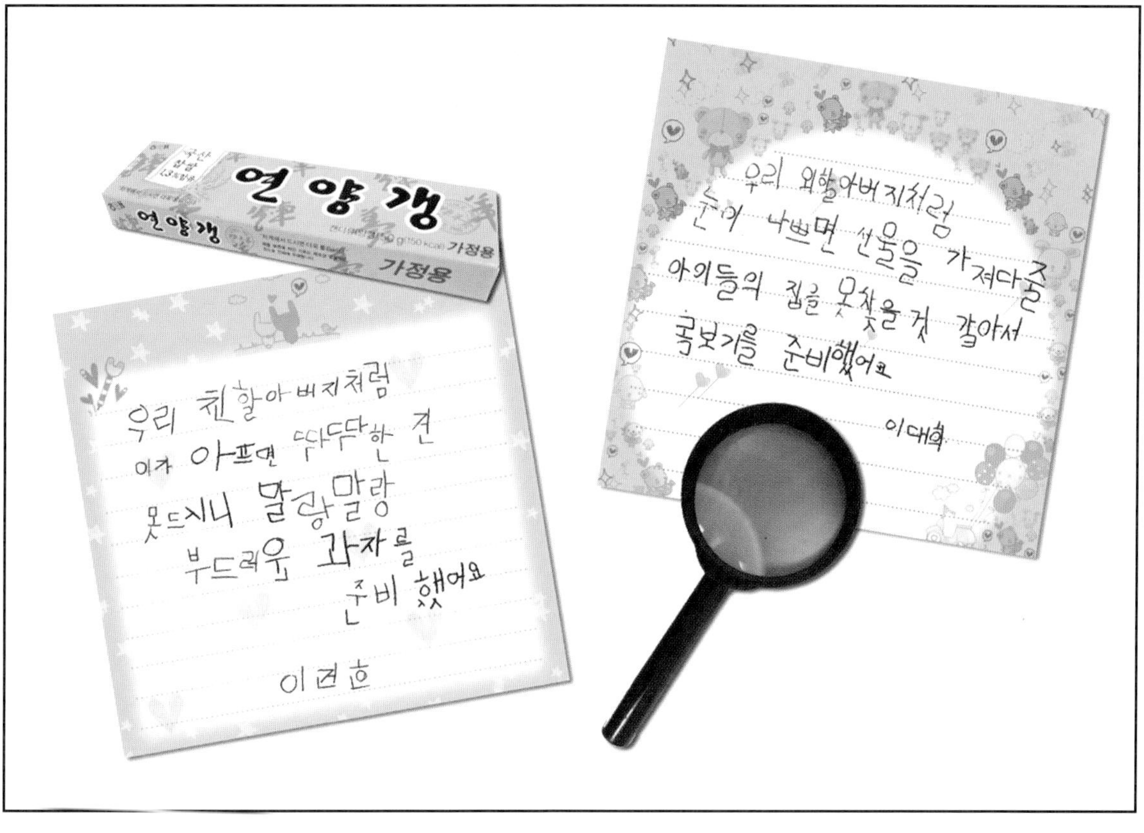

산타의 비애
내가 누군지 알지? 그 유명한 산타다. 후훗.
12월이 되면 지구상 모든 어린이들은 나를 기다리지…
자, 올해도 한번 출발해볼까?
1904
휴가중. 산타선물은 경비실에…
…

불법주차
견인이요!
...웨이러미냣!
...
to. 산타
더이상 이 일은비전이
없어 공무원 시험
준비하렵니다.
-루돌프-

후훗... 그렇다고 여기서
물러설 순 없지...
내가 누구더냐...?
지구상 모든 어린이들의
영웅이 아니더냐!
루돌프는 새로 채용하...
택배요!

...
to. 산타
신발 사이즈 190으로
맞교환 바랍니다.
선물 중에 불량품은
반품합니다.
택배비
착불이요!
...
썩을!
이 짓도 이제
못해먹겠네!
(◉_◉)bigeye™

11. 실전! 스토리보드 구성하기

즐겁게 대화하며 스토리텔링하기

이번 장에선 내가 우리 아이들과 이야기를 나누며 스토리를 쭉 이어나갔던 그 방식대로, 이 책을 읽는 독자들이 스토리보드를 구성할 수 있도록 해 보았다. 완전히 새롭게 글을 구성해도 무방하나, 글을 풀어나가는 것이 어색하고 힘들면 아래에 제시한 내용을 그대로 인용하면서 수정하는 방향으로 한다.

이번 책은 아이가 직접 그림을 그리는 것으로 했다. 따라서 기존의 책과는 다르게 아이들 그림 위주의 책으로 만들어졌다. 그림의 배경은 인터넷에서 구하거나 어울릴 만한 것을 스캔해서 사용했다. 엄마가 지금부터 한 장 한 장 같이 만든다는 기분으로 차근차근 이야기를 풀어보도록 하자.

산타할아버지,
선물 받으세요!
엄마 지음

"하늘에 살면 춥고 외로울 것 같아. 그러니 산타할아버지만의 따스한 집이 있다면 행복하시겠지?"
즐거운 상상이 계속되었지만 산타할아버지가 좋아하실 선물을 떠올리기란 역시 쉽지 않았어요.
산타집

산타할아버지,
선물 받으세요!
엄마 지음
선물 받으세요!
산타할아버지
엄마 지음
2011.12.25
사랑하는 건희와 대희에게

표지가 될 부분이다. '엄마 지음' 이라고 했지만 아이들 이름을 넣어도 무방하다. 크리스마스를 위한 책이므로 날짜는 다가올 2011년 12월 25일이라고 해 두었다.

크리스마스가 얼마 남지 않았어요.
아기 때라 잘 기억이 나지 않지만
아빠께서 말씀하시기를
해마다 산타할아버지는
건희와 대희에게 크리스마스
선물을 주셨대요.
희망
좋음
친함
착함
행복
정직
사랑

앞의 그림은 매년 잊지 않고 선물을 주시는 산타할아버지를 언급하는 맨 첫 장이다. 아이들이 각자 떠올리는 산타할아버지의 모습을 그려보도록 하고 지금껏 받아왔던 선물 중 기억나는 것이 있으면 그려보라고 한다.

큰아이는 산타를 노인이 아닌, 흰 수염을 붙인 젊은 남자로 그렸다. 녀석, 매년 유치원으로 찾아오는 알바생 산타의 비밀을 눈치챈 걸까? 자신은 4살 겨울에 받았던 파워레인저 옷이 제일 좋았다고 하며 산타라는 단어를 떠올리면 희망, 좋음, 착함, 행복, 정직, 사랑, 도움, 기쁨 등의 감정이 함께 느껴진다고 했다.

그런데 건희와 대희는 문득
이런 생각이 들었어요.
이 세상 모든 아이들의 선물을
준비하시느라 1년 내내 너무
바쁜 산타할아버지.
늘 우리에게 선물을 주시기만
하는 산타할아버지.
"산타할아버지도 선물을 받고
싶지 않으실까?"
Merry Christmas

모든 아이들에게 선물을 주고 돌아온 산타할아버지가 아무도 없는 집에 들어와 외롭지는 않을지, 온 세상을 돌아다니느라 너무 힘들지는 않을지, 정작 크리스마스에 자신은 선물을 받지 못해 서운하지는 않을지에 대해 이야기하고 그렇다면 산타할아버지가 받고 싶은 선물이 무엇일지에 대해 질문을 던진다.

크리스마스가 저무는 밤, 홀로 집으로 돌아온 산타할아버지의 모습을 그리도록 한다. 물론 외로움에 슬퍼할 수도 있지만 혼자 있어도 씩씩한 모습의 산타할아버지를 상상할 수도 있을

것이다. 앞 페이지에 있는 아이의 그림에서 산타할아버지는 눈물을 흘리며 슬픔에 젖어 있는 데 반해 심술궂은 표정을 하고 있는 루돌프의 표정이 재미있다.

건희와 대희는 산타할아버지가
과연 어떤 선물을 좋아하실지
생각해 보았어요.
"모든 아이들에게 선물을 주려면
빨리빨리 다녀야 하잖아.
치타가 하늘을 달리며 썰매를
끌면 어떨까?"

엄마의 질문에 아이의 다양한 대답이 이어질 것이다. 그것이 기발하지 않다 하더라도, 말도 안 되는 이야기라 하더라도 "와, 멋진 선물인걸? 산타할아버지가 정말 좋아하시겠다!"라고 말하며 적극적으로 반응해준다. 위의 그림에서 아이는 루돌프를 대신해 지상의 동물 중 단연 최고로 빠르다는 치타를 루돌프 자리에 집어넣었다.

다음의 그림에서는 외로운 산타에게 가족이 생겼다. 또 다른 산타도 보이고 양, 곰, 토끼, 거북이, 호랑이 등의 동물들이 산타와 함께 행복한 표정을 짓고 있다. 가족이라고 하면 사람을 생각했는데 동물을 그리다니, 엄마가 생각하는 가족과 아이가 생각하는 가족은 이처럼 다르다. 동물 친구도 가족이 될 수 있다고 생각하는 아이의 열린 마음이 참 기특하다.

"아니야, 산타할아버지는
늘 혼자만 계시잖아.
그러니 가족이 생기면
정말 기뻐하실 거야"

아이들이 생각해낸 또 다른 선물은 마법의 침대.

"선물을 다 주고 난 뒤 집으로
돌아오면 얼마나 힘드시겠어?
눕기만 해도 피로가 싹 풀리는
마법의 침대 어때?"

우리 집에는 침대가 하나도 없다. 그래서인지 우리 아이들은 침대에 대한 로망이 있는데, 산타할아버지께 드리는 선물에도 어김없이 침대가 등장했다. 온세상 어린이들에게 선물을 전해주고 피곤해서 다크써클이 발등까지 내려앉은 모습으로 집에 들어왔을 산타에게 전신 안마 무한 리필이 가능한 마법의 침대라…… 얘들아, 이건 엄마 아빠에게 먼저 선물해 주면 안 되겠니?

"하늘에 살면 춥고 외로울 것 같아.
그러니 산타할아버지만의 따스한
집이 있다면 행복하시겠지?"
즐거운 상상이 계속되었지만
산타할아버지가 좋아하실 선물을
떠올리기란 역시 쉽지 않았어요.
산타집
산타개

아이들이 생각하기에 산타할아버지가 살고 있는 곳은 추운 겨울, 저 높은 하늘의 어느 곳이라고 여기나 보다. 그래서 가까이 하기에 너무 먼 당신처럼 느껴지는 게 사실이다. 하지만 아이가 그린 그림 속에는 우리가 내달리기만 하면 다다를 것 같은 저 푸른 초원 위에 그야말로 그림 같은 집을 짓고 사는 산타의 모습이 보인다. 어디서 봤는지 흔들그네에 타고 한껏 웃는 산타할아버지의 모습이 재미있고 루돌프 대신 개를 키우고 있는 것도 흥미롭다.

이전까지는 그야말로 상상 속의 선물에 대해 이야기했다면 지금부터는 현실적으로 가능한 선물에 대해 이야기해보도록 하는데, 여기서 다시 한번 엄마가 제안을 한다.

그때 대희가 이렇게 말했어요.
"어쩌면 엄마와 아빠가 좋아하는
선물을 똑같이 좋아하실지 몰라.
산타할아버지도 어른이잖아."
건희는 엄마께서 뭘 좋아하실지,
대희는 아빠께서 뭘 좋아하실지
생각하기로 했어요.
그건 그다지 어려운 일이 아니었지요.

"산타할아버지도 엄마 아빠처럼 어른이니까 엄마와 아빠가 어떤 선물을 좋아할지 한번 떠올려보는 건 어떨까?"

산타할아버지라는 막연한 존재가 아닌, 평소 나를 가장 아껴주는 부모를 떠올리며 아이는 좀더 구체적인 생각을 할 수 있게 된다. 아이가 직접적으로 어떤 선물이 좋으냐고 물어도 곧바로 대답하지 않도록 한다. 대신 스무 고개를 넘듯 하나씩 힌트를 주며 해답을 알려준다.

"음…… 엄마는 말이야, 엄마를 예쁘게 해줄 수 있는 선물이면 좋겠어."

"아빠는 말이지, 아빠 몸을 튼튼하게 만들어줄 선물이 있다면 정말 좋을 것 같아."

다 함께 산타할아버지에게 드릴 구체적이고 현실적인 선물을 결정했다면 아이와 함께 잡지나 전단지, 인터넷 사이트 등에서 해당 선물의 이미지를 찾아서 오리거나 출력한다.

그리고 아이에게는 산타할아버지께 드릴 편지를 써보라고 한다.

이때 엄마는 이 모든 작업을 열심히 수행하는 아이의 사진을 찍어두었다가 이 페이지에 넣는다.

마침내 선물을 생각해 낸 건희와
대희는 산타할아버지께 드릴 선물을
예쁘게 포장하고 정성스레 편지를
썼어요.

다음엔 드디어 크리스마스! 산타할아버지가 찾아오는 것을 상상해본다.

드디어 크리스마스가 되었어요.
건희와 대희는 산타할아버지께 드리는
선물을 머리맡에 놓아두고 새근새근
잠이 들었어요.
건희와 대희가 예쁜 꿈을 꾸며 깊은
잠에 빠져들었을 즈음 누군가 살며시
방문을 여는 소리가 들렸지요.

쉬, 조용히......
아마도 산타할아버지가 오셨나 봐요.

물론 이 장면에서 등장하는 산타할아버지는 실제로는 엄마 혹은 아빠다. 하지만 아이는 산타할아버지라고 믿고 있을 것이다. 여기에선 산타할아버지가 어떻게 우리 집으로 들어올 수 있는지에 대해 아이들과 이야기를 나누고 그림을 그려보게 한다. 과연 아이의 상상 속 산타할아버지는 굴뚝 대신 어떤 통로를 이용할까? 우리 아이는 도라에몽의 '어디로든 문' 이라는 도구를 이용해 아이의 이름을 외치고 이 문만 열면 자유롭게 그 아이의 방으로 이동이 가능하다고 했다.

이제 전혀 예상하지 못했던 깜짝 선물을 발견한 산타할아버지의 놀라움과 기쁨이 가득한 모습을 그려보라고 한다.

산타할아버지는 건희와 대희의 선물을 살며시 내려놓다가 깜짝 놀랐어요.
거기에 산타할아버지를 위한 선물과 편지가 들어있으리라곤 상상도 못했거든요.

그림에선 혼자 집으로 돌아가며 외로워 눈물짓던 산타할아버지가 이번엔 선물을 보고서 감동의 눈물을 흘리고 있다. 아마도 아이 역시 매년 크리스마스 때마다 선물을 받았을 때 이런 환희를 느꼈겠지?

다음 페이지는 산타할아버지가 남긴 선물에 아이뿐 아니라 엄마 아빠도 함께 기뻐하는 모습을 그리게 한다. 아이들에게만 선물을 주는 일방적인 사랑의 크리스마스가 아니라 온 가족이 모두 선물을 주고받으며 행복해하는 크리스마스의 모습이다.

다음날 아침, 건희와 대희는 잠에서
깨자마자 머리맡에 놓여진 선물부터
확인하고선 소리쳤어요.
"이것 봐, 산타할아버지가 우리에게
선물을 놓고 가셨어!"
"우리가 준비한 선물도 들고 가셨나 봐,
여기 답장도 있어!"

선물을 받은 산타할아버지가 아이에게 어떤 고마움의 편지를 남겼을까?

함께 이야기를 나눈 뒤 아이에게 직접 쓰게 한다. 이는 아마도 아이가 평소 엄마 아빠에게 듣고 싶은 칭찬일 수도 있을 것이다. 우리 아이들, 평소에 전래동화와 명작동화를 너무 많이 읽은 탓일까? 선물을 준 아이들에게 이 은혜를 꼭 갚겠다고 하는 산타의 편지를 보고 웃음을 참을 수가 없었다.

그 다음엔 선물 상자를 풀어보는 정체불명(?)의 손을 그리게 한다. 선물을 풀어보는 산타할아버지, 아니 엄마와 아빠의 심정은 어떨까? 기대감보다는 기특함이, 궁금함보다는 고마움이 앞설 것이다. 항상 가진 걸 다 주고도 애틋해하는 심정, 바로 그 심정으로 아이들이 준비한 선물을 품에 안겠지?

기뻐서 어쩔 줄 모르는 건희와 대희의
모습을 보고 엄마와 아빠는 말없이
서로 바라보며 미소를 지으셨어요.
건희 대희에게
산타
할아버지가

건희와 대희가 준비한 선물을
누군가 풀어보고 있어요.
아마도 산타할아버지겠죠?
도대체 어떤 선물이 들어 있는지
우리 함께 볼까요?

그림에서는 산타할아버지가 선물을 풀고 있지만 사실 선물을 받고 난 뒤 포장지를 풀기 전 두근거리는 아이 자신의 모습이기도 하다.

아이가 쓴 편지에 선물 이미지를 붙인다. 엄마를 떠올리며 선물을 준비한 큰아이는 '젊어지는 마법의 화장품' 을 준비했고, 아빠를 떠올리며 선물을 준비한 작은아이는 일전에 엄마와 함께 만들었던 책에서 피자마왕을 물리친 용감한 '김치두부야채밥전' 을 준비했다. 엄마에게는 아름다움을, 아빠에게는 건강을 주고 싶었나 보다. 젊어진다고 해서 화장품을 막 바르면 오히려 주름이 생긴다는 아이의 경고가 재미있다.

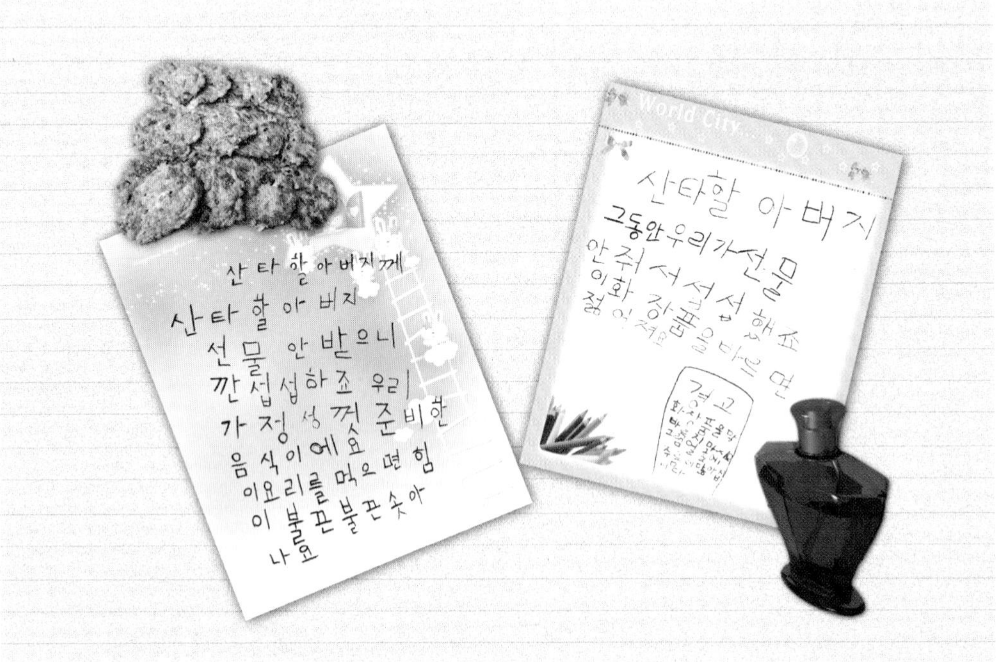
산타할아버지께
산타할아버지
선물 안 받으니
섭섭하죠 우리
정성껏 준비한
음식이에요
이요리를 먹으면 힘
이 불끈불끈솟아
나요
World City
산타할 아버지
그동안우리가선물
안줘서섭섭했죠
이화장품을바르면
경고

이렇게 해서 또 한 권의 책이 완성되었다. 이렇듯 아이와 책을 만들 때는 스토리를 쥐어짜내 제대로 된 한 권의 '책' 을 만든다는 개념이 아니라 아이와 함께 무한 상상을 펼치며 즐겁고 재미난 '대화' 를 나눈다는 기분으로 접근하도록 한다. 엄마와 아이가 만든 책은 누구에게 평가받아야 할 이유가 없다. 아이들의 기발한 상상과 귀여운 그림 역시 비교 대상이 될 수 없다. 따라서 결과물이 얼마나 잘 만들어졌는지보다는 엄마와 아이가 공동으로 기울인 노력에 칭찬을 아끼지 말길 바란다.

"너와 함께 책을 만드는 게 이렇게 즐거운 일인 줄은 정말 몰랐어!"

"이야, 여태껏 엄마가 읽은 책 중 제일 재미있는 것 같아."

"우리 또 다른 이야기 한번 해볼까? 물론 그 이야기를 책으로 만들면 더 좋고 말이야."

"작가들이 책을 만들 때 다들 이렇게 재미있는 상상을 하나 봐. 우리, 작가들의 머릿속도 한번 구경해볼까? 읽고 싶은 책 한 권 가져올래? 엄마가 읽어줄게."

잘하려고 하는 아이는 금방 지칠 수 있으나 즐기려고 하는 아이는 지치지도 포기하지도 않을 것이다. 아이를 가르치려다 보면 금세 한숨이 나오겠지만 아이와 함께 같이 즐기다 보면 입에서 탄성이 흘러나올 것이다. 상상을 이야기하고 그 이야기를 글과 그림으로 표현할 수 있는 '창의력 종합선물세트' 같은 책 만들기를 나와 아이들이 그만둘 수가 없는 것도 바로 이 때문이다.

아기 엄마의 특징 10가지

1. 몇 살이냐고 물으면 OO개월이라 대답한다.

아. 남편 나이요?
440개월이에요.
...똥오줌도 가려요...

미혼이었던 시절, 엘리베이터에서 우연히 너무 예쁜 아기를 만나고선 몇 살이냐고 물었더니 아기엄마는 나에게 27개월이라고 말했다. 그 알 수 없는 대답을 듣고서 나는 내가 뭘 잘못한 게 있는지, 아님 내 인상이 사납기라도 한 건지 잠깐 동안 고뇌에 잠겼다.
이후 내가 직접 아이를 낳고 나서야 그때 그 아줌마가 나를 싫어한 게 아니었구나 깨달을 수 있었다.

2. 엄친아(엄마친구아기)의 판단 기준은 몸무게다.

아기엄마들끼리 초면에 말을 트는 방법은 "애기가 몇 개월이에요?" 라는 질문으로 시작하고, 개월수를 트고 나면 반드시 이어지는 질문이 있다.
"몇 킬로예요?" 여기서 개월수에 비해 몸무게가 많이 나가면 '엄친아' 로 승급되며 그 아기 엄마는 앉은 자리에서 모든 엄마들에게 자신의 파란만장한 모유 수유와 이유식 경험담을 널리 설파하기 시작한다.
이 때, 우량아를 안고 다니기 위해 불국사 기둥이 되어버린 자신의 팔뚝 이야기는 절대 하지 않는 노련함을 보인다.

구명조끼 안입은걸
보니 저것들 아직
애 안 낳아봤군.
...애 낳아봐.
배 못 내놔..ㅜㅜ

3. 출산 유무에 따라 세상사를 이분법한다.

외국 여행을 다녀온 측근의 소식을 듣고 이렇게 말한다. "아직 애가 없으니 그런 먼 곳에 갈 수 있지." 부부싸움 후 집을 뛰쳐나와 놀이터 그네에 앉아 울고 있는 TV 속 여배우를 보고는. "애가 없으니 가출도 할 수 있는 거야." 애 업고 백화점에 갔는데 푸드 코너에서 다정히 앉아 팥빙수를 먹고 있는 부부를 보고는 이렇게 말한다. "애 낳아봐라. 저렇게 앉아서 먹을 수 있나."

4. 소리 지르는 네가 챔피언♪ 난산에 미치는 네가 챔피언♬

예비엄마들에게 있어선 병원 들어간 지 30분만에 순풍 낳았다는 류의 순산 바이러스를 듬뿍 받고 싶겠지만, 아기 엄마들 사이에서 그런 경험담은 시시하고 재미없는 하나의 사례일 뿐이다. 꼬박 이틀을 죽을 듯이 진통하다가 결국은 제왕절개로 애를 낳았다거나, 낳고 보니 애가 5kg 가까이 나가고 그래서 태어나자마자 이유식을 찾더라는 등의 무용담은 되어야 애 낳은 축에 드는 것이다.

5. 몸매의 볼륨이 좌우에서 전후로 변경된다.

아기를 낳기 전에는 허리가 들어가고 힙이 볼록한 코카콜라형 볼륨이었다면, 아기를 낳고 난 뒤엔 정면에서는 아무리 바라봐도 신체 연결부위(?)가 모호하여 구분을 지을 수가 없다. 따라서 위치를 달리하여 측면에서 바라봐야 하는데, 가슴이 움푹 파이고 등살이 풍만해지며 후방의 힙보다 전방의 뱃살이 더 돌출되어 비로소 전후로 풍만한 볼륨이 생기는 몸매로 변경된다.

6. 물만 먹어도, 냄새만 맡아도 살이 찌는 체질로 변신한다.

갓난아이를 안고 업고 혹은 하루 종일 정신 없이 설쳐대는 아이를 돌보느라 하루 두 끼로 겨우 생명을 유지(?)한다고 스스로는 생각한다. 사실은 '선택과 집중'으로 두 끼의 식사에 모든 사활을 걸었기에 하루 두 끼만으로 다른 이들이 우아하게 식탁에 앉아 하루 세 끼 먹는 양의 두 배를 먹는 결과를 초래한다. 이러하니 육아에 힘들어 죽겠는데도 살은 안 빠지고, 너는 왜 남들 먹는 냄새만 맡아도 혼자 살이 찌느냐는 타박을 받게 되어 억울해 미치고 환장하고 폴짝 뛰게 된다.

7. 밤중 수유 · 기저귀 · 한글 떼기는 유아기의 국영수 과목이다.

아기가 어릴 때는 이 세 가지만 다 떼도 이제 다 키운 듯 시집 장가 보낼 수 있을 것만 같다. 남들보다 빨리 떼면 혹시 내 아이가 영재가 아닐까 하는 착각에 빠져 이제 똥오줌 겨우 가리는 아이를 바라보며 엄마는 노벨상까지 떠올리며 행복한 상상의 나래를 펼치기도 한다. 이후 아이가 초등학교에 들어가 첫 시험 결과를 받아 보고 나서야, 똥오줌 빨리 가린다고 서울대 가는 거 아니라는 현실을 깊이 자각하게 된다.

쌍둥이들이 두 돌 때까지 공갈젖꼭지를 빨고
30개월까지 기저귀를 차는 등 지들 마음 내키는 대로 살다가
불현듯 정신 차리고 저렇게 코피 터져가며 셀프 학습을 했다.
그러더니 56개월 즈음에 갑자기 한글을 떼 버렸다.
엄마의 방목에 스스로 학습법을 깨우쳤을까.

8. 돌잔치와 블로그를 위해 컴맹에서 IT 천재로 거듭난다.

엄마표 돌잔치를 위해 고3때보다 더 열심히 포토샵을 파고들고, 가계부는 쓰지 않아도 블로그에 아이 사진 포스팅은 반드시 해야 직성이 풀린다. 가끔 아기가 예쁘다는 방문객의 댓글에 흥분하여 아기가 자신의 얼굴을 닮았다는 사실조차 망각한 채 아기모델 콘테스트에 응모하기도 한다.

돌잔치 소스를 얻기 위해 검색의 달인으로 빙의한 바람에, 마트에 장을 보러 가서도 각종 소스류를 구매하고 나서는 계산대에서 점원에게 메일 주소를 적어줘야 할 것 같은 강박관념에 사로잡힌다.

고객배달 요청 메모인데
뭔 말인지 도대체...
뭘 그리 봐?
와, 정말 대단해요~!
님하. 아래 주소로 불고기
소스 좀 보내줘영.
OOO@네이버.com

9. 낯선 아기 엄마와는 종종 아바타놀이를 한다.

초면의 또래 아기 엄마와 동행하거나 마주쳤을 경우 서로 누가 먼저 말을 걸어야 하는지 머쓱한 상황이 올 때가 있다. 그럴 땐 직접 인사를 건네지 않고 자신의 아이를 빌려 그 집 아이(사실은 엄마)에게 대화를 시도한다.

아기 엄마 A : 안농 아기야? 넌 몇 개월이니? 나는 이제 두 돌 지났는데……

아기 엄마 B : 저는 이제 6개월 지났떠요. 근데 오빠는 어린이집 다녀요?

얘, 니네 유치원도
이번주가 방학이니?
나도 방학인데...
응, 나는 일주일
방학이야, 너희는...?
?
난 아무말
안했는데...?
?
...엄마 왜저래?

10. 나는 현역 아줌마가 아니라 예비역 아가씨라고 위안한다.

아가씨에서 아줌마로 신분이 바뀌는 것을 승급이 아니라 강등이라고 여긴다. 이미 현역 아줌마로 말뚝 박았는데도 여전히 예비역 아가씨로 남길 강력하게 원하여 누군가 등 뒤에서 "아가씨~!" 라고 부를 때 자신을 부르는 호칭이 아니라는 것을 뻔히 알면서도 꼭 한번 뒤돌아보는 미련을 버리지 못한다.

자신을 부르는 줄 알고 있지만 절대로 뒤돌아보지 않는다.
후다닥...
저기... 아줌마~~!!

12. 초보들을 위한 컴퓨터 그래픽

2003년도였는지 2004년도였는지 정확하게 기억이 나지 않는다. 인터넷에서 최저가 보급형 타블렛을 하나 구입했다. 이전까지는 컴퓨터에 마우스로 그림을 그리다가 그냥 무작정 '제대로' 한번 그려보고 싶었다. 그러나 어색하기만 한 타블렛이 손에 익기도 전에 나는 곧 쌍둥이를 낳게 되었고 타블렛은 USB 선으로 돌돌 말려진 채 이삿짐 박스 속 깊숙이 박혀 지냈다.

이후 다시 이 녀석을 꺼낸 것이 2008년. 대략 4~5년 만이었다. 아이들이 똥오줌도 가리고 대화도 가능해지자 나는 좀비에서 인간으로 진화했고, 좀비 이전에 인간으로 살았던 시절의 기억을 다시금 하나씩 되찾고 싶어졌다. 이 즈음 아이들에게 책을 만들어주는 것에 푹 빠져 있었기에 타블렛이라는 녀석은 참으로 요긴하지 않을 수 없었다. 더 좋은 걸 써 본 적도 없었고 더 불편한 걸 써 본 적도 없었기에 나에게 이 녀석은 첫사랑이자 가장 최고의 사랑이었다.

2006년도 겨울, MBC 라디오 프로그램에 사연을 응모한 것이 뽑혀서 나는 상품으로 노트북을 받았다. 최저가 타블렛에 경품 노트북, 그리고 좀비에서 막 인간으로 진화한 나, 이렇게 다소 없어 보이는 셋이 뭉치게 되었다. 볼품은 없었지만 우리 셋의 의욕은 하늘을 찔렀다. 아이들에게 많은 책을 만들어주었고 블로그를 통해 수많은 글과 그림을 창작해냈고 두 친구의 고군분투로 나는 블로그를 다시 시작한 지 1년만에 파워블로거가 되었으며 이로 인해 더 많은 사람들과 글과 그림으로 소통할 수 있는 기회를 가질 수 있었다.

2011년 초여름, 노트북이 드디어 생명줄을 놓으려 하고 있었다. 그간 저장해둔 중요 자료

들을 얼른 백업하라는 남편의 잔소리가 무반주 랩처럼 끊임없이 흘러나왔지만 이상하게도 나는 마음 한구석이 허전해지는 느낌이었다. 나의 또 다른 시작을 함께 했던 동지(同志)가 자신이 가진 열정을 오롯이 나에게 쏟아 부은 뒤 쓸쓸히 퇴장하는 것 같았다. 아쉽고 가슴 저렸지만 나는 녀석에게 작별을 고했다. 영화 〈토이 스토리 3〉에서 앤디와 우디가 서로 나눈 인사처럼.

"그 동안 고마웠어. 안녕, 잘 가……"

Illustrator로 스케치하고 채색하기

대부분의 웹툰 작가들은 먼저 종이에 손 그림을 그리고, 그것을 스캔한 후 다시 PC로 색을 입히는 과정을 거친다고 한다. 하지만 나는 맨 처음부터 마우스를 이용해 그림을 끼적대던 습관이 몸에 배어서인지 손으로 직접 그리고 지우는 그림보다 오히려 곧바로 컴퓨터 모니터 화면에 타블렛으로 스케치를 하는 것이 훨씬 수월하게 느껴졌다. 그리고 그 중에서 일러스트레이터의 붓 툴이 내 손엔 제일 다루기가 편리했다. 이것은 개인차가 있으니 다양한 프로그램과 툴을 써보며 자신에게 맞는 것을 찾아내도록 한다. 여기서는 일단 나의 방법부터 소개한다.

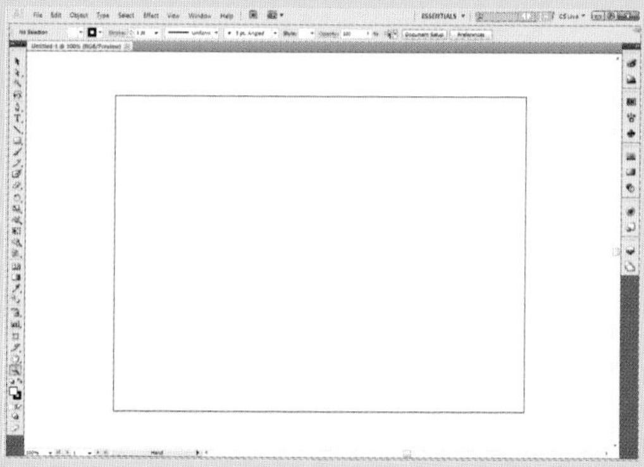

1. 일러스트레이터를 구동시킨다.
버전에 따라 레이아웃에는
차이가 있다. 참고로 이것은
현재 최신 버전인 CS5이다.

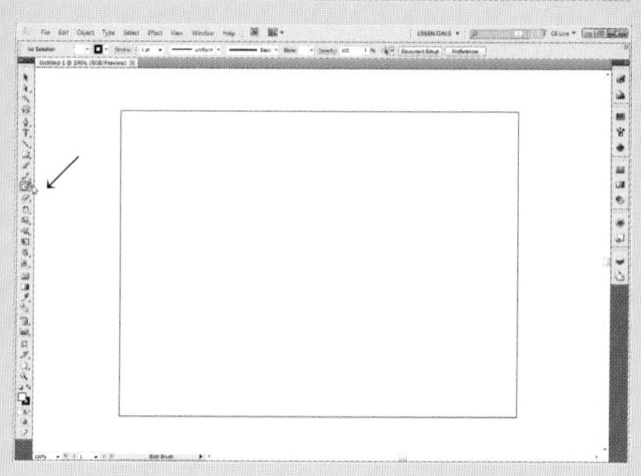

2. 새로운 캔버스를 만들고
왼쪽 툴 박스에서
Blob Brush Tool을 선택한다.

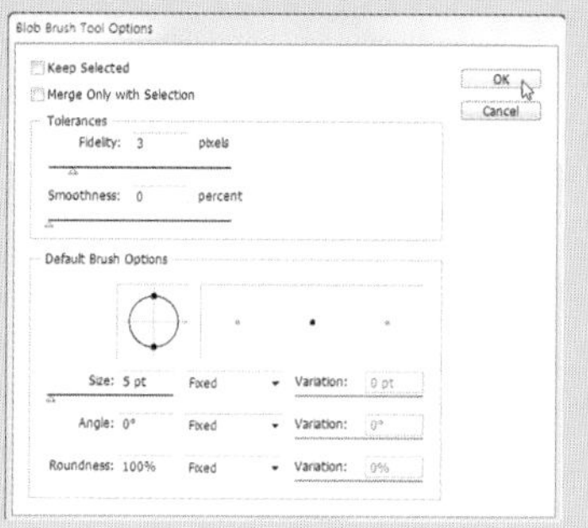

3. Blob Brush Tool을 더블 클릭하면
상세 옵션을 조정할 수 있는 대화상자가 뜨는데,
일단 왼쪽 그림과 같이 지정한다.

4. 옵션 지정이 끝났으면 종이에 그림을
그리듯 Blob Brush Tool로 스케치를 한다.
중간중간 수정이 필요할 때는
Ctrl + Z 키를 눌러 전 단계로
돌아갈 수 있다.

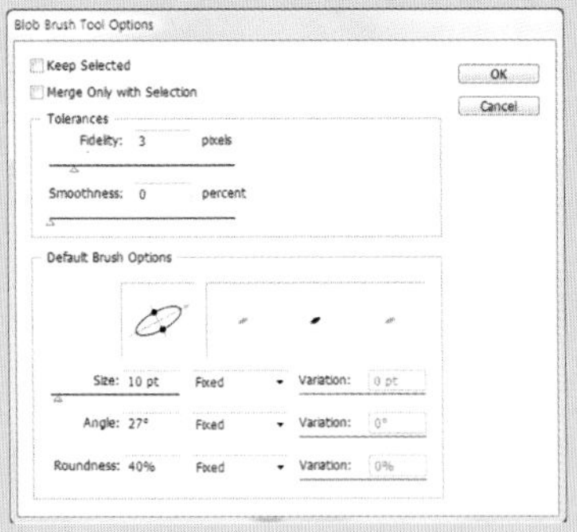

5. 이번에는 옆의 그림과 같이
옵션의 수치를 변경한다.
브러시의 사이즈를 늘이고
곡선의 형태와 기울기에 변화를 주었다.

6. 변경된 옵션으로 다시 그림을 그려 보았다.
선의 강약이 나타나 보다 생동감 있는
그림이 된다. 이처럼 옵션에서
다양한 수치로 변경해가며
실제 종이에 붓으로 그리듯
생생한 효과를 낼 수 있다.

7. 다시 처음 기본옵션(4번 참고)으로
그린 그림으로 돌아가
Ctrl + A를 누른다. 그러면
그림이 전체 선택된다.

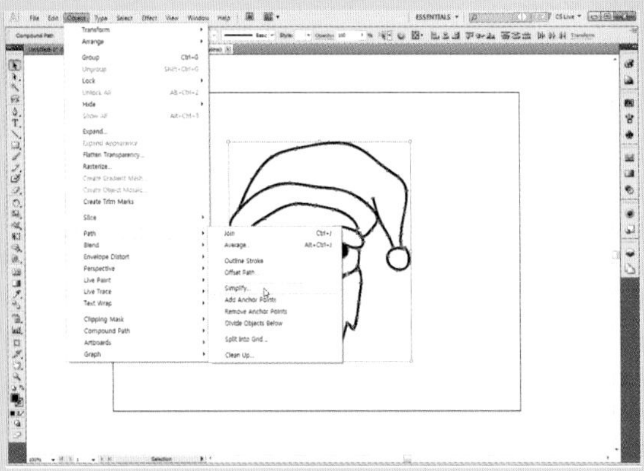

8. Object 〉 Path 〉Simplify를
선택한다.

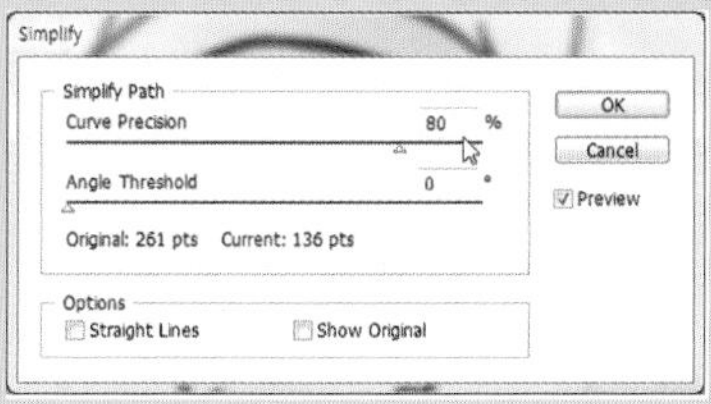

9. 대화상자의 Curve Precision 항목에
80이라고 입력한 후 OK버튼을 누른다.
이는 Blob Brush Tool로 그린
그림의 Path를 단순화하는 명령이다.

10. Path의 앵커들이 사라지면서 좀더
부드러운 느낌의 그림으로 변했다.
수치를 낮게 입력하면 더 단순화된
그림이, 수치를 높게 입력하면
원본 그림에 가까운 그림이 된다.

11. 이번엔 지우개로 그림을 지우는 방법을 알아보겠다.
왼쪽 툴 박스에서 Eraser Tool(지우개 툴)을 선택한다.

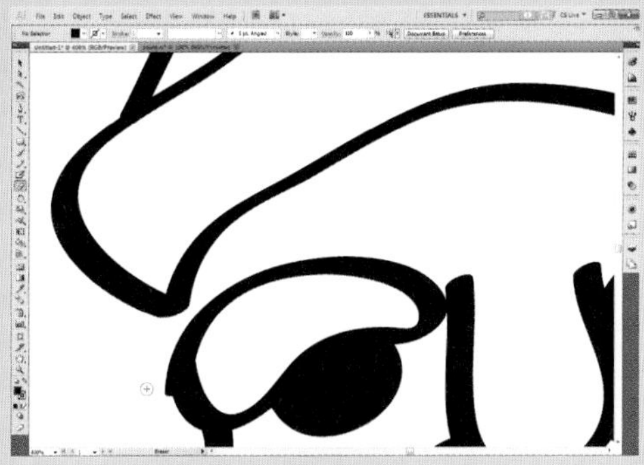

12. 지우개로 수정하기 위해
확대시킨 그림이다. 눈썹
옆 튀어나온 부분을 지울
것이다. 그림의 확대와
축소는 툴 박스 맨 아래의
돋보기 모양 Zoom Tool
을 이용한다.

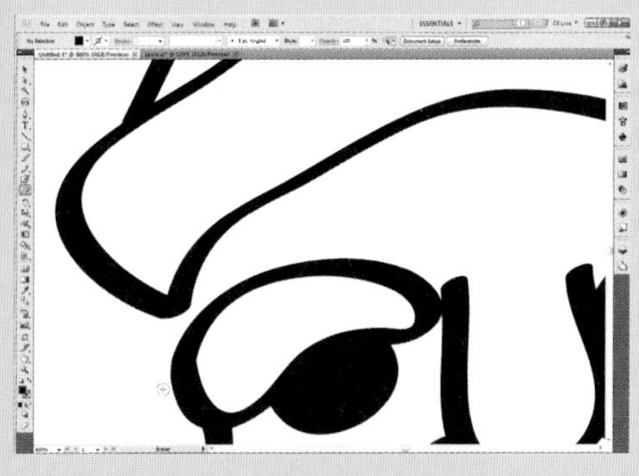

13. 방법은 종이에 연필로 그린 그림을 지우개로 지우는 것과 동일하다.
좀더 정교한 작업을 위해선 그림을 더 크게 확대하면 된다.
튀어나온 부분이 깔끔하게 지워졌다.

/ Selection Tool

14. 왼쪽 툴 박스에서
Selection Tool을 선택하여
이미지를 클릭해본다.
Blob Brush Tool을 이용해
그린 그림은 단순한 선이
아니라 자동으로 Path가
생성되며, 선과 선 사이에
fill이 가능하다.

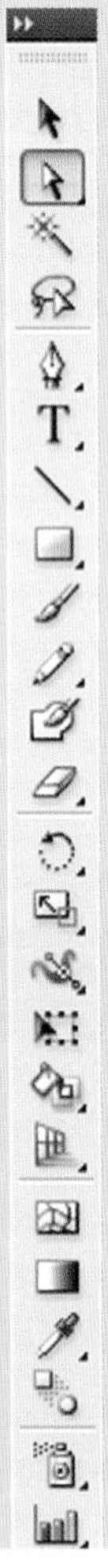

/ Direct Selection Tool

15. 이번엔 툴 박스에서 Direct Selection Tool을 선택한 뒤
이미지를 클릭한다. Path로 이루어져있기 때문에
위의 그림처럼 미세한 수정이 가능하다.
이렇듯 Blob Brush Tool을 잘 활용하면 일러스트뿐 아니라
캘리그라피처럼 섬세한 선의 표현이 필요할 때도 유용하다.

16. 채색을 해 보겠다.
Ctrl + A를 눌러 그림을 전체 선택한 뒤 왼쪽 툴 박스에서 Live Paint Bucket툴을 선택한다. (CS5 버전에선 Shape Builder Tool이라는 것이 생겼는데 이를 선택해도 무방하다.

17. 색상 팔레트에서 색을 선택한 뒤 색상을 입히고 싶은 영역에 클릭만 해주면 채색이 된다.

아래는 위와 같은 방법을 이용해 그린 그림들이다.

PhotoShop에서 책의 형태로 편집하기

나는 집에서 잉크젯 컬러 프린터기로 쉽게 출력을 하기 위해 편의상 모든 책의 사이즈를 A4에 맞추어 제작하였다. 시중의 책이 사이즈가 제각각이듯이 엄마표 책 역시 원하는 사이즈로 임의 제작해도 무방하다. 여기서는 내가 했던 방식 그대로 A4에 4페이지가 나오는 방법을 알아보겠다.

A4에 4페이지 배분하기

1. 포토샵을 구동시킨다. 버전에 따라 레이아웃에는 차이가 있다. 참고로 현재 최신 버전인 CS5이다. 포토샵에서 File 〉 New를 선택하여 A4 사이즈의 새로운 파일을 만든다. 이름은 엄마표책이라고 하였다.

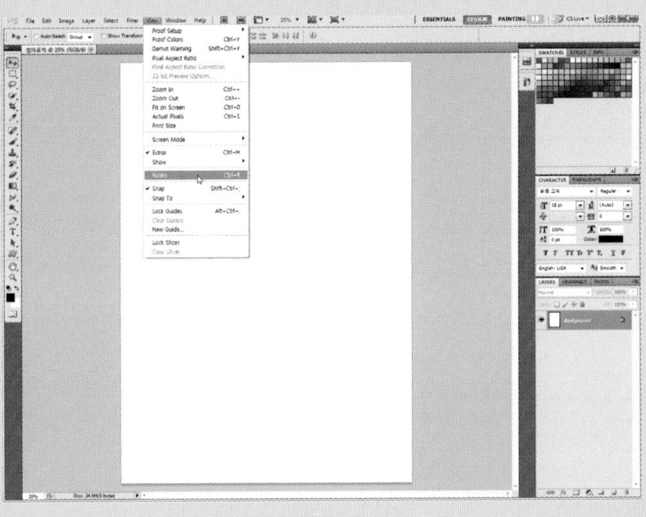

2. View 〉 Rulers 와 View 〉 Show 〉 Grid 메뉴를 차례대로 선택한다.

3. 자와 눈금이 나타났다. 이렇게 하면 A4 사이즈에 동화책 4페이지를 배분할 때 수치를 정확히 확인할 수 있기 때문에 수월하다.

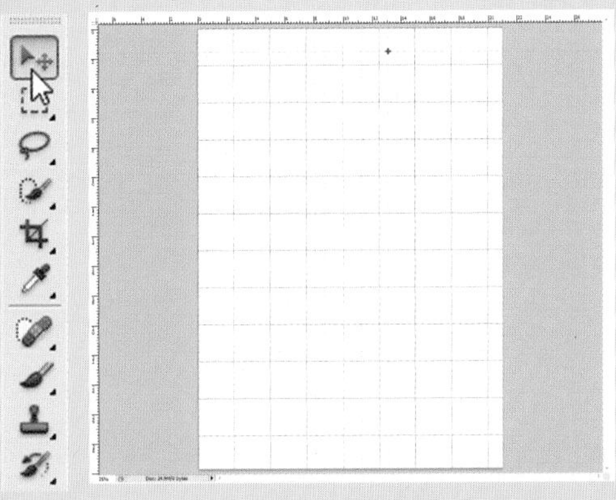

4. 눈금 수에 맞추어 4등분 계산이 끝났다면 툴 박스에서 Move Tool을 선택한 뒤 상단 자 영역에서 클릭하여 해당 위치까지 드래그한다. 푸른색으로 가이드가 생길 것이다.

5. 같은 방식으로 상하좌우 가이드를 끌고 나와 4페이지 영역과 각 페이지의 여백이 될 영역 등에도 가이드로 표시해둔다.

6. 영역 배분이 끝났다면 View 〉 Show 〉 Grid (혹은 단축키 Ctrl + ')를 선택해서 바탕 눈금을 보이지 않게 숨긴다. 물론 보이게 해 놓은 상태에서 작업을 해도 무방하다.

배경 만들기

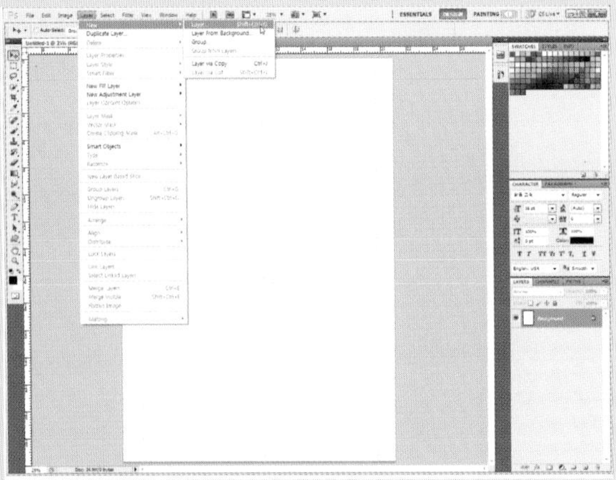

7. 메뉴에서 Layer 〉 New 〉 Layer를 선택하거나 레이어 팔레트 하단의 레이어 생성 아이콘을 클릭하여 상단 1~2페이지의 배경이 될 새로운 레이어를 생성한다.

8. 툴박스에서 네모영역선택툴을 선택한 뒤 상단의 보기와 같이 1페이지와 2페이지가 될 영역을 드래그하여 선택한다.
점선이 깜박거릴 것이다.

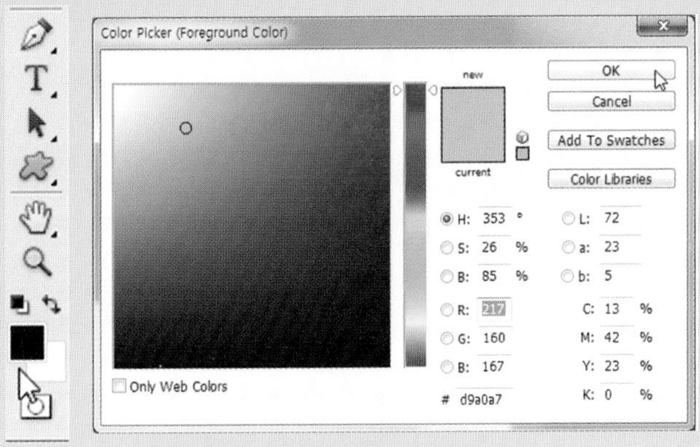

9. 색상팔레트 등에서 원하는 색상을 선택한 뒤 Alt + Delete를 누르면 8번에서 드래그한 영역에 선택한 Foreground 색상이 채워진다.

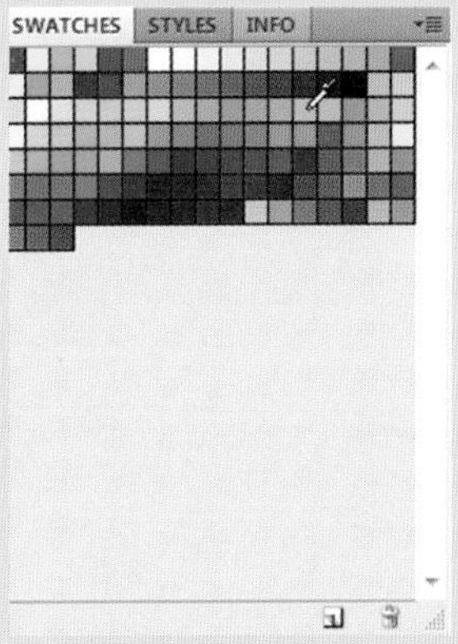

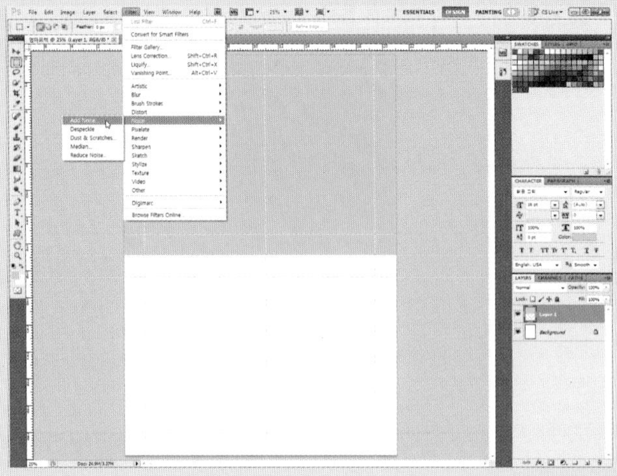

10. 밋밋한 배경에 간단한 방법으로 색다른 효과를 내 보겠다. Layer 1을 선택한 상태에서 Filter 〉 Noise 〉 Add Noise를 클릭한 뒤 적절한 수치를 입력해주면 노이즈가 추가되어 거친 질감이 나는 독특한 배경 효과를 낼 수 있다.

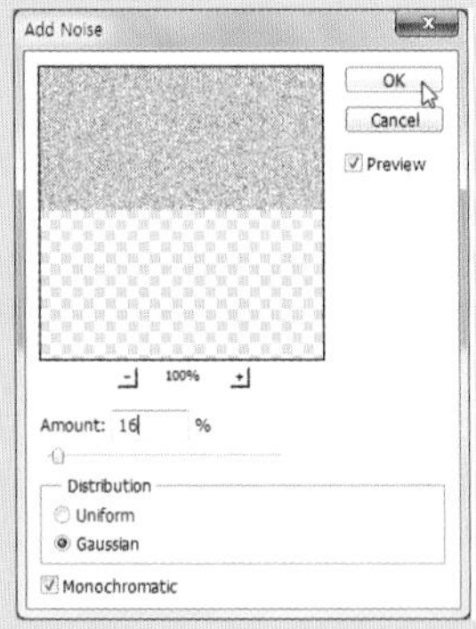

11. 이번에는 좀더 고급스러운 배경을 위해 무료클립아트를 이용해 보겠다. 배경이 될 이미지를 불러온 뒤 Layer 〉 Duplicate Layer를 선택한다. 옵션 창이 뜨면 보기와 같이 레이어 이름은 Layer 2로 지정해주고 복사될 파일명은 엄마표책을 선택한다.

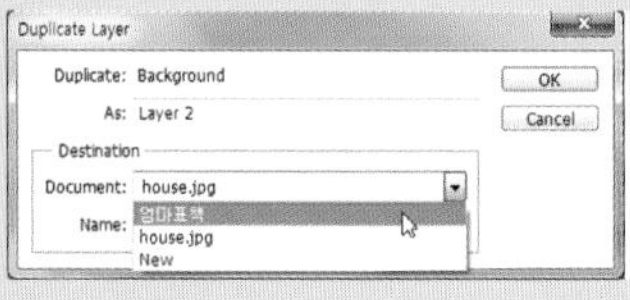

12. 다시 엄마표책 파일로 돌아온다. 방금 복사한 배경 이미지가 Layer 2로 생성되었지만 위치 및 크기 조절이 필요하다. Ctrl + T를 누르면 원하는 곳으로 이동 및 사이즈의 자유로운 조절이 가능하다.

13. 하단의 3페이지와 4페이지가 될 영역의 사이즈에 맞게 배경 이미지의 크기를 조절하고 위치를 이동시킨 후 완료되면 엔터를 친다. 이렇게 해서 1~4 페이지의 배경이 생성되었다.

Illustrator에서 그린 이미지 가져오기

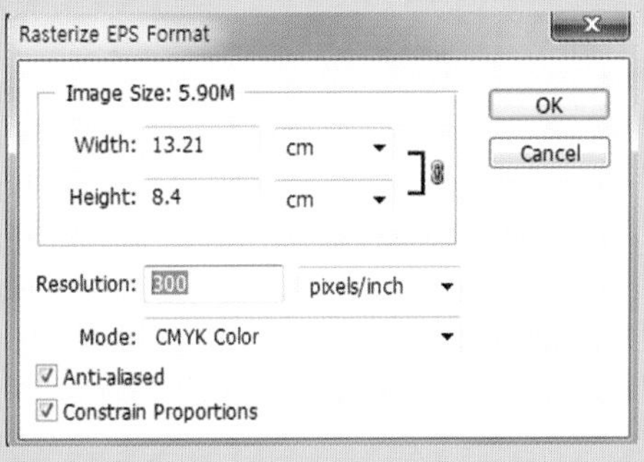

14. 일러스트레이터에서 미리 작업해둔 이미지를 불러오겠다. EPS 파일이나 AI 파일의 경우 보기와 같이 파일 불러오기 옵션 창이 뜨는데 여기서 작업할 책 파일의 해상도에 맞추어 Resolution(해상도) 값을 입력한다. 값이 클수록 이미지 사이즈가 커진다.

15. 11번과 마찬가지로 불러온 일러스트 이미지 파일을 엄마표책 파일에 붙여 넣는다. 레이어이름은 Layer 3로 한다.

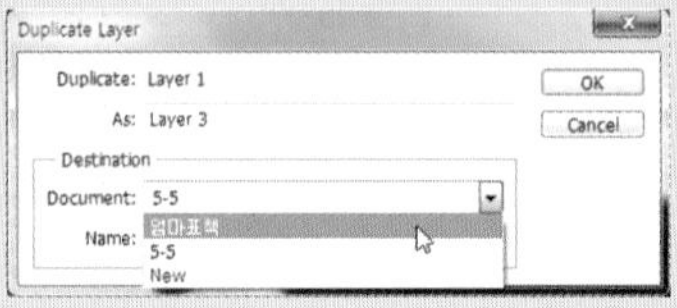

16. 13번에서와 같이 크기 및 위치를 조절한다. 단축키는 Ctrl + T이다. 완료되면 더블 클릭하거나 엔터를 친다.

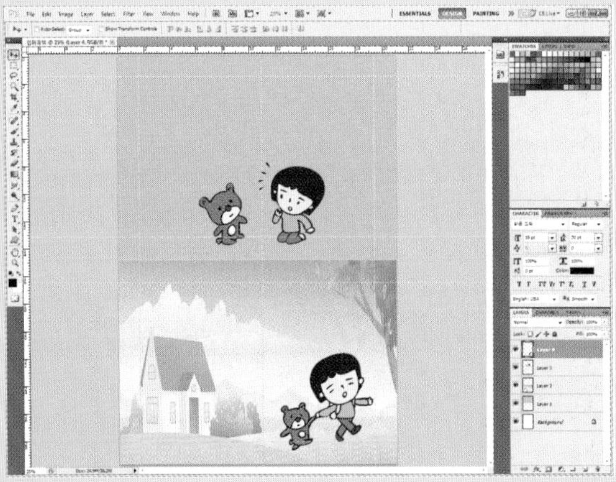

17. 상단 1~2페이지에 이미지 크기를 조절하여 적당한 위치에 이동시키고 나면 역시 동일한 방법으로 하단 3~4페이지에도 미리 작업해둔 일러스트 이미지를 불러와 넣는다. 이름은 Layer 4로 했다.

본문 내용 입력하기

집으로 돌아가자 처음 보는 인형이
나에게 말을 걸었어요.
"안녕? 나랑 친구하지 않을래?"
깜짝 놀랐지만 이내 나는 인형에게
조심스레 물었어요.
"좋아. 그런데 너도 히사에 가니?"
"아니."
"너도 항상 바쁘니?"
"아니 나는 너와 늘 함께 있을 거야."
Regular
14 pt
Smooth

18. 본문 텍스트를 입력해 보겠다. 툴박스에서 Type Tool을 선택한 뒤 글자를 넣고 싶은 영역에 클릭하여 자유롭게 텍스트를 입력하면 된다. 완료되면 상단 옵션에서 체크(∨) 메뉴를 클릭한다.

CHARACTER
PARAGRAPH
Regular
14 pt
(Auto)
100%
100%
0 pt
Color:
English: USA
Smooth
"안녕? 나랑 친구하지 않을래?"

19. 지정한 영역에만 글자체에 변화를 주고 싶으면 여타 문서 편집 프로그램에서처럼 원하는 부분을 드래그하여 선택한 뒤 옵션을 조정하면 된다. 폰트의 크기 및 종류, 문단의 상세한 속성 등의 옵션은 우측 CHARACTER 팔레트에서 조정이 가능하다.

20. 본문 입력이 완료되었다. 해당 글자 레이어를 선택한 뒤 Ctrl + T를 누르면 전체 크기 조절 및 이동이 가능하다.

21. 배경은 포토샵 마스크를 이용하여 자연스러운 그라데이션 효과를 주었다. 이 방법에 대해선 뒷부분에 다시 상세하게 설명이 되어있으니 참고하길 바란다.

22. 본문의 이미지에 입체적인 그림자 효과를 주기 위해 Layer 〉 Layer Style 〉 Drop Shadow를 선택한다.

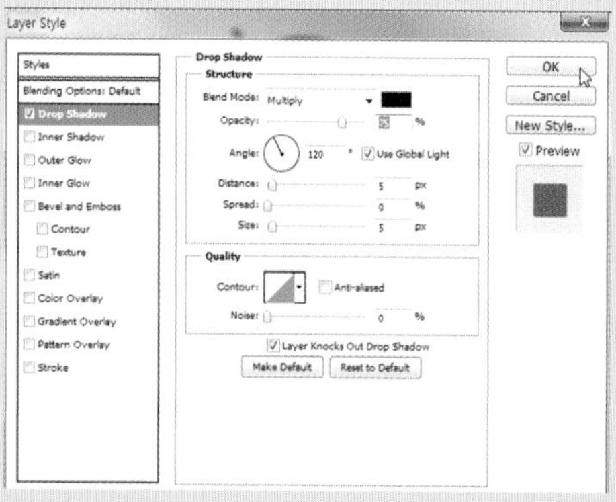

23. 대화 상자가 뜨면 그림자의 방향 및 사이즈 등을 지정한다.

24. 자연스럽게 스며드는 배경 효과와 그림자 효과까지 완성되었다. 이 페이지를 실제로 A4 용지에 출력해보았다. 가장자리 흰색 여백이 있다면 말끔하게 제거한다.

집으로 돌아가자 처음 보는 인형이
나에게 말을 걸었어요.
"안녕? 나랑 친구하지 않을래?"
깜짝 놀랐지만 이내 나는 인형에게
조심스레 물었어요.
"좋아.. 그런데 너도 회사에 가니?"
"아니."
"너도 항상 바쁘니?"
"아니, 나는 너와 늘 함께 있을 거야."
인형은 나를 따뜻하게 안아 주었어요.
그날 이후 우리는 세상에서 가장 친한
친구가 되었지요.
정말로 인형은 내 곁을 떠나지 않았어요.
유치원에 갈 때도, 놀이터에서 놀 때도,
맛있는 밥을 먹을 때도, 재미있는 장난감
놀이를 할 때도, 늘 나와 함께 했지요.
그리고 잠들기 전 다정하게 책도 읽어
주었어요.

25. 먼저 상단 1,2페이지와 하단 3,4페이지를 분리한 뒤 각각 반으로 접어주면 실제 책의 형태가 된다. 다른 모든 페이지도 동일한 방식으로 작업하면 된다.

아이 얼굴 감쪽같이 합성하기

동화책 소스를 공유하고 났더니 아이의 얼굴을 합성해야 하는데 도무지 사진 합성법을 모르겠다며 많은 분들께서 문의를 하셨다. 사실 포토샵의 버전이 점점 높아질수록 이 합성의 기술은 아주 손쉬워지고 영리해졌는데, 모든 이들이 높은 버전의 프로그램을 사용하고 있지도 않을뿐더러 낮은 버전의 사용법을 모른 채 최신 버전의 사용법을 익히기란 쉬운 일이 아니므로 여기서는 합성의 가장 고전적인 방법인 'Mask(마스크)'를 이용하여 초보자도 수월하게 합성을 할 수 있는 방법을 제시해보도록 하겠다. 마스크를 이용한 합성의 원리가 정말 간단하니 이 기능을 잘 익혀두면 두고두고 다양한 활용이 가능할 것이다.

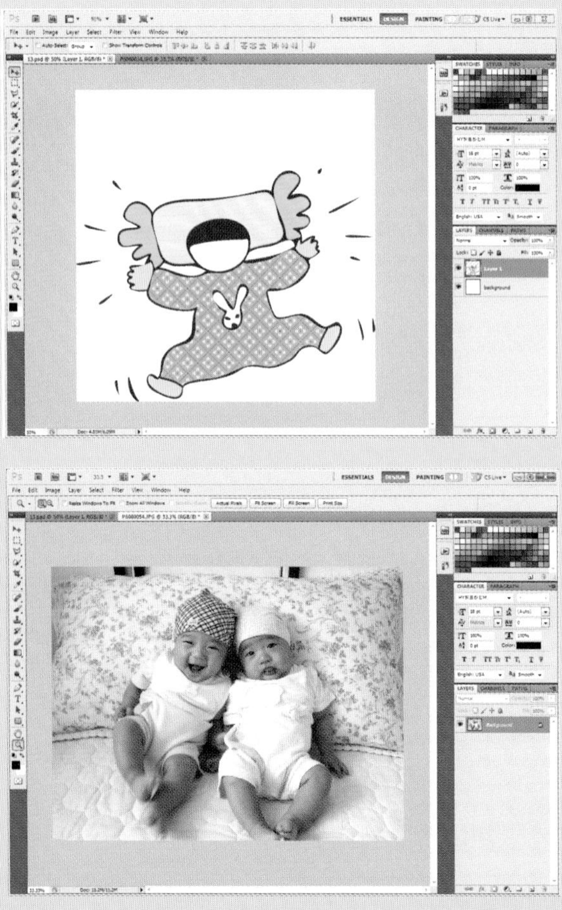

1. 포토샵에서 합성할 두 개의 이미지를 불러온다.
아이의 얼굴을 잘라내어 일러스트 이미지에 자연스럽게 합성할 것이다.

2. 먼저 아이의 사진을 열어두고, 툴 박스에서 Rectangular Marquee Tool(네모영역 선택툴)을 선택한다.

3. 아이의 얼굴 주위로 드래그한다.
네모 모양의 점선이 나올 것이다.
이 때 Ctrl + C를 눌러 선택한 영역을 복사한다.

4. 이번엔 합성이 될 일러스트 이미지로 와서 방금 복사한 얼굴을 Ctrl + V하여 붙여 넣는다.
우측 레이어 팔레트를 보면 새로운 레이어가 생성되었음을 알 수 있다.

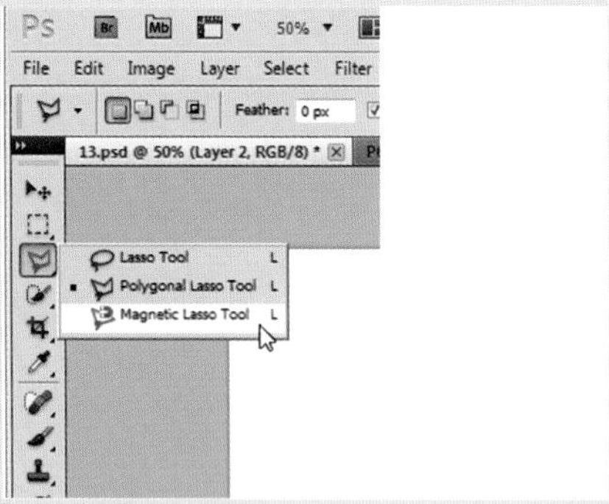

5. 툴 박스에서 Magnetic Lasso Tool (자석라쏘 툴)을 선택한다.

6. 머리 주위로 천천히 드래그하면 마치 자석이 달라붙듯 저절로 얼굴 주위로 선이 생성되는데, 마우스를 놓으면 방금 드래그한 부분이 선택 영역으로 변한다. 이 단계에서 세심하게 작업할 필요가 없다. 그냥 대강 드래그하여 얼굴 형태만 선택하도록 한다. 그 이유는 다시 설명하도록 하겠다.

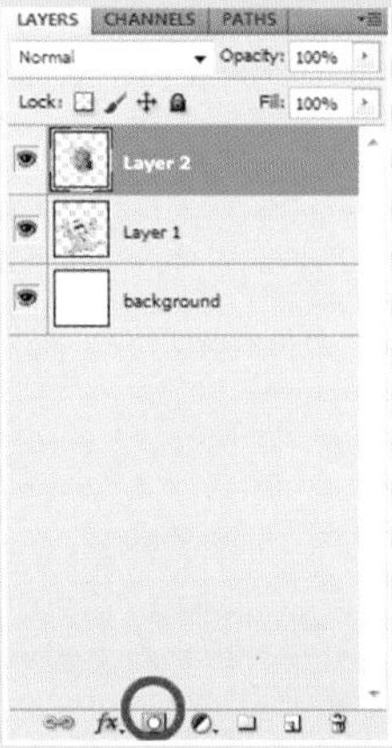

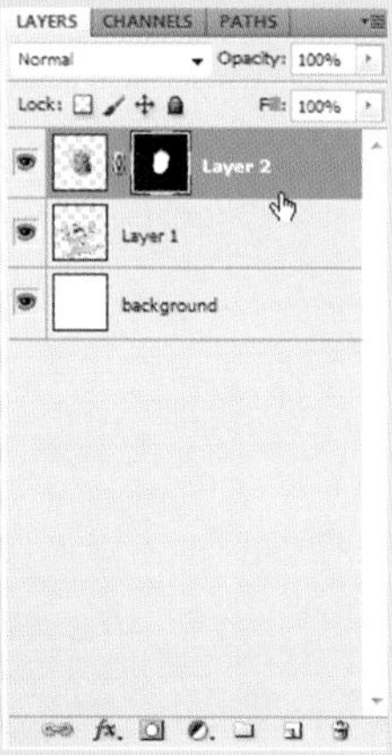

7. 아이의 얼굴 주위로 점선이 깜박거리고 있을 것이다. 이 때 레이어 팔레트로 가서 아이의 얼굴레이어가 선택된 상태인지 다시 한번 확인한 후 아래 그림처럼 Add Layer Mask(마스크 추가) 아이콘을 클릭한다.

8. 그러면 얼굴 레이어 옆에 마스크가 추가됨과 동시에 조금 전 자석라쏘툴로 선택했던 아이의 얼굴 영역 이외의 부분이 말끔하게 지워진 것을 확인할 수 있다. 여기까지만 해도 사실 1차적인 합성은 성공한 셈이다.

9. 아이의 얼굴을 자연스러운 위치에 옮기고 난 뒤 Ctrl + T를 눌러 크기 및 방향 등을 조절한다. 마우스 드래그를 통해 이동과 회전이 가능하다.

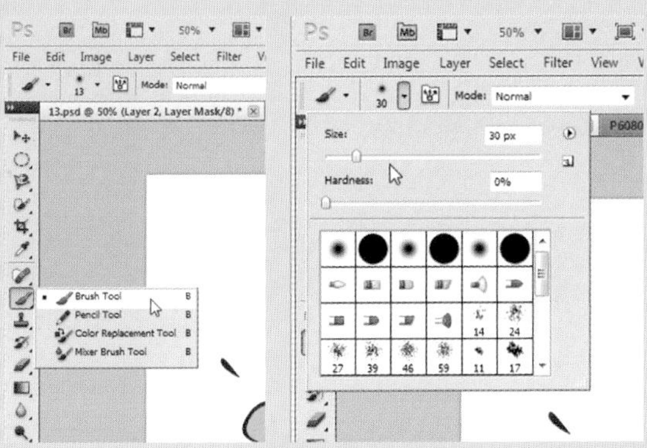

10. 이제 좀 더 세심한 합성 작업을 할 것이다. 사진에서 잘린 귀와 턱 등을 되살리고 불필요한 부분을 지워서 꼼꼼하고 완벽하게 마무리할 것이다. 툴 박스에서 Brush Tool(붓 툴)을 선택한다. 사이즈는 현재 열려 있는 이미지의 해상도에 맞추어 적절히 조절한다.

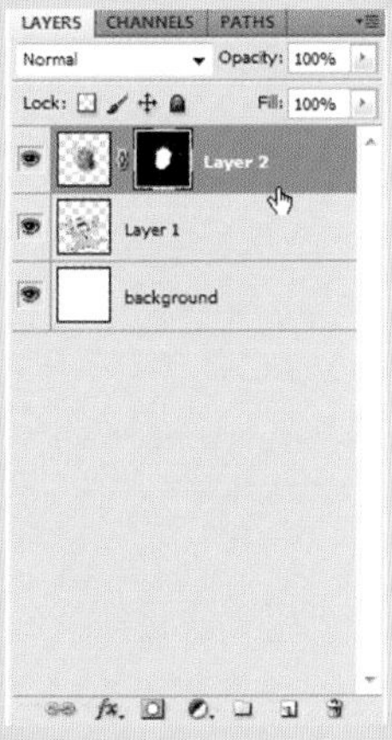

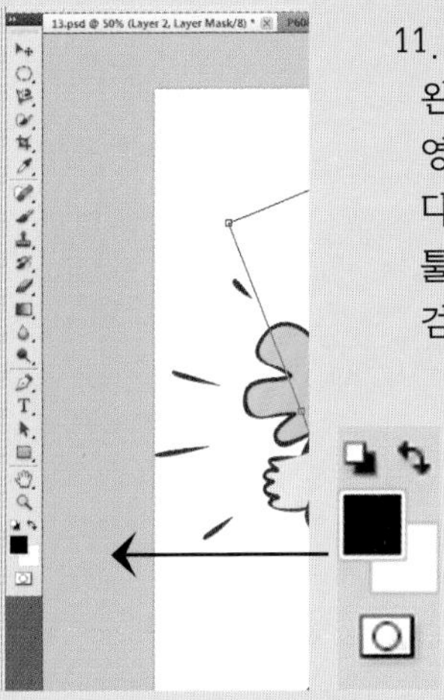

11. 레이어 팔레트에서 왼쪽의 그림처럼 마스크 영역이 선택되어 있는지 다시 한번 확인한 후, 툴 박스의 바탕색 툴에서 검정색을 선택한다.

12. 일단 개념을 알기 위해 테스트를 해 보겠다. 검정색 붓으로 아이의 얼굴 위를 과감하게 쓱쓱 칠해보도록 한다. 어떠한가? 아이의 얼굴이 사라지면서 아래 일러스트 이미지가 드러난다.

13. 이번엔 화살표를 눌러 흰색을 선택한 뒤 마찬가지로 아이의 얼굴 위를 쓱쓱 칠해본다. 그랬더니 아이의 사진 원본이 복구된다.

14. 이 개념만 이해했다면 이제 합성은 정말 쉽다. 없애고 싶은 부분은 검정색으로, 다시 드러내고 싶은 부분은 흰색으로 칠해주면 된다. 즉, 검정색으로 지우고 흰색으로 복구하는 셈이다. 정교한 작업은 화면을 확대하고 작은 사이즈의 붓 툴을 선택해서 칠한다. 이 때 레이어 팔레트에서 마스크 영역이 선택되어 있는지 다시 한번 확인한다.

자연스러운 배경 효과 내기

역시 마스크 기능을 이용한 합성 효과 하나 더 소개한다. 배경에 이미지가 녹아들듯이 자연스레 합성되는 방법이다. 마스크의 기본적인 개념만 이해하면 포토샵에서 다양한 합성에 이를 적용할 수 있다.

1. 포토샵에서 새로운 캔버스를 만들고 합성할 두 개의 이미지를 각각 불러온다.

2. 불 이미지(레이어1)와
 꼬마 소방관 이미지(레이어2)를
 새로운 캔버스 위에
 붙여 넣었다.

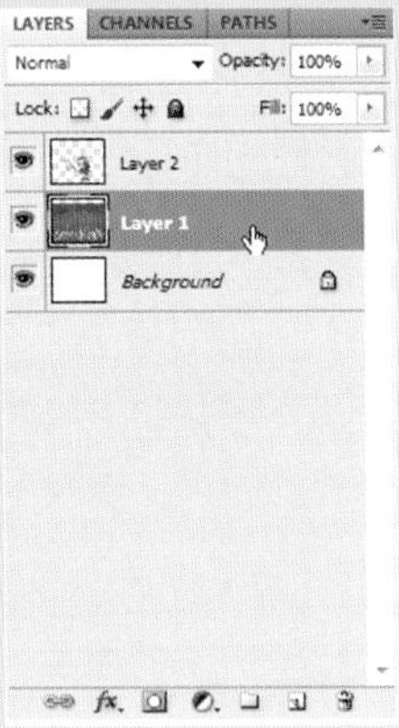

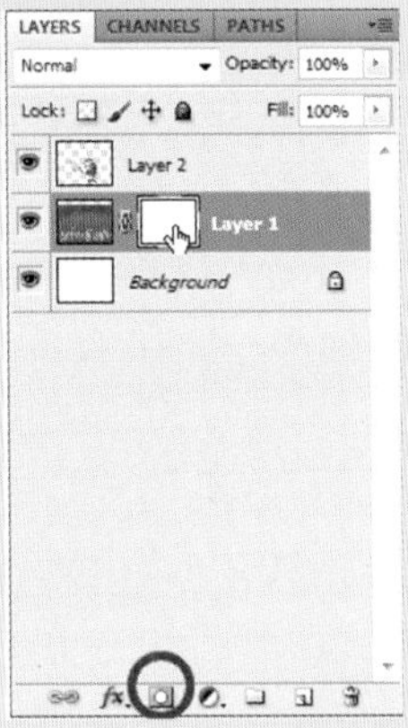

3. 레이어 팔레트에서 불 이미지를
 선택한 후 하단의 마스크 아이콘을
 클릭한다. 이미지 옆에 마스크가
 추가된 것을 확인할 수 있다.

툴 박스의 그라데이션 툴

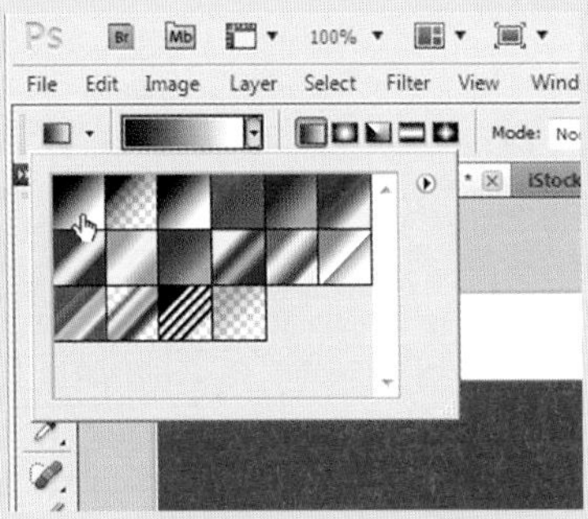

4. 툴 박스에서 그라데이션 툴을 선택하고
 옵션은 그림과 같이 검정-흰색 그라데이션을
 선택한다. 툴 박스의 색상 역시
 검정색이 Foreground Color로,
 흰색이 Background Color가 되도록 선택한다.

5. 불 이미지가 시작되는 상단 부분에서 이미지의 중간 지점까지 아래로 드래그한다.

6. 그라데이션이 적용되어 불 이미지가 배경에 자연스럽게 스며들었다. 원하는 느낌이 나올 때까지 반복하여 적용해주면 된다.

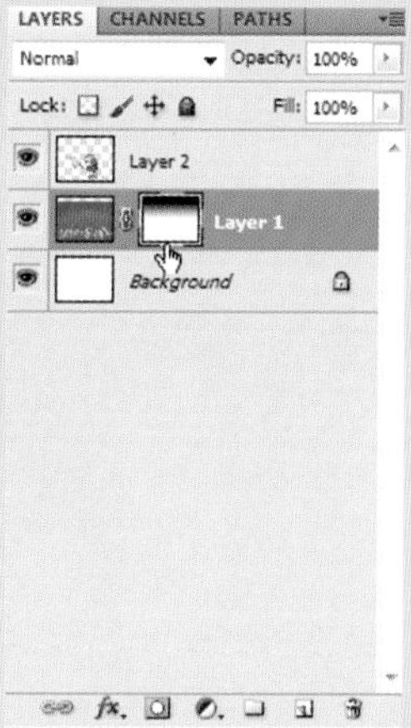

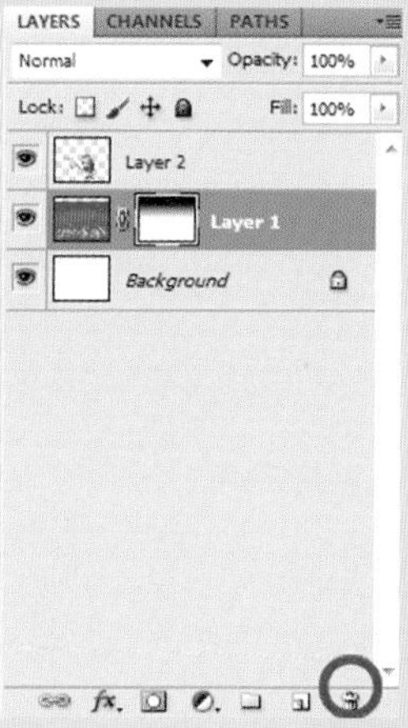

7. 마스크 적용을 취소하고 싶으면 레이어 팔레트의 마스크 영역을 선택한 뒤 하단의 휴지통 아이콘을 클릭한다. 그러면 마스크를 적용할 것이냐는 대화상자가 뜨는데 'Delete'를 누르면 마스크 적용 전의 원래 이미지로 복구된다.

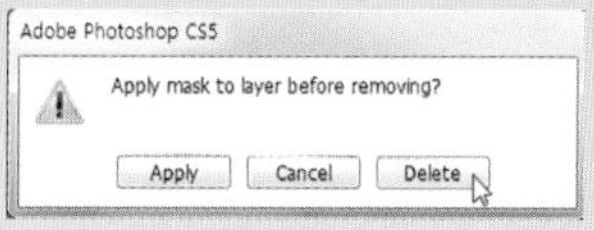

원래대로 복구된 이미지.

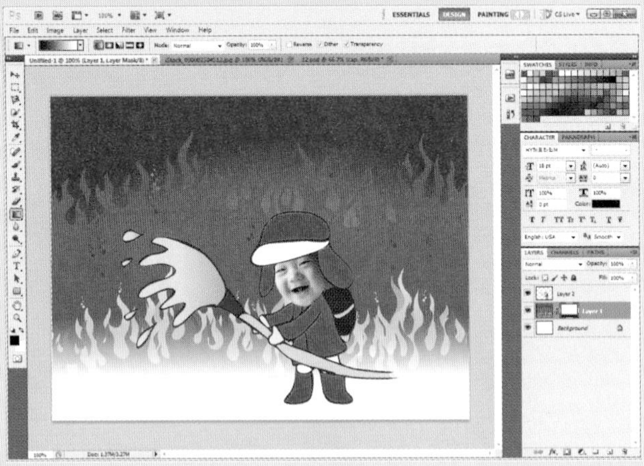

8. 같은 방식으로
불 이미지의 하단에
그라데이션을적용시킨
결과다.

아래의 두 그림은
글이 들어간 부분을
위와 같은 방식으로 적용한
배경 효과이다.

짜증을 내는 너를 원망했구나.
얘야, 사실은 엄마도 자주 화를 낸단다.
나를 좀 더 사랑해달라는 또다른 표현인 것을
엄마가 잠시 잊고 있었구나.
얘야, 미안하고 또 미안하다.

하지만 얘야, 이것만은 알아줘.
엄마는 너를 단 한번도 사랑하지 않은
적이 없단다.
너를 사랑한다는 걸 잊은 적이 없단다.
네가 세상에서 가장 소중하다는 걸
놓은 적이 없단다.
얘야, 사랑하고 또 사랑한다.

칙칙한 사진 뽀샤시하게 만들기

이건 포토샵 초기 버전 시절부터 꾸준하게 내가 써오던 방법이다. 요즘은 뽀샤시 사진을 만들어주는 간단한 프로그램이나 액션 등이 많이 있긴 하지만 사진마다 해상도나 색감 등이 다 다른 상태에서 자칫 지나친 오버 효과가 나타날 경우가 많은 터라 여전히 나는 아래와 같은 고전 방식을 고수하고 있다. 칙칙한 사진을 화사하게 만드는 데 있어 이만한 효과가 없는 듯하여 자주 쓰지만, 너무 남용할 경우 자신의 쌩얼을 잘 알고 있는 친구들로부터 테러를 당하는 수가 있으니 적당히 쓰는 것이 신변에 좋을 듯싶다.

1. 포토샵에서 뽀샤시 효과를 줄 이미지를 연다.

2. 레이어 팔레트에서 배경이미지를 선택한 뒤 하단의 Create a new layer 아이콘으로 드래그한다.

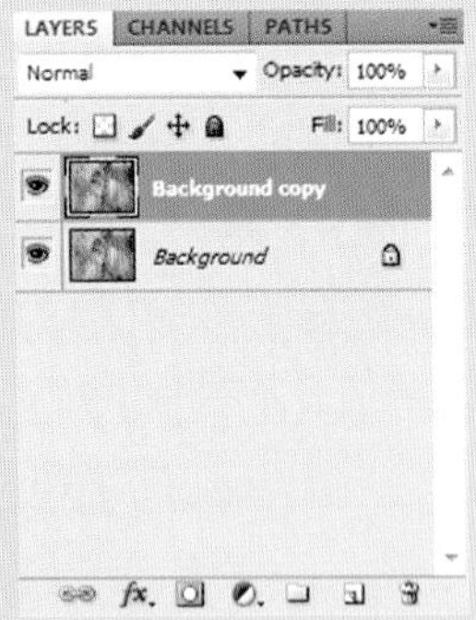

3. 배경이미지가 복사되어 레이어가 생성되었다.
복제레이어를 클릭하여 선택한다.

4. Filter 〉 Blur 〉 Gaussian Blur를 선택한다.

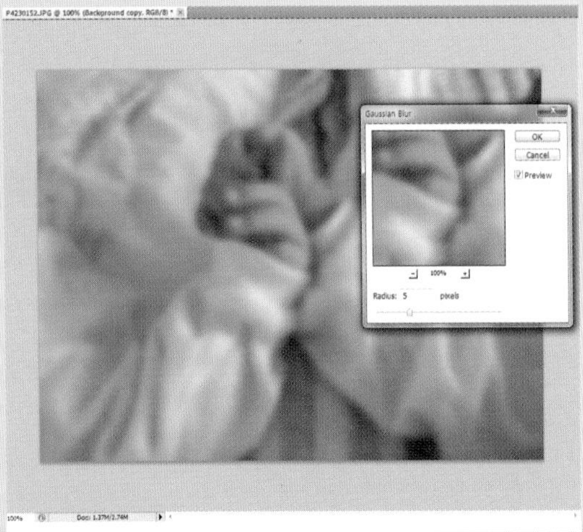

5. 현재 이미지는 가로 800px에
세로 600px이다. 옵션에서
Radius 값에 '5'를 주었다.
이미지가 크다면 좀 더 높은 값을 준다.
Preview를 통해 이미지를 살피면서
적정한 값을 입력하도록 한다.

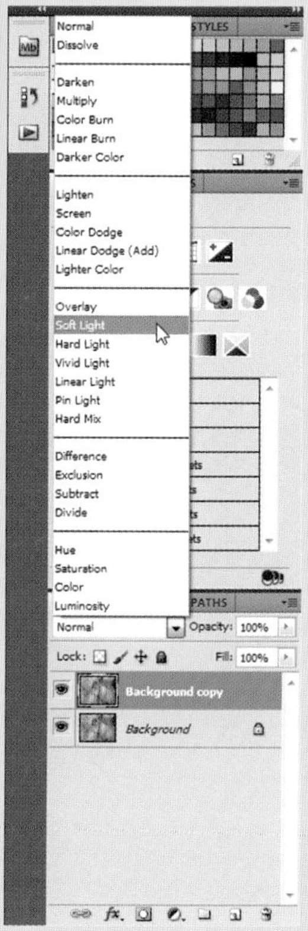

6. 역시 복제레이어를 선택한 상태에서 레이어블렌딩 모드를
Soft Light로 변경한다.

7. 이번엔 아래의 배경레이어를 클릭하여 선택한다.

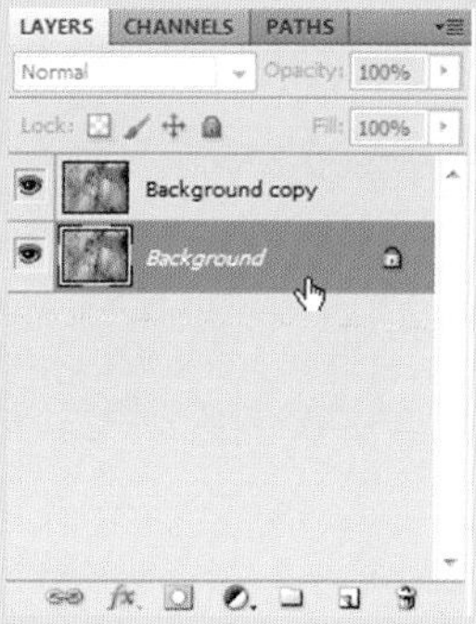

8. Filter 〉 Sharpen 〉
Unsharp Mask 를
선택한다.

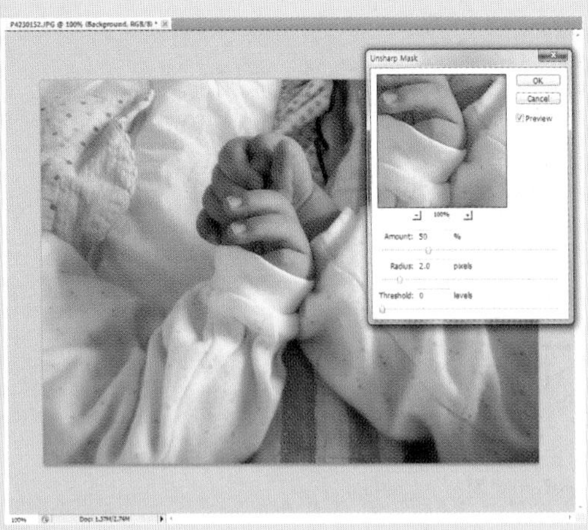

9. Amount 값을 50%로 주었다. 이미지 크기가 크다면 좀 더 높게 설정하면 된다.

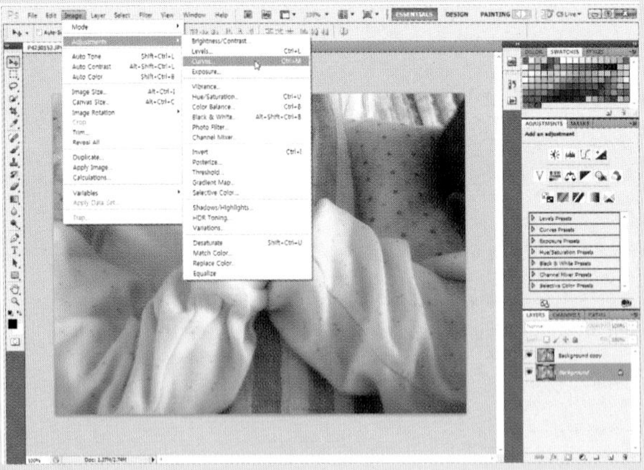

10. 여전히 배경레이어가 선택된 상태에서 Image > Adjustment > Levels를 선택한다.

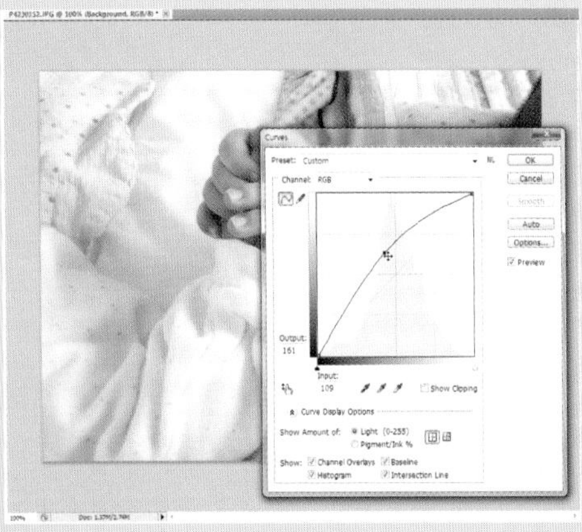

11. 곡선을 위로 잡아당겨 이미지를 밝게 보정한다.

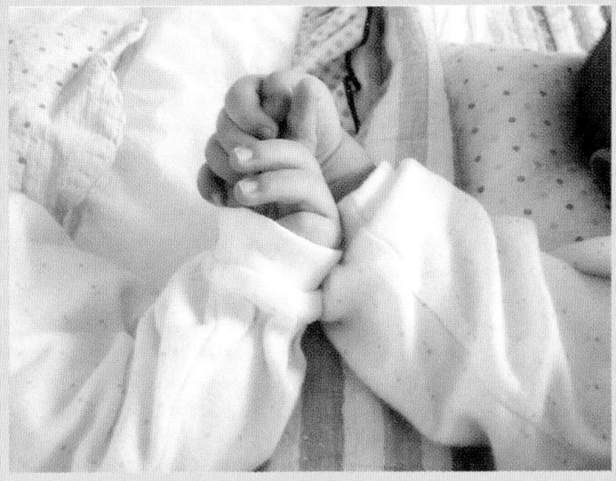

완성된 이미지다.
원본과 비교해보면 훨씬
화사한 느낌의 뽀샤시 사진으로
변한 것을 확인할 수 있다.

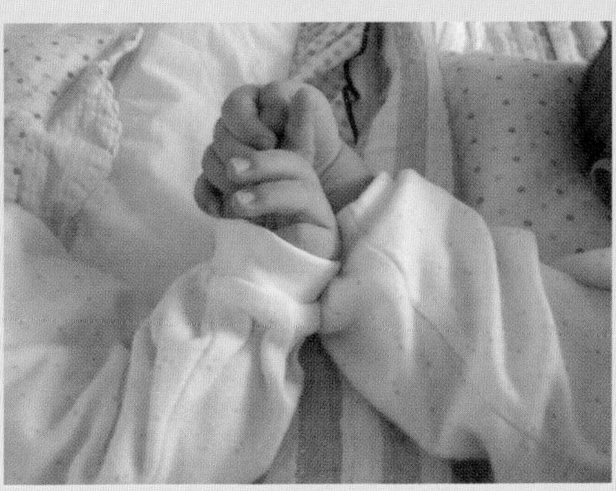

반드시 컴퓨터일 필요는 없어요

그래픽 프로그램 다루기가 힘들다면 직접 손으로 그려도 무방하다. 아래의 책은 아이들과 나눈 이야기가 너무 재미있어 얼른 책으로 만들고 싶은 마음에 A4 용지에 직접 사인펜으로 그려서 만든 책이다. 나는 이후 손으로 그린 그림을 스캐너로 스캔하여 포토샵에서 재편집을 하였지만 포토샵 편집 없이도 얼마든지 책을 만들 수 있다. 이미 앞에서 보았듯이 아이들이 스스로 책을 만들 때는 (당연한 이야기지만) 그 어떤 컴퓨터 프로그램도 쓰이지 않았는데도 충분히 내용 전달이 가능한 멋진 책이 되었기 때문이다.

포토샵으로 사진 합성이 어려울 경우, 학창 시절 미술시간의 공작 활동을 떠올리며 실제 인화된 사진을 가위로 오려내어 붙여주면 된다. 어떠한 방식이든 담고 싶은 이야기를 책과 비슷한 형태로 만들어주면 되는 것이지, 실제 책과 똑같이 만들어낸다고 해서 아이에게 전해지는 사랑과 감동이 두 배가 되는 것은 아니라는 것이 나의 생각이다.

두명이었으면 좋겠어!
엄마 지음

6부
실제 책과 똑같이, 직접 제본하기

13. 보드북 제본하기

평생을 함께할 튼튼한 합지제본

어떤 스토리로 어떻게 그림을 그리고 어떠한 방식으로 책을 편집할 것인지 머릿속에 또렷이 구상이 되어 이제 실행으로 옮기기만 하면 되는데, 도대체가 이것을 실제 책의 형태로 제본을 하려면 뭘 어떻게 해야 하는지에 대해서는 도통 감이 오지 않았다. 열심히 인터넷을 뒤져보았지만 내가 원하는 걸 구할 수가 없었다. 어떡하지? 너무 만들고 싶은데…… 고민을 하다가 책을 직접 손으로 만든다는 북아트를 배우러 문화센터에 다니기도 했었다. 관련 강좌에서 여러 다양한 제본 방식을 배우긴 했으나 실제 아이들을 위해 만들어줄 만한 내용보다는 아트적인 아웃풋을 중시하는 예술 제본 위주였기에 강좌가 끝이 난 이후 나는 또다시 원점으로 돌아왔었다.

그러던 어느 날, 이제는 고등학생이 된 조카가 우리 아이들 읽으라고 물려준 영어 보드북을 별 생각 없이 뒤적이다 나도 모르게 환호성을 터뜨렸다. "그래, 바로 이거야!" 아, 내가 왜 미처 이 생각을 못했었을까. 당시 내가 만들고 싶은 책의 형태에 딱 들어맞는 수학공식과 같은 제본 방식이 보드북에 들어 있었다. 그리고 그건 그다지 어려운 것도 아니었다. 제본에 관련한 정보가 있는지 인터넷을 뒤지고 직접 책을 펼쳐가며 몇 년간 머릿속에만 맴돌던 구상을 드디어 구체적인 실물로 재현하기에 이르렀다. 이건 마치 콜럼버스가 신대륙을 발견한 것과 같은 엄청난 일이었다. 적어도 나에겐 말이다.

이제 아이들에게 책을 만들어준다는 것은 단순한 꿈이 아니었고 기분 좋은 현실로 다가왔다. 가슴 속에서 나온 이야기는 머리를 거쳐 정리된 뒤 손으로 만들어진 후 세상에 나왔다. 그리고 내가 만든 책들은 이제 서점에서 구입한 다른 책들과 나란히 아이들 방 책장의 한 칸을 가득 채우기에 이르렀으며 "이거 내가 만든 책이에요."라고 일부러 말을 해야 알 정도로 실제 책의 형태와 비슷했다.

이제는 디지털 인화 사이트에서 포토북의 형태로 개인이 만든 동화책을 출판해주는 서비스도 일반화되었지만 그럼에도 불구하고 나는 여전히 손제본의 매력을 버릴 수가 없다. 한 장 한 장 직접 풀을 발라가며 붙인 종이, 실수로 군데군데 덕지덕지 붙어 있는 풀자국, 이가 정확히 맞지 않아 어긋나서 들쑥날쑥 튀어나온 페이지…… 나는 이 어설픈 실수들을 '영광의 상처'라고 칭하며 세월이 흐르고 난 뒤 이 책들을 더욱더 보물같이 만들어줄 값진 흔적으로 여기고 있다.

그러면 지금부터 손제본 방법을 차근차근 설명해보도록 하겠다. 칼, 자, 풀(본드) 등 기본적인 만들기용 도구만 있어도 충분하다.

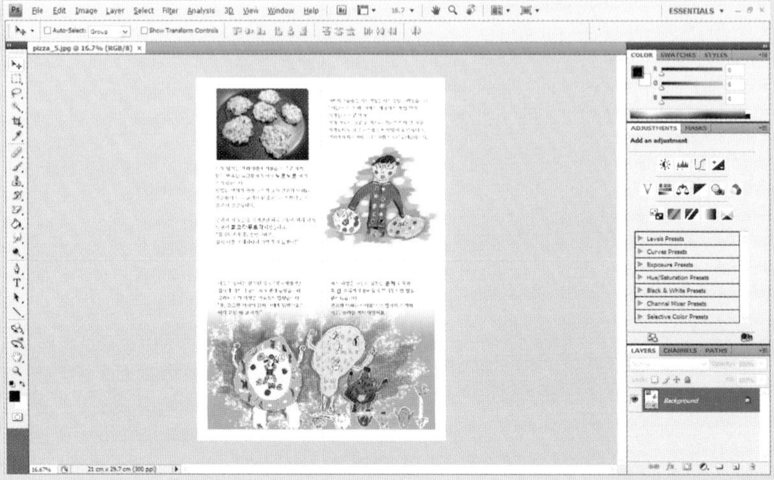

1. 포토샵에서 출력이 용의하도록 A4 용지에 4p가 나오도록 그림과 글을 편집한다.
좀더 큰 사이즈의 책을 만들고 싶다면 A4 용지에 2p가 나오도록 편집하고,
반드시 A4가 아니라 자유로운 사이즈를 선택해도 무방하다.
아, 물론 포토샵을 거치지 않고 종이에 손으로 직접 그려도 된다.

사진으로 인화한 예(왼쪽), 프린터 출력한 예(오른쪽)

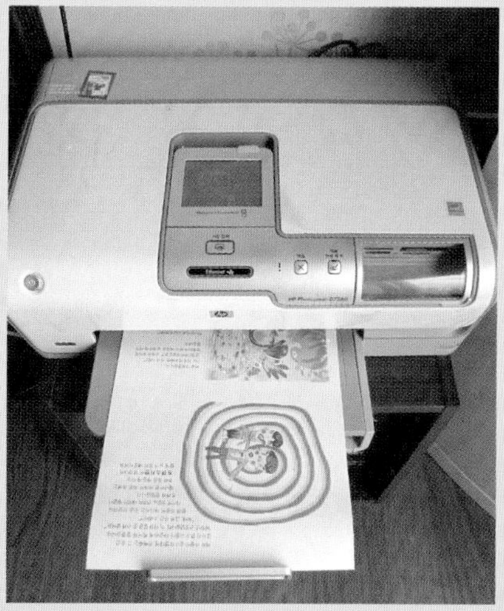

2. 컬러프린터로 출력을 하거나 인화를 맡겨 인쇄한다. 인화를 할 경우 색감이 변하지 않고 고급스럽고, 컬러프린터는 좀더 정감 있는 색채로 표현되는 장점이 있다.

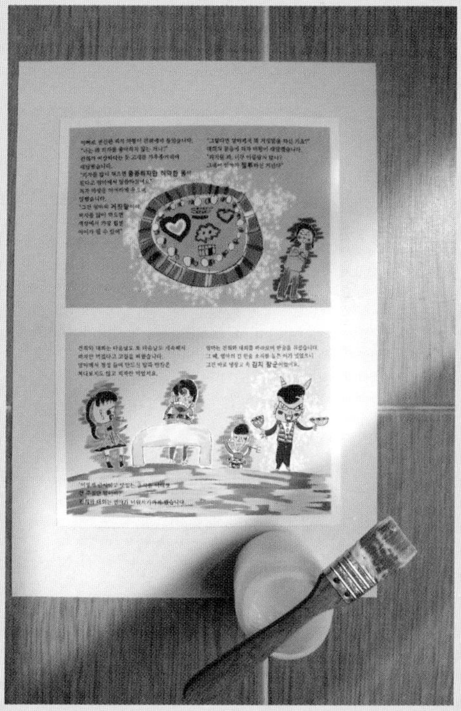

3. 마분지에 출력한 A4 용지를 붙인다. 종이 전체에 목공용 풀을 바르거나 가장자리 부분에 양면 테이프를 붙이는 방법이 있다. 이 때, 마분지 없이 출력된 종이나 인화된 사진끼리만 맞붙여 작업해도 되지만 얇고 흐늘거리는 느낌이 있다. 아무래도 아이들이 보는 책이니만큼 마분지 같은 두꺼운 종이를 덧붙여 단단하게 제본하는 것이 더 유용할 것이다.

4. 마분지의 여분을 깔끔하게 잘라낸 뒤 다시 2p씩 가로로 잘라준다.
이 때 책상을 다치지 않게 고무판 같은 걸 깔아놓고 작업하면 좋다.

5. 모두다 잘랐으면 자른 종이들을 실제 책의 페이지 형태가 나오도록 반으로 접은 뒤 나중에 순서가 헛갈리기 않게 페이지 순서대로 정리해둔다.

6. 책의 페이지 순서대로 종이와 종이를 맞대어 붙여준다. 이 때 맨 첫 페이지와 마지막 페이지는 남겨 두도록 한다. 표지를 붙여야 하기 때문이다. 순서도 중요하지만 상하가 거꾸로 붙는 일이 없도록 신경을 쓰도록 한다.

7. 잠시 커피 한잔 마시는 동안 집게나 무거운 책 등으로 꾹 눌러 고정시킨다.

8. 표지의 책등과 뒷면을 제외하고 앞면만 일단 붙인다. 표지 작업을 할 때는 자로 책 등의 폭을 잘 재어서 실수가 없도록 유념한다.

9. 자, 이제 제일 중요한 부분이다. 아래 사진처럼 책 표지의 뒷면에서 책등과 이어지는 부분에 책등의 폭만큼 한번 더 접어준다. 그런 뒤 책등 영역과 방금 책등의 폭만큼 접어준 부분은 제외한 표지 뒷면의 나머지를 마지막 페이지와 접착시킨다.

이윽고 엄마는 완성된 김치두부야채밥전을
접시에 예쁘게 담아 피자 옆에 놓았습니다.
그러자 피자 마왕은 비웃으며 말했습니다.
"흥, 조그만 녀석이 감히 나에게 덤빈다고?
어디 한번 해 보시지!"
피자 마왕은 자신의 심복인 콜라 괴물과
치킨 괴물까지 불러들여 무시무시한 힘을
뿜어냈습니다.
건희와 대희는 아까보다 더 열심히 피자와
치킨, 콜라를 먹어 대었어요.

김치두부야채밥전
김치두부야채밥전

10. 이렇게 해야 책이 체조선수 다리찢기처럼 180도 자유자재로 짝짝 펼쳐진다.

11. 마지막으로 뾰족해서 다칠 수 있는 책의 모서리 부분을 라운딩 처리해준다. 라운딩 방법에 대해서는 이후 다시 설명하도록 하겠다.

포토북으로 출판하기

다 감기지 않은 필름을 실수로 꺼냈다가 지금껏 찍었던 사진을 모조리 날려버려 좌절했던 기억, 필름을 넣지 않은 것도 모른 채 하루 종일 신나게 사진을 찍어댔다가 나중에야 그 사실을 알고 허무해하던 기억, 어쩌다 눈을 감고 있는 사진도, 초점이 맞지 않아 흐린 사진도 그저 소중했기에 앨범 속에 차곡차곡 보관하였다. 필름 카메라만이 전부였던 내 학창시절의 기억이다.

그러나 이제는 찍은 즉시 확인 및 삭제가 가능한 디지털 카메라가 일반화되었고, 카메라가 없다 하더라도 핸드폰으로 사진을 찍을 수 있기에 사진이란 건 마음만 먹으면 언제 어디서나 찍을 수 있는 것이 되어 버렸다.

이처럼 아날로그가 디지털로 바뀜에 따라 사람들이 사진을 보관하는 방식에도 많은 변화가 왔는데, 그 대표적인 것이 바로 디카북(포토북)이다. 이는 예전에 돌 앨범이나 결혼 앨범 등 특별한 기념일에만 제작했던 압축앨범의 방식인데, 손쉽게 사진을 찍을 수 있는 편리함으로 인해 늘어나는 사진의 양을 감당하기에는 예전의 접착식 혹은 바인더 앨범이 다소 실용적이지 못하다 보니 이제는 일상의 기록들도 디카북으로 제작하고 있다. 포토북은 기존 앨범에 비해 부피도 적을 뿐 아니라 사이즈, 디자인, 편집 등이 가능하다는 장점이 있다.

여전히 아날로그식 앨범을 고집하고 있는
내 책장엔 앨범이 가득하다.
나는 이 세상에서 앨범만큼
재미있는 그림책이 없는 듯싶다.
소리도 없고 글자도 없고
단지 정지된 이미지뿐이지만,
한 장의 사진으로도 두 시간이 넘는 영화
시나리오가 내 머릿속에 펼쳐진다.

엄마표 책 역시 이 포토북 방식을 빌어 제본할 수 있다. 포토북 서비스를 제공하는 인터넷 사이트는 수도 없이 많으며 각 사이트마다 제공하는 책의 형식이 다양하므로 여러 군데를 벤치마킹한 후 마음에 드는 것을 고르도록 한다. 포토북은 손제본에 비해 제작의 노력을 줄일 수 있을 뿐 아니라 군더더기 없이 매끈하고 깔끔하게 제본이 된다는 특장점이 있다. 하지만 종이가 얇아 손제본에 비해 튼튼하지 않고, 서비스를 제공한 사이트의 로고가 새겨지며, 손제본에 비해 비용이 다소 비싸다는 단점이 있다.

포토북 제본 예.

포토북과 손제본 비교. 위의 작고 두꺼운 책이 손제본, 아래의 얇은 책이 포토북.

나에겐 꼭 이루고 싶은 아날로그 극치의 바람이 하나 있다. 아이들이 장성할 때까지 부지런히 사진을 찍고 인화하고 열심히 엄마표 책을 만들어서 커다란 책장의 한쪽은 앨범이 가득 들어차 있고, 다른 한쪽엔 엄마가 만들어준 책이 어느새 전집이 되어 있는 것. 그래서 이 다음에 우리 아이들이 결혼을 하여 아이를 낳고 그 아이가 또 아이를 낳고…… 아이들이 할머니가 가꾸어(?) 놓은 클래식의 극치인 앨범들과 구닥다리 할머니표 책을 보며 자라는 것.

생각만 해도 가슴이 뛴다.

결혼 후 용도 변경된 것들 BeSt 10

1. 핸드폰

알람시계 내지 야간 후레쉬로 변경

저 딴 기능들이 왜 필요하지?
네비게이션
와이파이
어플리케이션
...
시계로 전락한 스마트폰

2. 화장품

서랍 속에서 10년 가까이 숙성되어 장아찌로 변신

아무래도 화장품들을 장독에 보관해야겠어.
...

3. 정장

썰렁한 옷장을 빛내주는 디스플레이 상품으로 변신 (의류X 인테리어O)

계절도 바뀌었으니 옷장 디스플레이를 바꾸어야겠군.
...
사실 바꿀 옷도 없다

4. 내 이름

핸드폰 고지서에서나 확인할 수 있는,
세 개의 낱글자가 모여 이루는
하나의 낯선 고유명사로 변신

바빠 죽겠구만
아침부터
장난전화질이얏!!
거기 박XX씨
댁인가요…?
지 이름인 줄도
모르고 캐분노 -_-

이거 다 먹어야
아들 두 마리
상대한다…
수북…
간장

5. 밥

선택의 개념(맛있는 거 골라 먹어)에서
절체절명(안 먹으면 지쳐서 죽어)의
개념으로 변신

6. 함박웃음

목숨 걸고 막아내야 할 도전과제로 변신
(난 미실이 아니야. 주름 앞에서 OTL)

이제야 안심하고
TV 보겠군…
주름방지용 테이프

7. 거울

깨끗이 닦아야 할 물건에서

흐릿할수록 감동적인 물건으로 변신

(그래야 기미가 덜 보이거덩)

누가 거울
닦아놨어????!!!!!!!!
...
반짝~
크아아아아아앙~~~~!!!!

8. 모자

나를 빛내주는 패션 아이템에서 없으면

외출도 못 하는 방어 아이템으로 변신

(태양을 피하고 싶어서 아무리

숨어봐도 자외선은 계속

내 얼굴 위에 있고~♪...... ㅜㅜ)

재섭따...
김혜수도 썼잖아.
나름 패션이라규...
썬캡

9. 휴일(혹은 명절)

꿈과 희망을 가져다 주는 축복의 숫자에서
아낌없이 저주하고 싶은
붉은 숫자로 변신

검정색 숫자로
다 바꾸어 버리겠다.
음하하하하하하핫!!!!
매직
...
달력

하지만 뭐니뭐니해도 가장 눈여겨보아야 할 변신은 바로 이것!

10. 남편

서로 상반되는 호르몬 분출로 인해 일치점을 찾는 궁극의 개체로 변신.
남편은 나를 남동생으로, 나는 남편을 가장 친한 아줌마로 여기게 됨.
당분간 우리 부부는 이렇게 남다른 형제애(?) 혹은 자매애(!)를 과시하며
우애 깊게 살아갈 것으로 사료됨. -_- (싸울 일도 없다)

우리의 우정(?!)
영원히 변치 말자!!
...너 나랑 펜팔할래?

14. 책 만들기 TIP

정착액 뿌리기

아래 사진은 집에서 보급형 잉크젯 컬러 프린터로 출력한 종이들이다. 언제든지 잉크만 있으면 손쉽게 출력할 수 있어서 너무 편리한데 잉크젯 프린터로 출력한 결과물에는 치명적인 단점이 발견되었다. 그건 시간이 지나자 색감이 변하고 쉽게 얼룩이 진다는 것이었다. 이런 점을 보완시키는 좋은 방법이 없을까 하여 인터넷을 검색해보니 미술 작업을 하시는 분들이 색감 보존을 위해 정착액을 뿌린다는 사실을 알게 되었다. 주로 목탄이나 파스텔처럼 재료의 특성상 종이에서 흩날리기 쉬운 것들을 말 그대로 종이에 딱 정착시키기 위함인데 이걸 한번 응용해보면 어떨까 싶어 시도해보았더니 꽤 괜찮은 효과를 얻었다. 일종의 코팅 효과를 내는 셈이다.

정착액이라는 것이 존재한다는 사실만을 알고서는 무작정 동네의 대형 문구점으로 찾아가 문의를 했다. 그랬더니 옆의 사진의 제품을 보여주며 주로 CD라벨을 인쇄하고 난 뒤 많이 뿌린다고 했다. 또한 전문적으로 미술을 전공하는 분들은 '픽사티브' 라는 것을 쓴다고 알려주기도 했다. 어찌 되었든 몇 년 동안 훌륭하게 잘 쓰고 있다.

스프레이 형식이다 보니 잘못하면 마룻바닥이나 책상 위를 정착액으로 온통 뒤덮을 수 있기에 정착액을 뿌릴 종이 밑으로 최대한 넓게 못쓰는 박스나 신문지 등을 깔아주고 작업을 하도록 한다. 준비되었으면 중학교 때 헤어스프레이로 닭볏 머리 세우던 기억을 떠올려 아낌없이 뿌려준다. 이 때 종이에서 30cm 정도 떨어진 위치에서 분사하도록 한다. 20분 정도가 지나고 난 뒤 한번 더 뿌려주고, 이후 시간 간격을 둬서 여러 번 더 뿌려주면 효과가 좋다.

강력 접착 스프레이

이건 어떻게 하면 좀더 수월하게 손으로 제본을 할 수 있을까 궁리하다가 발견했다. 그 동안은 종이에 풀을 바를 때 목공용 풀을 넓은 플라스틱 그릇에 붓고 붓을 이용해 페인트 칠하듯 했는데, 인터넷 검색을 하다 D.I.Y를 전문으로 하시는 어느 분의 글을 보고 이런 도구가 있다는 것을 알게 되었다.

과연 스프레이만으로 종이가 붙을까 의문이 들었는데 너무 접착력이 강해서 오히려 한번 잘못 붙이면 떨어지지가 않아 낭패를 당하는 경우가 생기기도 했다. 스프레이 종류에는 강력 접착용이 있고 포스트잇 뒷면과 같은 임시 접착용이 있다. 내가 구입한 건 강력 접착용이었다.

뿌리는 방식은 위의 정착액과 유사하다. 아래에 넓은 박스나 신문지를 깔아주고 일정 거리를 유지하여 골고루 분사한다.

처음 분사한 뒤 표면이 물풀처럼 아주 묽다가 조금 지나면 진득해지는데 분사 후 곧바로 접착하지 말고 2~30초 뒤에 종이를 붙여주는 게 효과적이다.

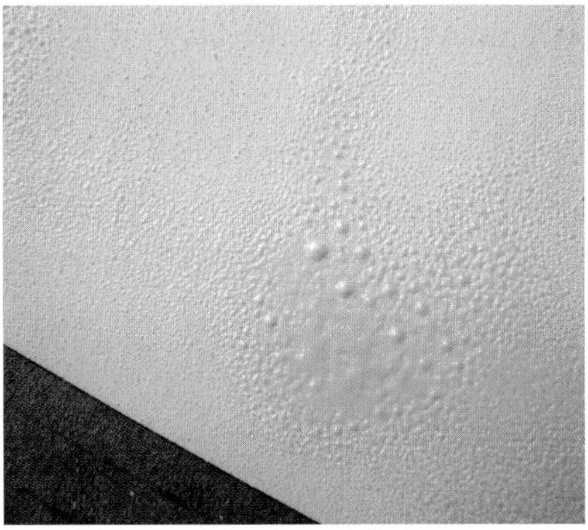

결정적인 순간에 승리의 슛을 날리는
축구선수가 되려고 연습하는 거니까.

사용의 편리성이라든지 접착력은 분명 목공풀보다 훨씬 효과적인 듯하나, 분사가 되지 않은 영역은 종이가 들뜨는 단점이 있었다. 좀더 정교하고 깔끔한 작업을 위해서는 스프레이보다 붓을 이용해 꼼꼼하게 발라주는 편이 더 나을 것 같고, 스프레이를 이용한다면 구석구석 빈틈없이 분사해줘야 할 것이다. 하지만 사용법만 손에 익으면 짧은 시간 내에 접착 작업을 완료할 수 있어 시간 절약에는 최고라고 할 수 있다.

표지 코팅하기

잉크젯 프린터기로 출력한 그림을 보존하기 위해 정착액을 뿌리듯 디지털 인화한 사진을 오래도록 보존하기 위해서는 투명 필름을 쓴다고 한다. 이건 투명테이프 같기도 하고 투명 시트지 같기도 한데, 테이프보단 조금 더 두껍고 시트지보다는 다소 얇다. 아무런 무늬가 없는 민무늬 필름도 있고 가죽표면 같은 느낌의 필름, 일정한 패턴이 있는 필름이 있어 기호에 따라 사진 위에 필름을 입혀 사진에 코팅 효과를 주는 것이다.

손으로 책을 제본하고 났더니 제법 그럴싸하게 실제 책의 형태가 완성되었는데, 무언가 2% 부족한 느낌을 지울 수 없었다. 뭐지…… 뭘까…… 생각하다가 이것을 발견했다. 책 표지에 필름을 입혀서 좀더 실제 책의 모양에 가깝게 만드는 것이다. 더구나 필름을 입혀 코팅을 해 놓으면 표지가 찢어지지 않고, 실수로 물을 쏟는다 해도 끄떡없을 것이기 때문이다. 의욕이 넘친 나머지 몇 년 전 인터넷 쇼핑몰에서 코팅 필름을 한 박스나 구매해두었더니 지금껏 두고두고 잘 쓰고 있다.

이것은 쓰기 편리하게끔 A4 용지 사이즈로 제작되어 있는데 스티커처럼 떼어낼 수 있도록 되어 있다. 지문이 묻지 않도록 조심조심 떼어낸 뒤 책의 표지가 될 종이에 기포가 생기지 않게 꼼꼼하고 조심스레 붙여준 후 불필요한 가장자리를 가위로 말끔하게 잘라주면 끝이다.

엄마는 괜찮아

모서리 둥글게 하기

책장의 모서리를 라운딩 처리하는 것은 의외로 아주 간단하지만 어린아이가 있는 집이라면 반드시 필요한 작업이기도 하다. 보드북으로 제본된 책은 종이와 종이가 합쳐진, 즉 합지 제본의 형태라 무척 단단하고 힘이 있는데 따라서 뾰족하고 두꺼운 모서리는 책장을 넘기다가 아이의 눈을 찌르거나 손을 다치게 할 가능성이 다분하기 때문이다. 이 때 모서리를 둥글게만 해줘도 이러한 작은 사고를 예방할 수 있는데 코너 라운딩기를 이용하면 편리하다.

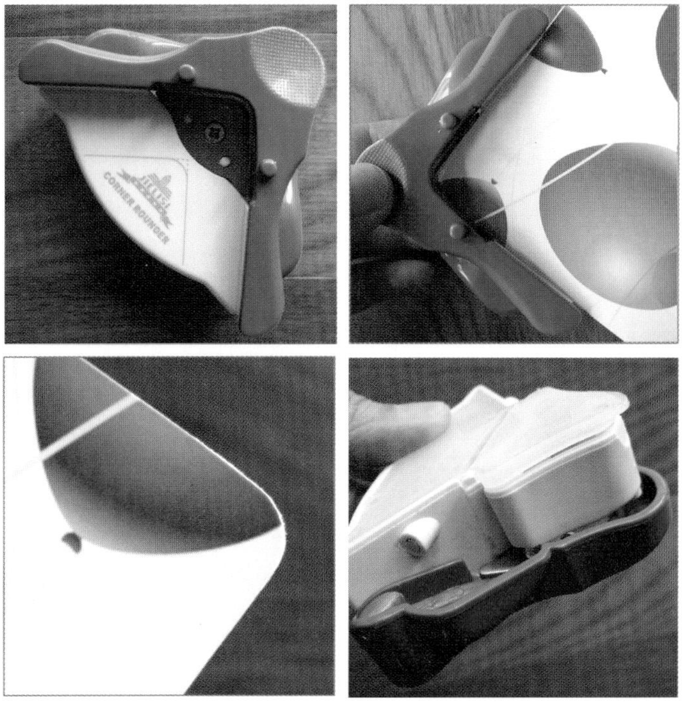

이것 역시 문방구에 가면 살 수 있다. 종이에 작은 구멍을 내는 펀치기와 비슷한 원리로, 둥글게 만들고자 하는 종이의 모서리를 사진과 같이 라운딩기에 잘 끼워놓고 딸깍 소리가 날 때까지 세게 눌러주면 된다. 그러면 날카로웠던 모서리가 둥글게 재단되고 잘려나간 종이는 수거함에 쌓이게 되는데 분리하여 버려주면 된다. 너무 두꺼운 종이는 잘 재단되지 않으므로 종이와 종이를 붙이기 전에 낱장씩 별도로 라운딩 처리를 마친 뒤 합지하도록 한다.

에필로그

블로그를 하다 보면 "당신 도대체 누구냐?" 는 쪽지를 많이 받습니다. 저런 질문은 그 옛날 북한 괴뢰 공산당은 늑대인간인 줄 알았던 5공 시절에 간첩에게나 하는 질문이 아닌가 생각해 봅니다. 일상을 담은 블로그라 제 개인의 소소한 사생활이 다 까발려지는데도 불구하고 자꾸만 누구냐고 물으시니 커밍아웃합니다.

저는 지금 말 그대로 아줌마입니다. 아줌마이지 않던 시절에는 모 이동통신사에서 근무했습니다. 작금은 거대 한류스타가 되어 한국의 관광산업을 들었다 놓았다 하시는 배용X님께서 당신의 상식에서 배우겠다고 김영* 전 대통령과 흡사한 눈웃음을 치던 시절에, 스물일곱의 여배우로 살아가는 게 쌔빠져 죽겠다는 수상소감으로 유명한 손예*님이 강북 똥개 때문에 오만상을 지었다는 믿지 못할 카더라통신이 유행하던 시절에, 그들이 모델을 하던 그 회사 웹사이트를 기획하고 운영하고 마케팅을 하던 저는 뼛속까지 "인터넷 인간" 이었습니다.

...
님하, 당신 도대체 누구세요?
..내가 내지.. 누구긴..

능력은 없어도 생활력은 너무 강한 나머지 회사를 다니며 인터넷&컴퓨터 전문 매뉴얼 도서 두 권을 출판했습니다. 그 시절 새벽 2시 이전에 자 본 적이 없어 안 그래도 돌출된 눈알이 코보다 더 튀어나왔다는 믿지 못할 추억도 있는 저는 뼛속까지 "생계형 인간" 이었습니다.

세상에서 개(dog)랑 아이들(kids)을 제일 좋아하던 저는 선생님이 되고자 사범대에 들어갔습니다. 마지막 교생 실습 시간에는 과 대표로 시범 수업까지 선보였던 열혈 예비 교사였지만, 아이들의 웃음 소리보다 PC통신에 접속되던 요란한 모뎀 소리에 더 끌려 이후 인터넷의 바다에 빠져 버렸고, 지금은 고등학생이 되어버린 조카가 태어나자 그걸 자랑하고 싶어 만든 개인홈페이지가 전국대회에서 대상을 차지해버리는 바람에 미련 없이 인생의 길을 새롭게 선택한 저는 뼛속까지 "역전형 인간" 이었습니다.

대학에 갓 입학하여 신학기 초에 수강신청을 잘못한 바람에 혼자 듣게 된 교양수업에서 남편을 보고 한눈에 반한 이후 내 인생에 아무런 상관도 도움도 없는 그 낯선 수업을 오로지 한 사람을 위해 한 학기나 들어야 했고, 그것이 사랑인지 우정인지 CSI 길그리썸 반장님도 모르겠다 하실 세월을 10년이나 보내고 나서야 늦깎이 결혼을 했던 저는 뼛속까지 "열정적 인간" 이었습니다.

12주가 넘어서야 한 놈 뒤에 숨어 있던 녀석이 모습을 드러내어 쌍둥이를 임신했다는 것을 알았습니다. 깜짝 놀란 산부인과 담당 의사 선생님께서는 헛기침만 하셨지만 뱃속 이층침대에 나란히 누워 있는 초음파 동영상을 처음 본 날 내 남편은 초음파실 커튼을 잡고 휘청거리며 쓰러져 커튼이 좌르르 떨어져 버렸습니다. 이후 직장을 그만두고 고향으로 내려가서는 오로지 쌍둥이만 키우며 사람이지만 진정 사람이라고 할 수 없는 좀비의 생활을 했고, 그 6년 동안이 이전의 30년 세월보다 더 많은 인생의 가르침과 깨우침을 가져다 주었기에 좀비의 추억마저 아름답다 여겨지는 저는 뼛속까지 "극기형 인간" 이었습니다.

LG TeleCom
[메시지]
이박사너무신경쓰
지말거라빨리낳아
건강하게키우면되
는거다너희들나이
도있고해서걱정무
삭제 확인 답장
쌍둥이라는 충격적인(?) 소리를 듣고 쓰러진 남편에게 아버님이 보내온 문자.

저는 고질적 중증 생각증후군 환자입니다. 공부 빼고 모든 잡기에 능한 엄마의 피를 제대로 물려받은 일곱 살 쌍둥이 아들과, 공부 빼고는 잘하는 게 하나도 없는 불혹 언저리의 남편을 열심히 키우면서(?) 너무 많은 에피소드를 겪고 있습니다. 이 눈물 나게 사랑스러운 일상

을 내 가슴 속에만 담아두기 너무 아쉬워 블로그를 통해 열심히 토해내고 있고, 그러다 보니 직접 글을 쓰고 그림을 그리는 저는 가수로 치자면 블로그의 "언더그라운드 싱어송라이터" 입니다.

좀비에서 사람이 된 지, 고향에서 상경을 한 지, 그간 너무 많이 바뀐 인터넷 세상에 적응을 한 지, 블로그라는 것을 새롭게 시작한 지, 아직 얼마 되지 않았습니다. 인생을 100이라 놓고 봤을 때 아직 내 나이는 청소년기(!)에 머무르고 있다고 생각하며 지금은 제2의 질풍노도기를 맞이하고 있습니다. 이제 다시금 내가 즐겨 할 수 있는 일이 무얼까 고민하고 있는 저는 뼛속까지 "성장형 인간" 입니다.

아직도 하고 싶은 게 너무 많아...

저는 블로그가 즐겁습니다. 아이들과 함께 책을 만드는 게 행복합니다.
아줌마이면서도 밥하는 시간보다 글 쓰고 그림 그리는 시간이 더 많습니다.
오로지 재미있어서 오늘도 글을 쓰는 저는 뼛속까지 "본능형 인간" 입니다.